Michael Heine und Hansjörg Herr
Die Europäische Zentralbank

W0044334

Michael Heine und Hansjörg Herr

Die Europäische Zentralbank

Eine kritische Einführung in die
Strategie und Politik der EZB
und die Probleme in der EWU

Metropolis-Verlag
Marburg 2008

Bibliografische Information Der Deutschen Bibliothek
Die Deutsche Bibliothek verzeichnet diese Publikation in der Deutschen Nationalbibliografie; detaillierte bibliografische Daten sind im Internet über <http://dnb.ddb.de> abrufbar.

Metropolis-Verlag für Ökonomie, Gesellschaft und Politik GmbH
Bahnhofstr. 16a, D-35037 Marburg
http://www.metropolis-verlag.de
Copyright: Metropolis-Verlag, Marburg 2004
Alle Rechte vorbehalten
Dritte überarbeitete und erweiterte Auflage 2008
    ISBN 978-3-89518-675-2

Vorwort zur 3. Auflage

Es freut uns sehr, dass unser kleiner Band zur Geldpolitik der EZB auf so großes Interesse stößt, dass wir nun eine überarbeitete und erweiterte Fassung vorlegen können. Neben einer Reihe von kleinen Änderungen sind insbesondere die Interpretation der Geldpolitik der Europäischen Zentralbank bis in die Gegenwart und die Analyse der Binnenprobleme der Europäischen Währungsunion neu. Bei der Erstellung der 3. Auflage unterstützte uns Silke Mahnkopf-Praprotnik, der wir für ihre hingebungsvolle Arbeit danken.

Berlin, im April 2008
Michael Heine
Hansjörg Herr

Inhalt

1 Kapitel
Bedeutung des Geldes in marktvermittelten Ökonomien

Mit dem Beginn des Jahres 1999 wurde geldpolitisch eine neue Ära eingeleitet: Damals haben 11 Mitgliedsländer der Europäischen Union (EU) – Belgien, Deutschland, Finnland, Frankreich, Irland, Italien, Luxemburg, Niederlande, Österreich, Portugal und Spanien – faktisch den Euro als gemeinsame Währung eingeführt. Griechenland trat am 1.1.2001 der Europäischen Währungsunion (EWU) bei. Danach folgte Slowenien im Januar 2007 sowie Malta und Zypern im Jahre 2008. [1] Damit ist das so genannte Europäische System der Zentralbanken (ESZB), dem die Zentralbanken der beteiligten Länder und die Europäische Zentralbank (EZB) angehören, vollständig etabliert worden. Im Ergebnis kam es zu einer unwiderruflichen Verlagerung der geldpolitischen Kompetenz auf die EZB, sodass die beteiligten Volkswirtschaften ohne Wenn und Aber miteinander verbunden wurden. In ökonomischer Hinsicht ist der Euroraum seitdem eine Binnenökonomie.

Mit der Einführung des Euro haben geldpolitische Diskussionen wieder deutlich an Boden gewonnen. Bekanntlich war die überwiegende Mehrheit der Deutschen mit der Geldpolitik der Deutschen Bundesbank sehr zufrieden. Aus diesem Grunde wurden geldpolitische Debatten – wenn überhaupt – eher innerhalb der Zunft der Ökonomen geführt. Seitdem die EZB das Zepter führt, hat sich dies geändert: Teile der Bevölkerung beklagen den „Teuro", während zeitgleich andere vor einer nahenden Deflation warnen. Viele haben in der Abwertung des Euro gegenüber

---

[1] Von den restlichen Staaten der EU sind Dänemark, das Vereinigte Königreich und Schweden bislang nicht beigetreten. Griechenland durfte erst später beitreten, weil es zunächst die so genannten Konvergenzkriterien nicht hinreichend erfüllen konnte. Ab Mai 2004 gehören die Tschechische Republik, Ungarn, Estland, Lettland, Litauen, Polen sowie die Slowakei der Europäischen Union an. Im Januar 2007 wurde die EU noch durch Bulgarien und Rumänien erweitert.

dem US-Dollar in den Jahren 1999 und 2000 den endgültigen Beweis gesehen, dass das Europrojekt von Anfang an zum Scheitern verurteilt war. Die Aufwertung des Euros ab Ende 2002 wurde dann als Gefahr für den Export wahrgenommen. Wieder andere sahen weder in der Ab- noch in der Aufwertung irgendein nennenswertes Problem, da der nun große Binnenmarkt weitgehend unabhängig vom Außenhandel mit dem Nicht-Euroraum sei. Schließlich forderten einige Banker von der EZB während des konjunkturellen Einbruchs nach 2001 schnellere Zinssenkungen zur Stimulierung der Konjunktur, andere den Verzicht auf konjunkturpoliti-sche Strohfeuer. Die Liste der Ungereimtheiten ließe sich fast beliebig verlängern.

1.1 Die paradigmatischen Grundlagen

Wie ist es möglich, dass nicht nur Laien, sondern auch ausgewiesene Experten so gegensätzliche Auffassungen vertreten? Den Hintergrund für diese Kontroversen bildet der schlichte Umstand, dass es nicht *die* Volks-wirtschaftslehre, sondern verschiedene Lehren gibt. Denn trotz aller An-strengungen vieler Forschergenerationen war es nicht möglich, ein all-gemein akzeptiertes Modell über das derzeit existierende Wirtschafts-system zu entwickeln. Daher stehen sich verschiedene theoretische An-sätze mit jeweils spezifischen Vorstellungen über die wesentlichen Struk-turen und die ökonomischen Wirkungszusammenhänge innerhalb von Gesellschaften vom Typ der Bundesrepublik Deutschland gleichsam „spinnefeind" gegenüber. Dies betrifft faktisch alle Bereiche dieser Wis-senschaftsdisziplin und umfasst selbst so zentrale Fragestellungen wie etwa:

– Welche Bedeutung hat die Lohnpolitik für den Arbeitsmarkt?

– Wie lassen sich konjunkturelle Schwankungen plausibel begründen?

– Wie soll man analytisch adäquat mit dem Phänomen ökonomischer Unsicherheit umgehen?

– Welche Ziele sollte die Geldpolitik verfolgen?

Dieser Befund über konkurrierende Positionen muss im Grunde nicht überraschen, da verschiedene, grundlegend divergierende Auffassungen – Paradigmen – typisch sind für die Sozialwissenschaften. Freilich finden

sich unterschiedliche Paradigmen durchaus auch in den Naturwissenschaften, beispielsweise in der Physik. Jedoch entwickelt sich theoretischer Fortschritt hier typischerweise so, dass verschiedene Paradigmen
historisch aufeinander folgen und nicht nebeneinander existieren und
konkurrieren. Es gibt in den Naturwissenschaften somit historische Phasen relativ kohärenter Anschauungen der „Wissenschaftsgemeinde". Solche Phasen sind durch eine Ausdifferenzierung und Weiterentwicklung
des herrschenden Paradigmas gekennzeichnet. Allerdings kann diese
„normale" wissenschaftliche Arbeit in Form der Ausdifferenzierung des
Paradigmas auch Inkonsistenzen und Widersprüche offen legen, die,
selbst wenn sie längere Zeit ignoriert werden können, letztlich doch zu
einer revolutionären Umwälzung führen und ein neues Paradigma
etablieren.[2]

In den Sozialwissenschaften und damit auch in der Ökonomie, existieren verschiedene Paradigmen üblicherweise in der gleichen historischen
Periode nebeneinander. Der nicht einzige, aber doch wichtige Grund für
diesen Umstand liegt in der Unmöglichkeit, isolierte Experimente durchführen zu können. Es ist schlicht und einfach unmöglich, beispielsweise
den Zinssatz unter unveränderten Bedingungen beliebig oft durch die
Zentralbank erhöhen und senken zu lassen, um so die Bedeutung der
Zinspolitik für die Beschäftigungssituation zu testen. Leider führen auch
ökonometrische Bemühungen, die Tragfähigkeit theoretischer Aussagen
empirisch zu überprüfen, im Regelfall nicht zu dem Ergebnis, „wahre"
von „falschen" Ansätzen trennen zu können. Denn faktisch vermag jedes
Paradigma empirische Befunde in den eigenen Ansatz mehr oder weniger
plausibel zu integrieren und oft genug verändern sich die empirischen
Befunde, weil sich die Verhaltensmuster und institutionellen Strukturen
in den Gesellschaften verändern.

Gegenwärtig existieren in der Volkswirtschaftslehre drei grundlegende Paradigmen, die allerdings ihrerseits in zahlreiche divergierende Strömungen zerfallen, die nur die zentralen, tragenden Pfeiler des jeweiligen
Paradigmas teilen:

– das klassische Paradigma (mit den Begründern Adam Smith (1723-
  1790), David Ricardo (1772-1832) und der Weiterentwicklung durch
  Karl Marx (1818-1883));

---

[2] Vgl. dazu die instruktive Analyse wissenschaftlicher Revolutionen in der Natur-
wissenschaft von Kuhn (1967).

- das neoklassische Paradigma (mit den Begründern Léon Walras (1834-1910), Karl Menger (1840-1921) und William S. Jevons (1835-1882)) und schließlich

- das keynesianische Paradigma (mit dem Begründer John M. Keynes (1883-1946)).3

Gerade im Bereich der Geldtheorie und -politik stoßen die unterschiedlichen Paradigmen besonders heftig aufeinander. So erleichtert für neoklassisch geprägte Autoren Geld vor allem die Tauschaktivitäten, hat aber ansonsten längerfristig keinen relevanten Einfluss auf die realen ökonomischen Abläufe wie Investitionen, Beschäftigung, Einkommensbildung, Verteilung etc.4 Für Vertreter dieser Auffassung ist Geld letztlich ökonomisch neutral und bildet daher nur einen Schleier, der geeignet ist, die realen Sachverhalte zu verdecken. Folglich ist die Wissenschaft aufgefordert, diesen Schleier zu lüften, um auf die entscheidenden „geldlosen" Sachverhalte zu stoßen. Für Keynes hingegen war Geld *der* zentrale Vermögenswert, der faktisch den gesamten Prozess ökonomischer Aktivitäten steuert und determiniert. Danach sind makroökonomische Zusammenhänge und Entwicklungsprozesse ohne die Berücksichtigung von Geld nicht adäquat zu erfassen.

Wir haben bewusst von Keynes und nicht vom Keynesianismus gesprochen. Denn der Keynesianismus umfasst eine ganze Reihe höchst divergierender Schulen, die durchaus auch die Bedeutung des Geldes unterschiedlich betonen. Zwar war es Keynes vor allem mit seinen beiden Hauptwerken „Vom Gelde" (Keynes 1930) und „Allgemeine Theorie der Beschäftigung, des Geldes und des Zinses" (Keynes 1936) gelungen, zunehmend aus der damals herrschenden neoklassischen Lehrmeinung heraus zu treten, jedoch war er nicht in der Lage, der Nachwelt ein in sich geschlossenes und konsistentes Gesamtmodell zu hinterlassen. Damit waren seine Ausarbeitungen offen für verschiedene Interpretationslinien. Wir werden uns im Folgenden an einer orientieren, die die monetäre Seite der Keynesschen Schriften stark betont und in der Ökonomien vom Typ der Bundesrepublik Deutschland zuweilen als Geld-

---

[3] Zu ausführlichen Darstellungen der verschiedenen Paradigmen vgl. Heine/Herr (2003).

[4] Für eine bedeutsame moderne Strömung der Neoklassik, der so genannten Neuklassik, hat Geld selbst kurzfristig keine systematische Wirkung auf das Wirtschaftsgeschehen.

wirtschaften bezeichnet werden.[5] Auf die Vorstellungen anderer Schulen werden wir jeweils im Rahmen der inhaltlichen Ausführungen in den einzelnen Kapiteln dann eingehen, wenn es zum Verständnis aktueller Debatten notwendig ist.

1.2 Der Einkommensbildungsprozess

Um die Bedeutung des Geldes unmissverständlich deutlich zu machen, bietet es sich an, in aller Kürze die Grundstruktur des Prozesses der Einkommensbildung in Geldwirtschaften zu skizzieren.[6] Wenn sich Unternehmen entscheiden, Waren oder Dienstleistungen für den Markt herzustellen, dann benötigen sie Produktivkapital (Maschinen, Vorleistungen etc.) und Arbeitskräfte. Diese Inputs müssen finanziert werden. Die benötigten Mittel können sie sich durch eine Erhöhung des Eigenkapitals (einschließlich der Ausgabe von Aktien), durch selbst erwirtschaftete Überschüsse oder durch Kreditaufnahme bei Banken oder Haushalten besorgen. Ausreichende ökonomische Dynamik entsteht freilich nur, wenn Unternehmen Kredite aufnehmen können.[7] Denn üblicherweise reicht das Eigenkapital der Unternehmen (einschließlich der Aktienausgabe) zur Finanzierung der Produktion nicht aus.[8] Dem entspricht der empirische Sachverhalt, wonach in allen entwickelten Ökonomien der Unternehmenssektor (neben dem Staat) Nettoschuldner und der Haushaltssektor Nettogläubiger ist (vgl. Deutsche Bundesbank 2002).

Der entscheidende Parameter für wirtschaftliche Entwicklung sind Investitionen in Produktivkapital. Investitionen reflektieren nicht nur den

[5] Vgl. dazu die Arbeiten von Leijonhufvud (1969 und 1973), Riese (2001) oder Heine/Herr (2003).

[6] Vgl. ausführlich hierzu Heine/Herr (2003).

[7] Als Finanzierungsquelle kommen auch Finanzintermediären wie Investmentfonds oder Bausparkassen in Frage, die Banken sind und sich folglich nicht bei der Zentralbank refinanzieren können.

[8] Eigenkapital ist die Finanzierung eines Unternehmens durch die Eigentümer. Eigentümer erwarten eine Verzinsung ihres eingesetzten Kapitals zumindest in Höhe des Zinssatzes, zu dem sie es ansonsten risikofrei bei einer Bank anlegen könnten. Bei der Anlage von Eigenkapital kommt somit das Opportunitätskostenprinzip zur Anwendung. Das gleiche Kalkül gilt auch, wenn ein Unternehmen über liquide Mittel verfügt und sich überlegt, wie es diese Mittel verwendet.

Wunsch von Unternehmen, einen bestimmten Bestand an Produktivvermögen zu halten, sie sind auch eine zentrale Nachfragekomponente auf
dem Gütermarkt. Quantitativ ist die Konsumnachfrage der privaten Haushalte in allen Geldwirtschaften die wichtigste Nachfragequelle, jedoch
hängt sie zu einem gewichtigen Teil vom verfügbaren Einkommen der
Haushalte ab. Steigende Investitionen führen zu einer erhöhten Nachfrage nach Maschinen, Fahrzeugen, Computern etc. Deren Produktion
führt zu mehr Beschäftigung und steigenden Gesamteinkommen, das
dann für Konsumzwecke verwendet werden kann. In diesem Sinne ist die
Konsumnachfrage abhängig von der Investitionsdynamik der Ökonomie.[9]
Zudem darf nicht vergessen werden, dass Investitionen den technischen
Fortschritt transportieren und Netto-Investitionen die volkswirtschaftlichen Kapazitäten erhöhen. Schließlich ist der Finanzierungsbedarf der
Unternehmen bei Investitionen noch weitaus ausgeprägter als bei der
Durchführung der laufenden Produktion. Denn Investitionsvorhaben
müssen durch Geld *vorfinanziert* werden, da die monetären Rückflüsse
einer Investition unter Umständen weit in der Zukunft liegen.

Legen wir daher zunächst die Lupe auf den Prozess der Kreditaufnahme. In Deutschland verschulden sich Unternehmen vor allem bei den
Geschäftsbanken. Diese können sich Geld zum einen bei der Zentralbank
beschaffen und die so erhaltenen Mittel an die Unternehmen verleihen.
Wir sehen schon an dieser Stelle die Bedeutung einer Zentralbank für die
ökonomische Dynamik von Geldwirtschaften. Allerdings haben Banken
noch eine zweite Refinanzierungsquelle. Denn sie können Kredite in der
Form von Bankeinlagen oder Schuldverschreibungen auch bei den Haushalten aufnehmen und weiter verleihen. Haushalte ihrerseits verfügen
über Vermögensbestände, die sie nicht nur in Form von Bankeinlagen
halten müssen. Sie können auch Aktien kaufen (beziehungsweise Eigenkapital von Unternehmen in verschiedenen Formen halten) und direkte
Kredite an Unternehmen geben. Natürlich können sie in ihrem Portfolio
auch kurzfristige liquide Mittel halten. Die Finanzierung der Unternehmen erfolgt somit einerseits durch das Portfolioverhalten der Haushalte,
andererseits durch das Verhalten des Bankensystems im Zusammenspiel

---

[9] Zwischen einkommensunabhängigen Investitionen und einkommensabhängiger
Konsumnachfrage steht der so genannte Multiplikator. Je höher die Konsumnei-
gung der Haushalte, desto stärker regt die Investitionstätigkeit die Einkommens-
schöpfung an.

mit der Zentralbank. Wie noch gezeigt wird, ist die zweite Variante letztlich für das Begreifen der ökonomischen Dynamik einer Geldwirtschaft wichtiger als die erste, ohne die Bedeutung des Portfolioverhaltens der Haushalte leugnen zu wollen.[10] Denn zur Finanzierung von Produktionsprozessen benötigen die Unternehmen nicht die laufenden Ersparnisse der Haushalte. Im Gegenteil: laufende Ersparnisse setzen Einkommen voraus. Dieses kann nur entstehen, wenn produziert wird. Produktionsprozesse setzen ihrerseits Investitionen voraus, die vorfinanziert werden müssen. Aus diesem logischen Zusammenhang resultiert, dass Netto-Investitionen den laufenden Ersparnissen voran gehen müssen. Kredit ist somit die notwendige Starthilfe, die den Prozess Investitionen → Produktion → Einkommen → Ersparnisse erst zum Laufen bringt.

Betrachten wir zum Schluss dieses Abschnitts die Investitionstätigkeit, die eine so herausragende Rolle spielt, etwas genauer. Bei jeder Investitionsentscheidung muss sich jeder einzelne Unternehmer die Frage stellen, ob der zukünftige Cashflow, den eine Investition erwarten lässt, hinreicht, um nach der Bedienung des Schuldendienstes noch einen Gewinn abzuwerfen. Das Unternehmen kann mit einem Gewinn rechnen, wenn die Verzinsungsrate, die ein Investitionsprojekt erwarten lässt, über dem Zinssatz liegt, der für die Aufnahme eines Kredits zu zahlen ist. Falls ein Unternehmen Eigenkapital einzusetzen gedenkt, entstehen so genannte Opportunitätskosten, da ein Unternehmen Vermögen auch zinsbringend anlegen kann. An der Logik der Investitionskalküle ändert sich im Kern nichts. Ein Unternehmen wird somit jene Investitionsprojekte durchführen, die mindestens eine Verzinsung in Höhe des Geldzinssatzes erwarten lassen. Wird in der Volkswirtschaft von einer großen Zahl von durchführbaren Investitionsprojekten ausgegangen, die eine positive Verzinsungsrate erwarten lassen, dann entscheidet der Geldzinssatz, wie viele dieser Projekte durchgeführt werden. Bei steigenden (sinkenden) Kreditmarktzinsen werden immer mehr Investitionsvorhaben unrentabel (rentabel). Hier zeigt sich der entscheidende Kanal, über den die Zentralbank

---

[10] Schumpeter betonte ebenfalls die Kaufkraftschaffung durch das Bankensystem. „Kredit ist wesentlich Kaufkraft*schaffung* zum Zweck ihrer Überlassung an den Unternehmer. (...) Die Kreditgewährung in diesem Sinne wirkt wie ein Befehl an die Volkswirtschaft, sich den Zwecken des Unternehmers zu fügen, wie eine Anweisung auf Güter, die er braucht, wie ein Anvertrauen von Produktivkräften." (Schumpeter 1926, S. 153)

Einfluss auf das wirtschaftliche Geschehen nehmen kann. Denn es ist die Zentralbank, die den Zinssatz wesentlich beeinflussen kann.

Grafisch kann der Zusammenhang anhand von Investitionsfunktionen verdeutlicht werden. In der Abbildung 1.1 bezeichnet i den Kreditmarktzinssatz, I_B das volkswirtschaftliche Investitionsvolumen und E einen Zustand des Vertrauens der Investoren in die wirtschaftliche Entwicklung. Bei einem gegebenen Zustand des Vertrauens führt jede Zinssatzsenkung zu einer steigenden Investitionsnachfrage, da in diesem Fall Bewegungen entlang der Investitionsfunktionen stattfinden. Verbessert sich der Zustand des Vertauens von E_2 auf E_2, dann wird bei einem unveränderten Zinssatz mehr investiert. In der Abbildung 1.1 steigt beim Zinssatz i_0 die Investitionsnachfrage von I_a auf I_b. Das Charakteristische der Investitionsfunktion besteht darin, dass sie sich im historischen Verlauf laufend verschiebt, da sich die Erwartungen verändern. Dies ändert jedoch nichts an dem Umstand, dass eine Zinssatzerhöhung grundsätzlich schlecht für die Investitionstätigkeit ist sowie eine Senkung der Zinssätze stimulierend wirkt.

Abbildung 1.1: Investitionsfunktionen

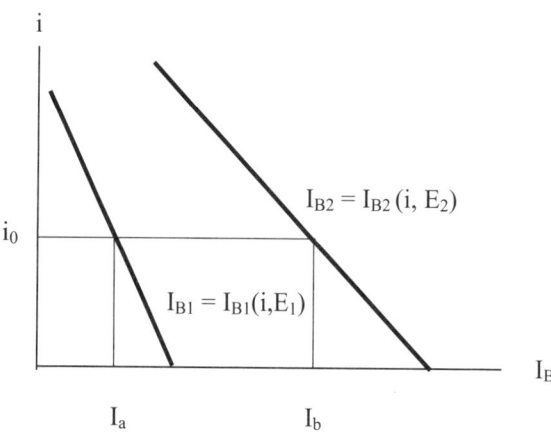

Die Verschiebungen der Investitionsfunktion stellen für die Geldpolitik eine Herausforderung dar, da die Stabilisierung der Investitionstätigkeit dann nur über eine aktive Zinssatzpolitik der Zentralbank erreicht werden kann. Verschlechtert sich der Zustand des Vertrauens und sollen die Investitionen nicht sinken, dann müssen die Zinssätze unter Umständen drastisch gesenkt werden. Eine Eintrübung der Erwartungen kann so stark sein, dass es der Geldpolitik nicht gelingt, die Investitionstätigkeit zu stabilisieren.

Empirisch ist die Investitionsnachfrage, verglichen mit der Konsumnachfrage, sehr instabil. Zentralbanken gelingt es offensichtlich nur unvollkommen, die Investitionstätigkeit und damit die konjunkturelle Entwicklung insgesamt zu stabilisieren. Abbildung 1.2 zeigt die jährlichen realen Veränderungsraten der Ausgaben für Konsum und Bruttoanlageinvestitionen in Deutschland.[11] Zwar schwanken die realen Konsumausgaben auch, jedoch weitaus geringer als die für Ausrüstungsinvestitionen. Nur in tiefen Krisen ist die Wachstumsrate der realen Konsumausgaben negativ – beispielsweise Anfang der Achtzigerjahre des letzten Jahrhunderts und in der Wirtschaftskrise ab 2001. Die Investitionsnachfrage nimmt dagegen in allen konjunkturellen Einbrüchen negative Werte an – so in der Krise 1974/75, 1981/82, 1992/93 und 2001/02 – steigt danach jedoch wieder stark an. Die Abbildung legt auch nahe, dass die Investitionsnachfrage die Konsumnachfrage entscheidend steuert, da Schwankungen der Investitionsnachfrage zeitlich vor den Schwankungen der Konsumnachfrage liegen.

Wir haben betont, dass Unternehmen bei ihrer Investitionsentscheidung den zukünftigen Cashflow schätzen müssen. Sie müssen sich also Erwartungen über die Lebensdauer des Investitionsprojektes, die zukünftigen Verkaufsmengen, die zukünftigen Verkaufspreise sowie die zukünftigen laufenden Kosten wie Löhne, Vorleistungen etc. bilden. All diese Variablen sind unbekannt, und Schätzungen sind mit großen Unsicherheiten verbunden.

Nicht nur Unternehmer müssen sich Erwartungen über die Zukunft bilden. Gläubiger müssen bei der Kreditvergabe abschätzen, ob Schuldner in der Lage und willens sind, ihren Schuldendienst zu leisten. Haushalte machen sich beim Kauf von Aktien Gedanken über die Kursent-

---

[11] Die Investitionsnachfrage setzt sich zusammen aus Ausrüstungsinvestitionen, Bauinvestitionen und Veränderungen der Lagerbestände. Die Veränderung der Lagerbestände erfolgt teilweise unfreiwillig. In den Bruttoanlageinvestitionen sind zwar die Lagerbestände nicht enthalten, jedoch die Bauinvestitionen. Diese dämpfen die Schwankungen um ca. 3 Prozent. Den besten Konjunkturindikator stellen die Ausrüstungsinvestitionen dar.

wicklung. Kurz: Bei sehr vielen und insbesondere den relevanten ökonomischen Aktivitäten handeln Wirtschaftssubjekte auf Grundlage ihrer Erwartungen.

*Abbildung 1.2: Veränderung der privaten Konsumnachfrage und der
Bruttoanlageinvestitionen (real, jährliche Veränderungen in Prozent) in
der Bundesrepublik Deutschland*

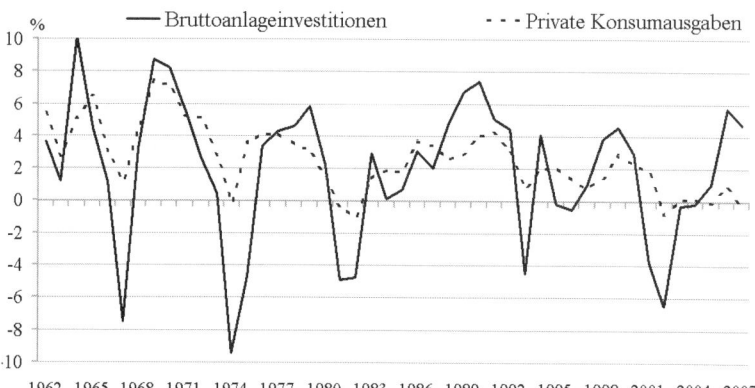

*Quelle: Deutschen Bundesbank, Zeitreihendatenbank, 2008
(ab 1991 für Gesamtdeutschland, 2000 = 100)*

Nun sind Erwartungen von Wirtschaftssubjekten häufig unterschiedlich,
also subjektiver Natur. Zudem können sie sich ändern, beispielsweise
durch wirtschaftliche, mediale und politische Einflüsse oder durch populär gewordene ökonomische Theorien (vgl. Palley 1996, 87ff.). Dies spiegelt die Erkenntnis wider, dass viele zukünftige Ereignisse heute noch
unbekannt sind. Zwar können Wirtschaftssubjekte versuchen, auf der
Grundlage von Wahrscheinlichkeiten die künftigen Risiken zu erfassen
und ökonomisch zu bewerten. Dieses Verfahren wählen beispielsweise
Lebensversicherungen, die zwar nicht wissen können, wann der einzelne
Versicherte stirbt, wohl aber Sterbewahrscheinlichkeiten bei einer ge-
nügend großen Zahl von Versicherten errechnen können. Jedoch gibt es
zahlreiche ökonomisch relevante Sachverhalte, die sich der Wahrschein-
lichkeitsrechnung entziehen, weil sie nicht nur risikobehaftet, sondern

schlicht unsicher, also nicht berechenbar sind.[12] Gerade bei der Investitionstätigkeit gilt nicht das Gesetz der großen Zahl, da viele potenzielle zukünftige Ereignisse nicht bekannt sind und den bekannten unter Umständen keine Wahrscheinlichkeit zugeordnet werden kann. Niemand weiß, wie die ökonomische und politische Lage in Ländern wie Russland, Brasilien oder selbst Japan in fünf Jahren sein wird; niemand kennt die Entwicklung auf den Devisen- und Aktienmärkten auch nur im Verlauf der nächsten zwei Jahre und niemand vermag seriös die wettbewerbsfähige Technik der Energiewirtschaft in zehn Jahren zu prognostizieren. Wir kennen die Zukunft einfach nicht. Dadurch wird Unsicherheit zu einer zentralen ökonomischen Kategorie, insbesondere die so genannte systemspezifische Unsicherheit. Sie ergibt sich aus ökonomischen Prozessen wie beispielsweise den konjunkturellen Krisen, der Zahlungsunfähigkeit relevanter Schwellenländer, Kursstürzen auf den Aktienmärkten etc.

Erwartungen der Wirtschaftssubjekte sind nicht voneinander unabhängig und zufallsverteilt, sondern es bilden sich typischerweise „Übereinkünfte" oder „Stimmungslagen" (vgl. Keynes 1936, S. 128f.). Je höher das Niveau der ökonomischen und politischen Unsicherheit ist, desto labiler sind solche „Übereinkünfte". Es kann zu abrupten allgemeinen Erwartungsänderungen kommen, die heftige ökonomische Reaktionen auslösen und zu kumulativen Effekten führen können. Erwartungen können zu einer beständigen Quelle ökonomischer Schwankungen werden und die Ökonomie destabilisieren. Was eine „Übereinkunft" verändert, kann nicht allgemein gesagt werden, sondern hängt von den jeweiligen historischen Umständen ab. In diesem Sinne sind Erwartungen für die Ökonomie exogener Natur. Damit soll nicht gesagt werden, dass über Erwartungen nichts ausgesagt werden kann. Exogenität bedeutet nur, dass es kein allgemein gültiges Modell der Erwartungsbildung gibt.

Das Problem ist, dass eine Erwartungsverschlechterung nicht nur die Unternehmen erfasst, die potenzielle Investitionsprojekte vorsichtiger einschätzen. Eine pessimistische Stimmungslage reduziert auch die Konsumnachfrage, da Haushalte in diesem Fall mehr sparen und einen Nachfragemangel verstärken. Auch werden Gläubiger bei ihrer Kreditvergabe vorsichtiger und Haushalte und Banken reduzieren ihre Aktienkäufe. Bei

---

[12] Diese Unterscheidung zwischen Risiko und Unsicherheit geht auf Knight (1921) zurück.

einer optimistischen Stimmungslage werden dagegen Erwartungen gebildet, die überschwänglich werden und zu konjunkturellen Überhitzungen führen können. Diese Unstetigkeiten in den ökonomischen Entwicklungen haben dazu geführt, dass sich alle Zentralbanken der Welt das Recht vorbehalten, ihre Geldpolitik situationsspezifisch auszugestalten und nicht nach einer sturen Regel zu handeln. Manche Zentralbanken haben zwar versucht, nach spezifischen Regeln zu verfahren, jedoch mussten sie dann mehr oder weniger häufig die Regeln verletzen, um auf historische Gegebenheiten reagieren zu können (vgl. Kapitel 4).[13]

1.3 Die Geldfunktionen und die Notwendigkeit der Stabilität des Geldwertes

Die bisherigen Ausführungen legen nahe, dass sich die Funktionen des Geldes nicht auf ein pfiffig ausgedachtes Hilfsmittel zur Effektivierung von Tauschvorgängen beschränken lassen. Geld ist die Steuerungszentrale der Ökonomie, da auf den Vermögensmärkten durch die Disposition über Geld beziehungsweise Geldvermögen über wirtschaftliche Dynamik entschieden wird. Vermögensmärkte können nur mit einem stabilen Geld funktionieren. Daher ist Preisniveaustabilität, also der Ausschluss kumulativer Inflations- oder Deflationsprozesse, eine Funktionsbedingung geldgesteuerter Ökonomien. Die verheerenden Wirkungen von Inflation und Deflation lassen sich anschaulich an den Funktionen, die Geld wahrnimmt, verdeutlichen.

1.3.1 Geld als Wertstandard

Geld als Wertstandard liefert die Grundlage aller Geldfunktionen. Sie bestimmt die Zahlungsmittelfunktion des Geldes und diese wiederum die Funktion des Geldes als Wertaufbewahrungsmittel.

Ohne eine Kreditvergabe an investitionsbereite Unternehmen ließe sich der Produktions- und Reproduktionsprozess in entwickelten Geld-

---

[13] Dieser Punkt ist in der akademischen Debatte umstritten, da eine Reihe von Theoretikern den Zentralbanken das Recht zu diskretionärer Politik absprechen wollen.

wirtschaften nicht aufrechterhalten. Bekanntlich werden Kreditverträge in nominalen Geldeinheiten fixiert, nach dem Motto: „Ich leihe Ihnen 10.000 Euro und erhalte in einem Jahr 10.500 Euro zurück". Geld liefert die Recheneinheit beziehungsweise den *Wertstandard* für den Kontrakt. Da die Kreditauszahlung sowie der Schuldendienst (zumindest in stabilen Ökonomien) in diesem Wertstandard erfüllt werden muss, werden auch die Preise der Güter und die Lohnzahlungen im gleichen Wertstandard ausgedrückt. Mit der Funktion des Geldes als Wertstandard existiert zudem eine Recheneinheit zur Bewertung von existierendem Vermögen aller Art, beispielsweise bei der Bilanzerstellung oder Gewinnermittlung.

Der Zinssatz spielt in Geldwirtschaften eine außerordentlich wichtige Rolle. Wird heute Geld in Form eines Kredits vom Gläubiger vorgeschossen und fließt es nach einem Jahr zurück, dann ergibt sich die Verwertungsrate des Kreditvorschusses durch „(Geldvorschuss + Zinsen) 100/Geldvorschuss = x Prozent".[14] Faktisch wird die Verwertung aller Vermögensarten in Geld gemessen. Niemand würde die Verwertung von Vermögen in Käseeinheiten oder Drehbänken messen. Berechnet ein Landwirt die Verwertung seines Vorschusses an Saatgut, dann wird er nicht „(Weizenmenge als Saatgut in Kilogramm + geernteter Weizen minus Saatgut in Kilogramm) 100/Weizenmenge als Saatgut in Kilogramm = x Prozent" rechnen. Er wird seinen Vorschuss an Weizen heute und seinen Rückfluss an Weizen in einem Jahr in Geld bewerten und so seine Verwertungsrate ausrechnen. Nur so wird die Verwertung von allen Vermögensarten vergleichbar gemacht.

Es gibt noch eine weitere Besonderheit des Zinssatzes. Im Vergleich zu anderen Vermögensarten, wie etwa dem Produktivvermögen, wird die Verwertungsrate von Kreditvermögen schon beim Vertragsabschluss festgelegt. Sie ergibt sich nicht als Resultat, sodass der Gläubiger keiner Unsicherheit unterliegt, wenn von einer Zahlungsunfähigkeit des Schuldners einmal abgesehen wird.

Aus der besonderen Bedeutung des Geldes wird deutlich, dass ein allgemein akzeptierter, relativ stabiler Wertstandard einen zentralen Stabi-

---

[14] Bei Verwertungsraten wird in aller Regel das Jahr als Periode gewählt. Fließt Geld erst nach mehreren Perioden zurück, müssen Zinseszinseffekte berücksichtigt werden. Die Abdiskontierung mit dem Zinssatz macht Geldströme, die in verschiedenen zukünftigen Perioden zurückfließen, vergleichbar. Damit wird der Zinssatz zu einem wichtigen Element bei Investitionsentscheidungen.

litätsanker einer Geldökonomie liefert. Ist er heftigen Schwankungen unterworfen, dann wird er von Wirtschaftssubjekten schlicht und einfach nicht mehr akzeptiert. Geld wird als Wertstandard in Kreditverträgen durch inflationäre Prozesse schrittweise ausgehöhlt. Denn der Gläubiger geht einen Kreditvertrag ein, um sein in nominalen Einheiten des Wertstandards bewertetes Geldvermögen zu verwerten – und dabei möchte er die damit verbundenen Risiken begrenzen. Sofern diese nominalen Einheiten auf Grund inflationärer Prozesse an Stabilität verlieren, also in Kaufkraft gemessen an Wert einbüßen, wird der Gläubiger während der Vertragslaufzeit Kaufkraft verlieren und der Schuldner wird sie gewinnen. Diesem Umverteilungsprozess werden die Gläubiger einen Riegel vorzuschieben suchen. Zwar können hohe nominale Zusätze eine hohe Inflationsrate kompensieren, jedoch werden Gläubiger bei einer inflationären Entwicklung früher oder später das Vertrauen in dieses Geld verlieren und trotz hoher Zinssätze keine Kredite mehr in dem „schlechten" Geld vergeben. In Kreditverträgen wird dann nicht mehr der an Wert verlierende Wertstandard benutzt, sondern ein stabilerer. Bei sehr hohen Inflationsraten wird auch die Funktion des Wertstandards bei Gütern und Arbeitsleistungen auf einen stabileren Standard übergehen.

Ein Wertstandard muss sich somit immer gegenüber konkurrierenden Wertstandards verteidigen. Ausländische Gelder oder selbst Waren wie Edelmetalle, Salz oder Zigaretten können bei einem instabilen Wertstandard dann die Funktion des Wertstandards übernehmen. In solchen Ökonomien können zahlreiche unterschiedliche Standards existieren, welche die Ökonomie in verschiedene Sphären aufteilen, in eine der Fremdwährungen, in eine andere der nationalen Währung, sowie in eine der Tausch- und Subsistenzwirtschaft. In Ökonomien ohne einen stabilen und einheitlichen inländischen Wertstandard sind krisenhafte Prozesse vorprogrammiert.[15]

Aber auch Deflationsprozesse sind für eine Volkswirtschaft verhängnisvoll. Denn bei Deflationen steigt die Belastung der Schuldner, da es für sie immer schwieriger wird, den Schuldendienst zu leisten. Denn fallende Preise führen zu Umsatzrückgängen bei gleichzeitig fest fixiertem Schuldendienst, da eine Erhöhung der Absatzmenge, die die Preissen-

---

[15] Für einen Überblick über Ökonomien, die durch Dollarisierung bzw. Euroisierung gekennzeichnet sind vgl. Cohen (1998) sowie Hanson/Honohan/Majnoni (2003).

kungen kompensieren könnte, äußerst unwahrscheinlich ist. Denn bei Deflationserwartungen schieben sowohl Unternehmen als auch die Konsumenten ihre Käufe auf. Welches Wirtschaftssubjekt wird heute kaufen, wenn morgen alles billiger zu erwerben ist? Dadurch sinken bei den Unternehmen nicht nur die Verkaufspreise, sondern auch die -mengen. Hinzu kommt, dass die Bereitschaft sinkt, Kredite zu vergeben und aufzunehmen.

Die Krise des Unternehmenssektors führt unweigerlich auch zu einer Bankenkrise, da die Deflation die guten Schuldner der Bank in schlechte verwandelt und die Pfänder der Banken – beispielsweise Immobilien – mit der Deflation entwertet werden. Hat eine solche Entwicklung erst eingesetzt, so ist auch ein Reißen von Kreditketten nicht länger auszuschließen. Die Krise erfasst alle Bereiche der Ökonomie. Der Sachverhalt, wonach deflationäre Prozesse ab einer gewissen Intensität unweigerlich die Zahlungsunfähigkeit von Schuldnern bewirken, da die reale Schuldenlast steigt, wird als *Fisher-Effekt* bezeichnet (vgl. Tobin 1981).

Zusammenfassend können wir schon an dieser Stelle festhalten, dass ein stabiler Wertstandard eine *Voraussetzung* für eine stabile Geldökonomie ist. Ein schwankender Wertstandard erzeugt nicht nur große Unsicherheiten, er führt auch zu destabilisierenden und sich verstärkenden negativen Effekten.

Nur eine Zentralbank mit dem Recht und der Macht, eine Geldpolitik entsprechend den Bedürfnissen der Ökonomie zu betreiben, kann einen stabilen Wertstandard garantieren. Damit wird die Zentralbank zur Hüterin der Kohärenz einer Geldwirtschaft. Zentralbanken haben zwei wesentliche Aufgaben zu erfüllen, nämlich die Sicherung des Geldwerts und die Versorgung der Wirtschaft mit Liquidität. Diese Aufgaben lassen sich adäquat nur erfüllen, wenn die Geldverfassungen eine spezifische Struktur aufweisen. Daher zeichnen sich die Geldverfassungen aller entwickelten Volkswirtschaften – bei zahlreichen Unterschieden im Detail – durch vier, tendenziell fünf zentrale Gemeinsamkeiten aus:

– Erstens besitzen die Zentralbanken das Monopol der Geldemission.

– Zweitens sind sie heutzutage bei der Geldschöpfung durch keine Deckungsvorschriften an irgendwelche Substanzwerte wie Gold gebunden.

– Drittens sind alle Zentralbanken, zumindest in den entwickelten Ökonomien, institutionell in der Lage, Prozessen einer Geldentwertung er-

folgreich durch eine Verteuerung ihres Kreditangebots entgegenzutreten.

– Viertens schließlich arbeiten Zentralbanken nicht regelgebunden, sondern haben sich das Recht vorbehalten, ihre Politik von der jeweils
konkret-historischen Situation abhängig zu machen.

Obwohl die Unabhängigkeit von den politischen Instanzen nicht in allen
Ländern Gewähr leistet ist, so zeichnet sich seit dem Zweiten Weltkrieg
fünftens doch ein internationaler Trend ab, Zentralbanken unabhängig
werden zu lassen. Offensichtlich kommen immer mehr Länder zu der
Einschätzung, dass durch eine Unabhängigkeit den Zentralbanken die
Geldpolitik erleichtert wird.

Die Monopolstellung der Zentralbank wird allerdings auch von nam-
haften Autoren anders eingeschätzt. So hat Hayek (1977) vorgeschlagen,
die Geldemission und damit auch den Wertstandard zu entnationalisieren
und zu privatisieren. Demnach sollen verschiedene private Banken bei
der Geldemission konkurrieren, wobei die Wechselkurse zwischen den
Geldern der verschiedenen Emissionsbanken flexibel sein sollten. Denn
wenn privat emittierte Gelder miteinander konkurrieren, dann werden
jene Gelder aus dem Markt geworfen, die zu reichlich angeboten werden
und im Wechselkursgefüge an Wert verlieren. Doch aus gutem Grunde
ist man nirgends derartigen Vorschlägen gefolgt.

Eine Emission von privatem Geld gefährdet aus mehreren Gründen
die ökonomischen Stabilitätsanforderungen. Zum einen ist die Wahrscheinlichkeit groß, dass ein einheitlicher Wertstandard und mit ihm
Markttransparenz verloren geht. Zwar kann nicht ausgeschlossen werden,
dass sich alle Banknoten gemeinsam auf eine wie auch immer definierte
Wertgröße beziehen, doch ist das bei flexiblen Wechselkursen der Banknoten sehr unwahrscheinlich. Zudem ist unklar, wer den gemeinsamen
Wertstandard der verschiedenen privaten Gelder zur Verfügung stellen
sollte.[16] Da die unterschiedlichen privaten Banknoten bei flexiblen

---

[16] Das von Hayek vorgeschlagene Emissionsmodell des Geldes ist nicht mit der
historischen Periode im neunzehnten Jahrhundert in fast allen europäischen Ländern
zu verwechseln. Die Privatgelder der damaligen Zettelbanken vor der Einführung
des Notenmonopols der Zentralbanken waren durch feste Wechselkurse gekennzeichnet, denn alle diese Privatbanknoten hatten einen festen Umtauschkurs zum
Gold und mussten bei Präsentation des Publikums in Gold umgetauscht werden.
Die Privatbanknoten waren somit im Kern nichts anderes als verbriefte und über-

Wechselkursen im Wert schwanken, kommt es zweitens regelmäßig zu Auf- und Abwertungen und zu Fluchten in Gelder, die als wertstabiler erachtet werden. Dies erhöht die Unsicherheiten in der Ökonomie und lässt sowohl bei den (potenziellen) Gläubigern als auch bei den (potenziellen) Schuldnern die Bereitschaft sinken, langfristige Kontrakte einzugehen. Damit aber wird der Investitionsprozess erschwert. Drittens werden durch die Notwendigkeit, regelmäßig die Gelder untereinander tauschen zu müssen, die Transaktionskosten erhöht. Bezeichnenderweise sollten mit der Einführung des Euro diese Nachteile beseitigt werden. Viertens würden sich die deflationären Gefahren in der Volkswirtschaft erhöhen, wenn die Monopolstellung der Zentralbank aufgegeben würde. Der Zwang der Privatbanken, im Rahmen flexibler Wechselkurse wertstabileres Geld als die Konkurrenten produzieren zu müssen, würde die Geldschöpfung unnötig begrenzen und so Wachstumschancen einer Volkswirtschaft verspielen. Nicht Inflation, sondern Deflation ist das Problem bei der Entnationalisierung und Privatisierung des Geldes. Fünftens kommt schließlich hinzu, dass bei Liquiditätsproblemen von Banken und Unternehmen, woher sie auch immer kommen mögen, jede Privatbank die eigene Liquidität sichern muss, um nicht zahlungsunfähig zu werden. Dann muss in Krisenphasen zwangsläufig die Kreditvergabe stocken, und es entsteht die Gefahr, dass Kreditketten reißen und es zu einer umfassenden Finanzkrise kommt. Eine zentrale Funktionsbedingung von Geldverfassungen besteht daher darin, dass die geldemittierende Instanz nicht zahlungsunfähig werden kann. Sie darf nicht der einzelwirtschaftlichen Logik unterliegen, sondern muss die Volkswirtschaft bei Liquiditätsengpässen hinreichend mit Geld versorgen und so die Rolle eines Lenders of Last Resort wahrnehmen. Die Bereitstellung eines einheitlichen und stabilen Wertstandards kann nur eine moderne Zentralbank erfüllen, die damit eine Großtat gesellschaftlicher Entwicklung darstellt.[17]

---

tragbare Sichtdepositen der emittierenden Banken. Diese Banken konkurrierten somit nicht über den Wechselkurs, was die Konkurrenz zwischen den verschiedenen Privatbanknoten drastisch verringerte. Nur in Krisenzeiten verloren Privatgelder ihren Wert oder wurden mit einem Abschlag bedacht, wenn nicht mehr geglaubt wurde, dass die entsprechende Bank alle Noten in Gold umtauschen konnte.

[17] Es ist interessant, dass Ludwig Bamberger, der maßgeblich die Gründung der Deutschen Reichsbank 1876 vorangetrieben hat, gerade die Aufgabe der Zentralbank als Lender of Last Resort betont hat (vgl. James 1998, S. 35). Er lag damit

Viele Jahrzehnte waren führende Ökonomen und Politiker der Überzeugung, dass ein einheitlicher Wertstandard auch für die internationalen
Beziehungen nützlich sei. Der Übergang vieler Länder zum Goldstandard
im 19. Jahrhundert diente nicht zuletzt dazu, einen stabilen währungspolitischen Rahmen für die internationalen Wirtschaftsbeziehungen zu
schaffen (vgl. James 1998). Denn der feste Kurs zum Gold beziehungsweise (da der Goldstandard in Wahrheit ein Pfund-Sterling-Standard
war) zum Pfund Sterling führte auch zu festen Kursen der nationalen
Währungen untereinander. In den Wirren des Ersten Weltkriegs zerbrach
der Goldstandard. Der unkoordinierte Versuch der Rückkehr zu einem
modifizierten Goldstandard nach dem Ersten Weltkrieg scheiterte im
Jahre 1931, als England den Goldstandard wieder verlassen musste. Das
Ergebnis waren verheerende Abwertungs- und Abschottungswettläufe,
die zur Weltwirtschaftskrise der Dreißigerjahre des letzten Jahrhunderts
mit all ihren politischen Folgen beitrugen. Die Erfahrungen nach dem
Ersten Weltkrieg führten nach der Beendigung des Zweiten Weltkriegs
zur Errichtung des Bretton-Woods-Systems, eines erneuten internationalen Systems fester Wechselkurse, diesmal mit dem US-Dollar als Leitwährung. Sieht man einmal von den währungspolitischen Wirren seit
dem Beginn des Ersten bis zur Beendigung des Zweiten Weltkriegs ab,
so existierten ab dem zweiten Drittel des 19. Jahrhunderts bis Anfang der
Siebzigerjahre des 20. Jahrhunderts feste Wechselkurse und damit international miteinander verbundene stabile Wertstandards. Die zahlreichen
Währungskrisen in den so genannten Schwellenländern, aber auch in verschiedenen Ländern Westeuropas bis zur Einführung des Euro, zeigen
anschaulich die Probleme und Unsicherheiten schwankender Wertstandards im Rahmen der heute gültigen internationalen Finanzarchitektur.
Eben aus diesem Grunde haben einige Regionen – vor allem die meisten
Länder Westeuropas, seit der Einführung flexibler Wechselkurse im
Jahre 1973 – versucht, regionale Wechselkursvereinbarungen z.B. in der
Form des Europäischen Währungssystems, das 1979 gegründet wurde, zu
treffen.

---

ganz auf der Linie des Briten Bagehot (1873), dem zugesprochen wird, die Rolle
der Zentralbank als Lender of Last Resort als erster analytisch klar benannt zu
haben.

1.3.2 Geld als Zahlungsmittel

Die zweite Funktion, die Geld erfüllen muss, ist die *Zahlungsmittelfunktion* In dieser Funktion erfüllt Geld Verpflichtungen. Dies ist erstens der Fall, wenn Geld als *Kreditmittel* auftritt. Geld als Wertstandard ermöglicht – wie wir sahen – die Definition von Kreditverträgen, beispielsweise in Euro. Die Erfüllung des Kreditvertrags erfolgt, indem der Gläubiger zunächst dem Schuldner die Kreditsumme in Euro übergibt, während später der Schuldner diese Summe plus Zinsen in Euro zurückzahlt. In einer weiteren Funktion als Zahlungsmittel fungiert Geld als *Kaufmittel*. Hier erfüllt Geld die Verpflichtung des Käufers gegenüber dem Verkäufer. Darüber hinaus kann Geld drittens als *Wertübertragungsmittel* Verpflichtungen löschen, die nicht auf Grund eines zweiseitigen Kontraktes entstehen. Beispielsweise können mit Geld Steuerschulden oder Geldstrafen getilgt werden.

In erodierenden Geldökonomien kann sich die Funktion des Geldes als Zahlungsmittel von der des Wertstandards trennen. Dies ist dann der Fall, wenn Kredit- und Kaufverträge zwar noch in nationaler Währung erfüllt, jedoch in ausländischer Währung indexiert werden. Wirtschaftssubjekte „denken" in diesem Fall im ausländischen Wertstandard. Die Zahlungsverpflichtung in nationaler Währung wird dann jeweils zum aktuellen Wechselkurs gegenüber der Indexwährung berechnet. Es versteht sich fast von selbst, dass in der beschriebenen Situation das nationale Geld immer stärker auch die Zahlungsmittelfunktion verliert (Haiduk u. a. 2004)

Am Rande sei erwähnt, dass Geld zuletzt seine Funktion als Zahlungsmittel gegenüber den staatlichen Instanzen einbüßt, da der Staat nur schwerlich durchsetzen kann, dass beispielsweise Steuern in ausländischen Währungen zu entrichten sind. Dann nämlich wäre das einheimische Geldsystem realiter abgeschafft.

1.3.3 Geld als Wertaufbewahrungsmittel

Die skizzierten Funktionen des Geldes als Zahlungsmittel führen drittens zum Bedürfnis, Geld als *Wertaufbewahrungsmittel* zu halten. Denn ohne die Zahlungsmittelfunktion des Euro würde niemand auch nur einen Euro halten wollen. Das Halten eines Geldbestandes impliziert für ein Wirtschaftssubjekt, dass es über abstrakt-gesellschaftlichen Reichtum verfügt, der jederzeit in konkreten Reichtum durch den Kauf von Konsum- oder Investitionsgütern überführt oder zur Tilgung von monetären Verpflichtungen eingesetzt werden kann. Daher bedeutet Geldhaltung zugleich mehr Sicherheit mit Blick auf eine prinzipiell unsichere Zukunft. Wer heute Geld hält, kann sich gegen die Unbilden des Morgen absichern. Die konkreten Motive der Geldhaltung sind mannigfaltig. Sie kann als Vorsichtskasse einen Schuldner mit unsicheren Geldzuflüssen und festgelegtem Schuldendienst vor Illiquidität oder teuerer kurzfristiger Kreditaufnahme schützen, sie kann als Horte den Wunsch nach Vermögenshaltung in unmittelbar vergesellschafteter Form erfüllen, sie kann als Wertspeicher Optionen für Spekulationen eröffnen oder sie kann schließlich als Transaktionskasse die Warenkäufe und finanzielle Transaktionen vereinfachen.

Im Rahmen eines Inflationsprozesses wird Geld zunächst seine Funktionen als Wertaufbewahrungsmittel verlieren. Denn bei Inflation verfügt der Halter von Geld mit jedem Tag real über weniger Kaufkraft. Daher wird er die Geldhaltung auf ein Minimum reduzieren. Faktisch wird bei hohen Inflationsraten nur noch Geld für Transaktionszwecke und dies oftmals nur im Bereich der Kleinzirkulation gehalten.

Inflationäre Prozessen haben die Tendenz, sich aus sich heraus zu beschleunigen. Denn um den inflationär bedingten Wertverlusten bei der Geldhaltung zu entgehen, werden Geldvermögensbesitzer versuchen, ihr Vermögen zu sichern, indem sie eine Flucht in Sachwerte oder in Devisen antreten. Beide Strategien verschärfen die Krise: Im ersten Fall führt die steigende Nachfrage nach Sachwerten zu deren Preiserhöhung und im zweiten Fall bewirkt die Abwertung der einheimischen beziehungsweise die Aufwertung der ausländischen Währung, dass alle importierten Güter teurer werden.

Bei einer eskalierenden Erosion des Geldsystems sind ab einem gewissen Punkt die Verkäufer von Gütern nicht länger gewillt, die eigenen Güter, vor allem die hochwertigen, gegen das nationale Geld zu verkaufen. Das Geld verliert dann auch die Funktion des Kaufmittels. Setzt sich dieser Prozess hinreichend lange fort, so werden auch die Arbeitnehmer nicht mehr bereit sein, Arbeit gegen ein Geld abzuliefern, das seine Kaufmittelfunktion eingebüßt hat (vgl. Robinson 1938). Spätestens an diesem Punkt implodiert eine geldgesteuerte Ökonomie. Will eine Zentralbank einen solchen desaströsen Prozess verhindern, ist sie früher oder später zum Eingreifen gezwungen.

Auch Deflationen beinhalten sich selbstverstärkende Effekte, da der oben beschriebene Fisher-Effekt Kreditketten reißen lässt, die Investitions- und Konsumnachfrage dämpft und das Finanzsystem tief greifend destabilisiert.

Als bisheriges Resümee können wir feststellen, dass sowohl Inflationen als auch Deflationen den Weg in schwer wiegende Krisen ebnen, da sie die Kohärenz der Ökonomie zerstören. Wünschenswert ist ein in der Tendenz stabiles Preisniveau. Da leichte Deflationen gefährlicher sind als leichte Inflationen (vgl. Kapitel 3), kann es als optimal bezeichnet werden, eine leichte Inflationsrate zu haben. Dieser Idee folgen die meisten Zentralbanken der Welt. Sie streben keine Inflationsrate von null an, da es bei ökonomischen Schocks sonst zu schnell zur Deflation kommen kann. Wir werden diesen Punkt in späteren Kapiteln wieder aufgreifen.

1.4 Geld als Budgetrestriktion

Wirtschaftssubjekte benutzen nur dann ein Geld, wenn sie diesem vertrauen können. Da Geld heute durch keine Substanzwerte mehr gedeckt ist und folglich aus dem Nichts geschaffen wird, müssen sich Zentralbanken die Akzeptanz ihres Geldes verdienen. Denn die Wirtschaftssubjekte können letztlich nicht gezwungen werden, Geld zu benutzen, dem sie nicht vertrauen. Nur wenn sie wissen, dass sie mit diesem Geld auch morgen noch ihre wirtschaftlichen und sozialen Herausforderungen bewältigen können, werden sie damit arbeiten und es in ihrem Portfolio halten. Mit diesem Phänomen des Vertrauens und der Akzeptanz eines an sich wertlosen Zettels konfrontiert, hat kein geringerer als der Nobelpreisträger für Ökonomie, Kenneth Arrow, bemerkt, dass „Verkäufer bereit" sind, „es zu akzeptieren, weil es andere Verkäufer gibt, die bereit sind, es ihrerseits zu akzeptieren. Trotz mehrerer Hundert Jahre des Nachdenkens und zahlloser empirischer Untersuchungen ließ sich diese Ungereimtheit nicht erklären; wie dem aber auch immer sein mag, wir können die Akzeptanz des Geldes als gegeben annehmen" (Arrow 1984, S. 183).

Freilich musste diese Akzeptanz erst mühsam erarbeitet werden und es gibt bis heute unterschiedliche nationale Gelder, die unterschiedlich stark akzeptiert werden. Bekanntlich ist es auch in der jüngeren Vergangenheit mehr als nur einmal vorgekommen, dass einzelne Gelder jegliche Akzeptanz verloren haben. Vor allem wenn inflationäre Entwicklungen nicht gestoppt werden, droht das Geldsystem zu erodieren. Geht die Akzeptanz verloren, flüchten die Wirtschaftssubjekte, allen juristischen Verordnungen zum Trotz, in wertstabile Devisen oder Waren. Zentralbanken stehen somit vor der Aufgabe, Geld zu emittieren, das im Wettbewerb mit den Geldern anderer Zentralbanken beziehungsweise mit dem Halten wertstabiler Anlagegüter wie Gold oder Grundstücke besteht.

Um die Akzeptanz zu sichern, muss Geld knapp gehalten werden. Daher ist es ein zentrales Merkmal von Geld, dass es nicht von Privaten produziert werden darf, sondern nur von der Währungsbehörde, welche die Geldproduktion so steuern muss, dass ihr Geld stabil ist und bleibt. Aus der Notwendigkeit, knapp sein zu müssen, erschließt sich, warum von Natur aus knappe Waren wie beispielsweise Edelmetalle in der Geschichte häufig Geldfunktionen übernommen haben. Solche Waren sind nur begrenzt durch den Einsatz privatwirtschaftlicher Arbeit vermehrbar. Häufig verwendete Güter mit einer hohen Produktionselastizität – also typische Waren – konnten deshalb gerade keine Geldfunktionen wahrnehmen. Dies hätte nämlich dazu geführt, dass abstrakt-gesellschaftlicher Reichtum, der im Geld seine Verkörperung gefunden hat, unmittelbar privat produziert worden wäre. Dies hätte Geld entknappt.

Waren wie Gold sind zwar knapp und können damit Geldfunktionen übernehmen, jedoch wird in diesem Fall die Geldmenge den Kalkülen privater Produktion oder zufälligen Funden – wie im Falle des Goldes wiederholt geschehen – unterworfen und nicht den Bedürfnissen der Ökonomie. Eine funktionale Entwicklung der Geldmenge, welche den Wertstandard weder steigen noch fallen lässt, ist mit einem Warengeld nicht möglich. Geld ist somit von seiner Bestimmung her eine Nicht-Ware. Geld steht dem Universum der privatwirtschaftlich produzierten Waren gegenüber und ist kein Teil davon (vgl. Herr 1988).

Von Natur aus knappe Waren übernahmen Geldfunktionen, weil es in früheren Zeiten offensichtlich (staatlicherseits) nicht gelang, die Akzeptanz eines Geldes ohne Substanzwert zu etablieren. Zu oft hatten die Herrschenden versucht, ihre Finanznöte durch übermäßige Geldemissionen zu mildern. Wenn vor diesem Hintergrund natürlich knappe Güter, wie etwa Gold, durch nicht gedecktes Zentralbankgeld ersetzt werden sollten, dann mussten Zentralbanken institutionell und instrumentell so ausgestaltet werden, dass sie ihr Geld knapp halten konnten. Gleichzeitig mussten die Wirtschaftssubjekte der Möglichkeit und dem Willen der Zentralbank, Geldwertstabilität zu verteidigen, auch trauen. Als die kapitalistische Produktionsweise aus der mittelalterlichen Ökonomie herauswuchs, gab es Zentralbanken dieser Art noch nicht. Es gab zwar Hausbanken des Staates, die die staatlichen Finanztransaktionen abwickelten und auch die Hauptgläubiger des Staates waren – etwa die Bank of England –, jedoch handelte es sich dabei nicht um Zentralbanken. Erst 1844 wurde in England, das bei der institutionellen Entwicklung des modernen Geldwesens Vorreiter war, im Rahmen des „Zweiten Peel'schen Bankgesetzes" das Notenmonopol der Bank of England eingeführt. In verschiedenen Ländern gab es unterschiedliche Entwicklungswege bei der Herausbildung der Monopolstellung der Zentralbanken. In Deutschland beispielsweise hat sie sich erst allmählich seit den Siebzigerjahren des 19. Jahrhunderts herausgebildet, und der Prozess hat sich bis ins 20. Jahrhundert erstreckt. Noch Mitte des 19. Jahrhunderts existierten im Gebiet des späteren Deutschen Reichs sieben unterschiedliche Münzrechensysteme. Des Weiteren gab es in 20 Ländern unterschiedliches Staatspapiergeld und noch 1871 emittierten 33 Notenbanken ihre eigenen „Zettel" (vgl. Borchardt 1976).

Jedoch auch nach der Einführung des Monopols der Geldemission wurde das Vertrauen in die Noten der Zentralbanken durch die Möglichkeit des Umtausches der Noten in Edelmetalle – vornehmlich Gold – zu einem festen Umtauschkurs stabilisiert. Es war also noch ein weiter Weg hin zur Zentralbank heutigen Zuschnitts, die keinerlei Deckungsvorschriften mehr unterliegt und die ein Geld ausgibt, das *allein* durch das Vertrauen in staatliche Institutionen akzeptiert wird. Bis zum Ersten Weltkrieg war es in den meisten damals entwickelten Ländern für Private möglich, Noten gegen Gold und Gold gegen Noten zu tauschen, wobei zwischen einer Geldeinheit und einer bestimmten Menge Gold ein festes Verhältnis definiert wurde, etwa 1 US-Dollar = 1 Feinunze Gold. Nach dem Ersten Weltkrieg wurde diese Möglichkeit in aller Regel für Private abgeschafft. Allerdings waren die Zentralbanken noch immer dazu verpflichtet, einen bestimmten Prozentsatz ihrer Noten durch Gold (oder bei Golddevisenwährungen durch Devisen von Ländern, die eine Golddeckung hatten) zu decken. Nach dem Zweiten Weltkrieg wurde auch diese Regel fallen gelassen. Ausschließlich die USA verpflichteten sich einseitig, Dollardevisen von Zentralbanken in Gold umzutauschen. Im

Jahre 1971 hoben die USA dieses Recht im Zusammenhang mit der letzten instabilen Phase des Systems von Bretton Woods auf und der letzte Schatten des Goldes verschwand aus dem nationalen und internationalen Währungssystem.

Die Knappheit des Geldes führt in geldgesteuerten Volkswirtschaften zu einer „*harten monetären Budgetrestriktion*". Auf der einzelwirtschaftlichen Ebene bedeutet dies, dass Unternehmen in ihren Möglichkeiten der Kreditaufnahme begrenzt sind und einem Konkursrisiko unterliegen.[18] Denn Unternehmen müssen sich auf den Gütermärkten der Konkurrenz anderer Unternehmen erwehren. Sie müssen hinreichend große Einnahmen erwirtschaften, um den Schuldendienst leisten beziehungsweise die Verwertungsansprüche des Eigentümers realisieren zu können. Aus der Sicht des einzelnen Unternehmens zeigt sich die monetäre Budgetrestriktion bereits bei der Kreditaufnahme. Denn eine Kreditierung durch einen Gläubiger ist keinesfalls selbstverständlich. Banken und andere Vermögensbesitzer, die einem Unternehmen finanzielle Mittel vorschießen, erwarten nämlich eine Verwertung ihrer Vorschüsse. Verwertung umfasst zwei Aspekte: Zum einen muss der Kredit getilgt werden, also das Vermögen des Gläubigers gesichert sein. Zweitens muss der Kredit einen Zins abwerfen, also sich im engeren Sinne verwerten. Analoge Erwartungen existieren, wenn eine Aktie gekauft wird oder Eigenkapital in anderen Formen vorgeschossen wird. Daher wird kein Unternehmen einen Kredit bekommen und auch keine neuen Aktien zu einem positiven Preis emittieren können, wenn es nicht glaubhaft vermitteln kann, zukünftig ausreichende Überschüsse zu erwirtschaften, um Gläubiger- und Eigentümeransprüche zu bedienen. Niemand würde in einer Geldwirtschaft sein Geld einem Unternehmen zur Verfügung stellen, das nur Verluste erwarten lässt.

Die Sanktionsgewalt der Gläubiger gegenüber einem verlustbringenden Unternehmen ist größer als die der Eigentümer. Es sind die Gläubiger – in der Regel die Banken –, die durch das Konkursverfahren das Ende eines Unternehmens einleiten und sich aus dem verbleibenden

---

[18] Der Begriff der harten Budgetrestriktion geht auf Kornai (1980) zurück. Er charakterisierte Geldwirtschaften durch eine harte Budgetrestriktion und Planwirtschaften durch eine weiche, da Planunternehmen im Vergleich zu Marktunternehmen auch bei Verlusten unbeschränkt Kredite zum Überleben erhielten und keinem Konkursrisiko unterlagen.

Unternehmensvermögen so weit wie möglich befriedigen. Im Vergleich dazu ist der Druck der Eigentümer gegenüber dem Unternehmen geringer. So können Aktionäre zwar versuchen, ihre Aktien zu verkaufen, jedoch können sie das Unternehmen, im Unterschied zu den Gläubigern, nicht zwingen, ihnen den Geldvorschuss zurück zu zahlen. Diese Macht vor allem der Banken, hat Schumpeter (Schumpeter 1926, S. 110) bewogen, den Bankier zum Ephor, zum Aufseher, des Unternehmens zu erklären. Neben der Jagd nach Extraprofiten beziehungsweise Quasirenten durch verbesserte Technologien oder durch andere Kostenersparnisse dürfte der Charakter einer Geldökonomie als Verpflichtungsökonomie die zweite Quelle der enormen Innovationskraft geldwirtschaftlicher Ökonomien sein.

Geldwirtschaften sind nicht nur durch eine harte einzelwirtschaftliche monetäre Budgetrestriktion gekennzeichnet, sondern auch durch eine *makroökonomische*. Denn die aggregierten einzelwirtschaftlichen Geldvorschüsse der Gläubiger und Eigentümer in Produktionsprozessen ergeben die makroökonomische Budgetrestriktion. Das bedeutet, dass auch auf gesamtwirtschaftlicher Ebene die Produktionsprozesse durch monetäre Faktoren begrenzt werden (vgl. Riese 1986, S. 65f.). Daher ist die (neoklassische) Vorstellung über Knappheit, wonach es in physischer Hinsicht zu wenige Güter im Vergleich mit den unendlichen Bedürfnissen der Menschen gäbe, ein unzureichendes Bild. Zwar ist es so richtig wie banal, dass man auf Grund einer materiell begrenzten Welt nie im Schlaraffenland leben wird. Der entscheidende Punkt ist aber, ob die vorhandenen physischen Potenziale in der Form vorhandener Arbeitskräfte und Produktionskapazitäten ausgeschöpft und entwickelt werden, oder ob eine monetäre Budgetrestriktion deren Einsatz limitiert. Ob Güter knapp oder weniger knapp sind, hängt offenbar vom Umfang der Produktion ab, der, wie wir gesehen haben, durch monetäre Faktoren determiniert und begrenzt wird. So könnten die vielen Millionen Arbeitslosen im Euroraum – oder noch offensichtlicher in den unterentwickelten Volkswirtschaften – ohne Zweifel die physische Knappheit an Gütern abbauen, aber monetäre Kalküle erlauben es nicht, sie zu beschäftigen. Es ist die monetäre Knappheit, die den Einsatz physischer Ressourcen begrenzt.

Dies schließt nicht aus, dass es spezifische Konstellationen auf den Vermögens-, Güter- und Arbeitsmärkten gibt, die den Einsatz aller vorhandener Ressourcen, vor allem der Arbeitskräfte, ermöglicht. Eine solche Situation der Vollbeschäftigung hatte sich beispielsweise in Deutschland in den Fünfzigerjahren des 20. Jahrhunderts herausgebildet, und sie hat sich bis zum Beginn der Siebzigerjahre mehr oder weniger gehalten. Nimmt man die Geschichte aller Geldökonomien zum Maßstab, dann sind solche Konstellationen allerdings recht selten und instabil. Vor diesem Hintergrund liegt die Vermutung nahe, dass es vor allem marktendogene Kräfte sind, die derartige Konstellationen verhindern. Im Kontext der Darstellung unterschiedlicher Inflationstheorien werden wir auf diesen Aspekt zurückkommen.

1.5 Geldmenge und Geldsubstitute

Wenn Geld knapp gehalten werden muss, um funktionsfähig zu bleiben, dann stellt sich die Frage, wie die Geldmenge, die sich im Umlauf befindet, erfasst werden kann. Auch hier scheiden sich die Geister. Zunächst sollte man meinen, dass die Geldmenge dem wertmäßigen Volumen des Gegenstands entspricht, der die Geldfunktionen übernimmt, also heutzutage Euro, US-Dollar etc. Dann ist die Geldmenge identisch mit dem von der Zentralbank bereitgestellten Zentralbankgeld. Dieses kann zwei Formen annehmen: Noten[19] und Einlagen bei der Zentralbank. Noten und Einlagen bei der Zentralbank sind perfekte Substitute, da Noten immer in Einlagen und Einlagen in Noten überführt werden können. In früheren Zeiten konnten öffentliche Haushalte ihre Konten noch bei der Zentralbank führen. Heute halten faktisch nur noch die Geschäftsbanken Einlagen bei der Zentralbank. Die Summe der Banknoten, die sich in der Zirkulation befinden plus der Einlagen bei der Zentralbank, ist die *Geldbasis*.

In der Praxis hat sich stattdessen ein eigentümliches und theoretisch defizitäres Verfahren zur Bestimmung der Geldmenge beziehungsweise des Geldangebots eingebürgert. Bestimmte Bankeinlagen des Publikums zusammen mit dem gehaltenen Zentralbankgeld seitens des Publikums werden als Geldmenge bezeichnet. Nehmen wir die EZB. Sie bietet verschiedene Definitionen an:[20]

---

[19] Wir subsumieren die Münzen unter die Noten.

[20] Um die quantitativen Dimensionen zu verdeutlichen, wird der Bestand der Teilaggregate zum Zeitpunkt Ende September 2000 jeweils in Klammern angegeben (vgl. EZB, Monatsbericht November 2000).

M1 = Bargeldumlauf außerhalb des Bankensystems (339,0 Mrd. Euro) + täglich fällige Einlagen (1655,5 Mrd. Euro)

M2 = M1 + Einlagen mit vereinbarter Laufzeit von bis zu 2 Jahren (956,3 Mrd. Euro) + Einlagen mit vereinbarter Kündigungsfrist von bis zu drei Monaten (1214,8 Mrd. Euro)

M3 = M2 + Geldmarktpapiere und ähnliche Papiere sowie Schuldverschreibungen von Finanzinstitutionen mit einer Laufzeit von bis zu zwei Jahren (789,5 Mrd. Euro)

Bei der Definition von M1 gibt es zwischen den westlichen Zentralbanken eine breite Übereinstimmung. M2 und M3 werden jedoch von den jeweiligen Zentralbanken unterschiedlich definiert (vgl. Bofinger 2001, S. 15ff.).

Bargeld ist beispielsweise liquider als eine Geldeinlage bei der Bank mit einer Kündigungsfrist von mehreren Monaten. Diese M-Größen stellen somit bestimmte Liquiditätsaggregate des Publikums dar. Es trägt eher zur Verwirrung bei, diese Aggregate als Geld beziehungsweise Geldmenge oder Geldangebot zu bezeichnen. Denn die in den M-Aggregaten addierten Vermögenswerte können zwar bestimmte Geldfunktionen substituieren, sind aber deshalb noch kein Geld im eigentlichen Sinne. Beispielsweise können kurzfristige Bankeinlagen die Wertaufbewahrungsfunktion des Geldes ersetzen, und Schulden und Verpflichtungen aus Käufen können mit Schecks oder Banküberweisungen getilgt werden, wenn der Empfänger dies akzeptiert. Der Unterschied zwischen Geld und einem Sichtdepositum wird freilich offensichtlich, wenn es zu Vertrauenskrisen kommt. Ein Gläubiger oder ein Verkäufer wird sich nämlich schwerlich mit einem Scheck zufrieden geben, der auf ein Sichtdepositum einer Bank bezogen ist, die als zahlungsunfähig gilt. Im Unterschied zu Geldsubstituten muss Geld juristisch immer als Zahlungsmittel akzeptiert werden, solange nicht explizit anders lautende Vereinbarungen getroffen wurden. Analytisch am deutlichsten zeigt sich der Unterschied zwischen Geld und Depositen bei der Funktion des Wertstandards. Diese Funktion kann in keinem Fall substituiert werden, vielmehr ist zur Definition eines Depositums die Existenz von Geld als Wertstandard vorausgesetzt. Geld ist von seiner Bestimmung her auf sich selbst bezogen, ein Forderungstitel wie ein Depositum bezieht sich dagegen auf Geld. Es gibt weitere Ungereimtheiten. Geld hat die Funktion als Zahlungsmittel. Die meisten Elemente in M2 und M3 können zwar als Substitute für Geld als Wertaufbewahrungsmittel angesehen werden, sie können jedoch definitiv keine Zahlungsmittelfunktion übernehmen.

Die Definitionen der verschiedenen M-Aggregate sind willkürlich, denn es gibt keine exakte Definition von Liquidität. Stattdessen existiert ein Kontinuum von Vermögensarten, beginnend mit sehr hoher Liquidität, bis hin zu Vermögensarten mit geringer Liquidität – von Banknoten und Münzen über Sichteinlagen und kurzfristige Termineinlagen, Geldmarktpapieren, Aktien, Edelmetallen bis hin zu Maschinen und Gebäuden ohne „flüssigen Markt". Wo man die Trennlinien zieht, muss letztlich willkürlich bleiben. Ebenso willkürlich ist es, die verschiedenen Elemente etwa von M3 einfach zu addieren. Es bestünde nämlich die Möglichkeit – und analytisch die Notwendigkeit –, Spareinlagen oder Termineinlagen nicht mit dem gleichen Gewicht zu versehen wie Banknoten, denn Banknoten sind weitaus liquider als etwa Spareinlagen.

Dazu kommt, dass die Benennung eines Aggregats wie M3 als Geldangebot eine Vermengung von Angebot und Nachfrage bedeutet. Denn die M-Aggregate umfassen nicht das Geldangebot durch die Zentralbank, sondern sie drücken in erster Linie die Nachfrage nach spezifischen Liquiditätsaggregaten aus. Daher können Sichtdepositen, Termineinlagen oder kurzfristige Geldmarktpapiere keinesfalls als Geldangebot interpretiert werden, da sie Ausdruck des Portfolioverhaltens der Haushalte und der Unternehmen sind. Sie sind Kreditangebote des Publikums an das Bankensystem und kein Geldangebot der Zentralbank! Damit werden die M-Aggregate quantitativ von Portfolioentscheidungen der Vermögensbesitzer abhängig, die nicht nur auf den Liquiditätsgrad ihrer Aktiva achten, sondern auch auf die Verwertungsraten.

Trotz dieser ungelösten konzeptionellen Schwierigkeiten mit den M-Aggregaten haben verschiedene Zentralbanken versucht und einige versuchen es noch heute, ein bestimmtes M-Aggregat zu steuern. Die EZB hat beispielsweise das Ziel, die Geldmenge M3 jährlich mit einer Rate von 4,5 Prozent wachsen zu lassen (vgl. EZB, Monatsbericht Januar 1999). Die Schwierigkeiten, die mit einem solchen Vorgehen verbunden sind, werden uns noch im Rahmen der geldpolitischen Strategie der EZB eingehend beschäftigen.

Wir haben oben argumentiert, dass aus theoretischen Gründen die Geldbasis als Geldmenge angesehen werden muss. Da aber in den letzten Dekaden die Bezahlung mit Schecks und Kreditkarten stetig zugenommen hat, stellt sich die Frage, ob unter diesen Bedingungen die Zentralbank auf Dauer entmachtet wird. Ist ein Ende des Euro absehbar, da Private schließlich beim Wirtschaften kein Zentralbankgeld mehr gebrauchen und die Monopolmacht der Zentralbank wertlos wird?

Es deutet nichts darauf hin, dass es zu einer solchen Entwicklung kommt. Zunächst entsteht beispielsweise durch die Benutzung von Bytes in Computern statt geschriebener Zahlen im Scheckverkehr nichts prinzipiell Neues. In beiden Fällen handelt es sich nicht um privates Geld, sondern um Geldsubstitute. Dies zeigt sich deutlich daran, dass auch bei Computergeld staatliches Geld als Wertstandard dient.

Unbestritten bleibt, dass mit weiteren Innovationen im Zahlungsverkehr die Nachfrage nach Zentralbankgeld seitens des Publikums sinken kann. Es spricht jedoch wenig dafür, dass die Nachfrage des Publikums nach Bargeld jemals auf null sinkt. Empirisch hatte sich der Bargeldumlauf der D-Mark am Bruttoinlandsprodukt der Bundesrepublik Deutschland nicht verringert. Lag der Anteil Anfang der 1960er bei etwa 6,5 Prozent, sank er bis 1975 auf 5 Prozent ab, um danach in den 1990er wieder auf rund 6,5 Prozent zu steigen. Für diese relative Stabilität sind verschiedene Gründe verantwortlich. Erstens werden bestimmte Zahlungsvorgänge nach wie vor bar abgewickelt, sei es aus Gewohnheit oder weil Verkäufer Kreditkarten vor allem wegen der damit verbundenen Kosten nicht akzeptieren. Zweitens wurde die D-Mark und wird der Euro in einigen Schwellenländern als Parallelwährung benutzt, was die Nachfrage nach Bargeld stabilisiert. Drittens sind Barzahlungen im Vergleich zu bargeldlosem Zahlungsverkehr anonymer. Der Anstieg der Nachfrage nach D-Mark in den 1980er und 1990er erklärt sich nicht zuletzt durch die Verwendung der D-Mark innerhalb des illegalen und kriminellen Sektors im In- und Ausland (vgl. Deutsche Bundesbank, Monatsbericht Juli 1995).[21]

Schließlich verfügt die EZB über das Instrument der Mindestreserve, wonach Geschäftsbanken von jeder privaten Einlage einen bestimmten Prozentsatz bei der Zentralbank in Zentralbankgeld deponieren müssen (vgl. hierzu das folgende Kapitel). Dadurch müssen die Geschäftsbanken

---

[21] „Bisweilen vermutet man sogar schon, dass der Bargeldumlauf gut als Indikator für das Ausmaß illegaler oder am Rande der Legalität betriebener Geschäfte geeignet sei – also all der Aktivitäten, die in nichtetablierten Arbeitsformen unternommen und auch als ‚black economy' bezeichnet werden." (Grass/Stützel 1988, S. 234)

selbst bei einem hypothetischen Bargeldumlauf beim Publikum von null Zentralbankgeld nachfragen.

Nachdem die Bedeutung des Geldes für moderne Volkswirtschaften dargestellt wurde, soll nun geklärt werden, wie die EZB Geld in Umlauf bringt und welche institutionellen Regelungen existieren, die es ihr ermöglichen, funktionsfähiges Geld zu emittieren.

2 Kapitel

Europäische Zentralbank

2.1 Das Notenmonopol der EZB

Wir wollen in diesem Kapitel ein umfassendes Bild über den organisatorischen Aufbau, die Stellung im europäischen Institutionengefüge, die Ziele sowie die geldpolitischen Instrumente der EZB geben. Wir werden dabei, wann immer es sinnvoll erscheint, die EZB mit anderen Zentralbanken in der westlichen Welt vergleichen.

Das Herzstück der EWU stellen das ESZB sowie die EZB dar.[22] Gemäß Artikel 106 EG-Vertrag (vgl. Kasten) besitzt die EZB das Monopol auf die Herausgabe von Banknoten, die ihrerseits gesetzliches Zahlungsmittel sind.

Artikel 106 EG-Vertrag (Banknoten und Münzen)

(1) Die EZB hat das ausschließliche Recht, die Ausgabe von Banknoten innerhalb der Gemeinschaft zu genehmigen. Die EZB und die nationalen Zentralbanken sind zur Ausgabe von Banknoten berechtigt. Die von der EZB und den nationalen Zentralbanken ausgegebenen Banknoten sind die einzigen Banknoten, die in der Gemeinschaft als gesetzliches Zahlungsmittel gelten.

(2) Die Mitgliedstaaten haben das Recht zur Ausgabe von Münzen, wobei der Umfang dieser Ausgabe der Genehmigung durch die EZB bedarf. (...)

Zwar dürfen nationale Zentralbanken ebenfalls Banknoten ausgeben, jedoch wird das Volumen dieser Ausgaben von der EZB alleine bestimmt. Die nationalen Zentralbanken der teilnehmenden Länder haben dadurch ihre ökonomische Stellung als Zentralbanken verloren. Diese Regelung entspricht, wie weiter oben bereits ausgeführt wurde, dem Recht und der

---

[22] Zur Erinnerung: Europäisches System der Zentralbanken (ESZB), Europäische Währungsunion (EWU).

Aufgabenstellung aller moderner Zentralbanken und ist insofern auch wenig spektakulär.

2.2 Der organisatorische Aufbau der EZB

Die Verfassung des ESZB ist im Vertrag von Maastricht, einschließlich der dazugehörigen Protokolle, festgelegt worden. Einige weitere Festlegungen wurden darüber hinaus in ergänzenden Rechtsvorschriften, vor allem in der ESZB-Satzung verankert. Schließlich wurden noch einige Details durch Beschlüsse und Verordnungen des Rats der Europäischen Union geklärt (vgl. Plewka 1999).

Das ESZB steht auf zwei Pfeilern und zwar einerseits auf den nach wie vor existierenden, rechtlich selbstständigen nationalen Notenbanken jener Staaten, die an dem Europrojekt teilnehmen, und andererseits auf der ebenfalls rechtlich selbstständigen EZB. Da die EZB die zentrale geldpolitische Akteurin ist, wird das Augenmerk auf sie gerichtet. Sie ist formal ein Tochterinstitut der nationalen Zentralbanken und hat ihren Hauptsitz in Frankfurt am Main. Die teilnehmenden nationalen Zentralbanken haben das Grundkapital für die EZB aufgebracht. 50 Prozent des jeweiligen nationalen Anteils wurden auf der Grundlage des Bevölkerungsanteils der Teilnehmerstaaten an der Gemeinschaft bestimmt und die anderen 50 Prozent auf Basis des nationalen Anteils am BIP der Gemeinschaft. Hätten alle EU-Mitgliedsländer im Jahre 1999 mitgemacht, so wäre auf die Deutsche Bundesbank ein Anteil von etwa 25 Prozent gefallen. Da aber zurzeit (2003) nur 12 Länder teilnehmen, beläuft sich der Anteil noch auf rund 30 Prozent.

Die Abbildung 2.1 zeigt den Aufbau des ESZB im Überblick. Das entscheidende Gremium, in dem die geldpolitischen Entscheidungen gefällt und die einzusetzenden Instrumente ausgewählt werden, ist der *Rat der EZB*. Er besteht aus den Mitgliedern des Direktoriums des EZB-Rates, also dem Präsidenten der EZB, dem Vizepräsidenten und den vier weiteren Mitgliedern des Direktoriums einerseits, sowie den Präsidenten der nationalen Zentralbanken der teilnehmenden Länder andererseits. Die Umsetzung der im EZB-Rat gefassten Beschlüsse erfolgt durch das *Direktorium* der EZB, das sich – wie gesagt – aus Präsidenten und dem Vizepräsidenten der EZB sowie zurzeit vier weiteren Mitgliedern zusammensetzt. Die Präsidenten der nationalen Zentralbanken werden von den in den jeweiligen Staaten dafür vorgesehenen Einrichtungen bestimmt (in Deutschland wird der Präsident der Bundesbank vom Bundespräsidenten auf Vorschlag der Bundesregierung benannt), und die Direktoriumsmitglieder werden durch die Staats- und Regierungschefs der Teilnehmerstaaten im Europäischen Rat einvernehmlich ernannt.

Abbildung 2.1: Der organisatorische Aufbau des ESZB

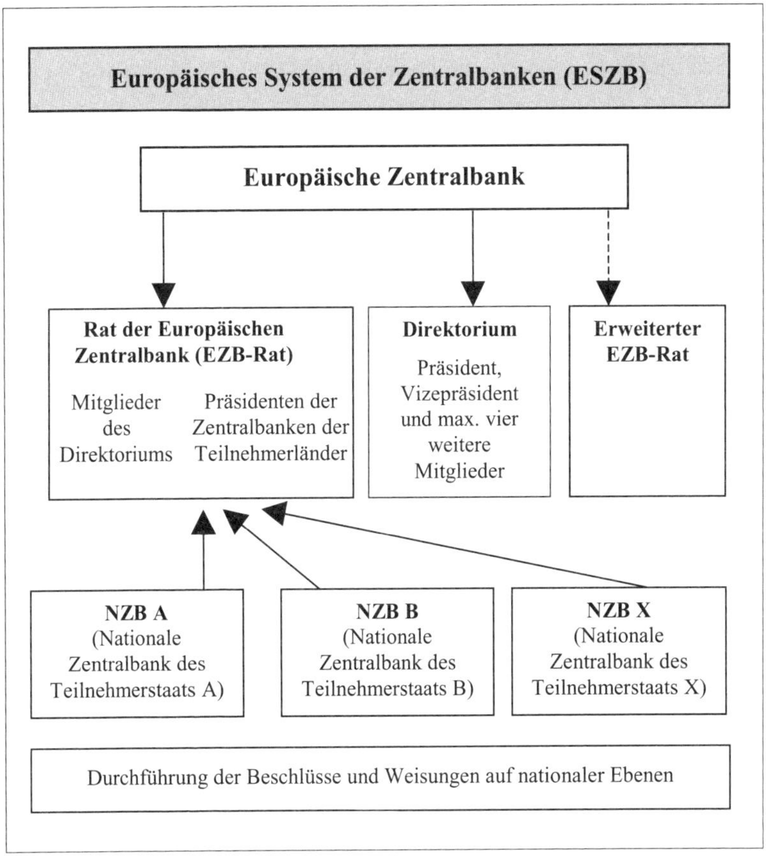

Auf nationaler Ebene werden die geldpolitischen Orientierungen der EZB von den nationalen Zentralbanken umgesetzt. Die nationalen Zentralbanken haben allerdings keine autonome geldpolitische Macht mehr. Die Beschlüsse des Rates der EZB werden grundsätzlich mit einfacher Mehrheit der anwesenden Mitglieder gefasst. Ausnahmen von dieser Mehrheitsregelung ergeben sich bei Entscheidungen über das EZB-Kapital und der Überführung von Währungsreserven der nationalen Zentralbanken an die EZB sowie über die Gewinnverteilung. In diesen Fragen wird im Kern nach den eingezahlten Kapitalanteilen abgestimmt, wobei sich die Verteilung der Nettoeinkünfte und -gewinne im Wesentlichen an den eingezahlten Anteilen orientiert.

Da noch nicht alle EU-Mitglieder an dem Euro-Projekt teilnehmen, existiert ein so genannter *Erweiterter Rat*, dem auch die Präsidenten jener Zentralbanken angehören, die noch nicht mitmachen. Hier werden geldpolitische Fragen erörtert und koordiniert. Allerdings verfügt der Erweiterte Rat über keine geldpolitische Entscheidungskompetenz.

2.3 Die Unabhängigkeit des ESZB und der EZB

Eine klare Aussage hat es bei der politischen Unabhängigkeit der EZB gegeben. Artikel 108 EG-Vertrag (vgl. Kasten) verdeutlicht, dass die EZB bei ihren Entscheidungen nicht an Weisungen gebunden ist. Zentralbanken waren nicht immer unabhängig. Geldwesen haben weltweit über Jahrhunderte ohne unabhängige Zentralbanken funktioniert. Beispielsweise war die Bank of England, eine der ältesten Zentralbanken der Welt, bis in die Neunzigerjahre des vergangenen Jahrhunderts hinein dem Parlament unterstellt. Viele europäische Zentralbanken wurden erst im Laufe der Vorbereitungen zur EWU unabhängig. Es gibt zwei relevante Zentralbanken, die während der gesamten Zeit seit dem Zweiten Weltkrieg eine hohe Unabhängigkeit aufweisen beziehungsweise aufwiesen und zwar das Federal Reserve System (FED), also die US-amerikanische Zentralbank und die Deutsche Bundesbank. Der Neuaufbau des Finanzwesens der Bundesrepublik Deutschland wurde nach dem Zweiten Weltkrieg wesentlich von den USA und in begrenztem Umfang von Großbritannien bestimmt.

Artikel 108 EG-Vertrag (Unabhängigkeit)
Bei der Wahrnehmung der ihnen durch diesen Vertrag und die Satzung des ESZB übertragenen Befugnisse, Aufgaben und Pflichten darf weder die EZB noch eine nationale Zentralbank noch ein Mitglied ihrer Beschlussorgane Weisungen von Organen oder Einrichtungen der Gemeinschaft, Regierungen der Mitgliedstaaten oder anderen Stellen einholen oder entgegennehmen. Die Organe und Einrichtungen der Gemeinschaft sowie die Regierungen der Mitgliedstaaten verpflichten sich, diesen Grundsatz zu beachten und nicht zu versuchen, die Mitglieder der Beschlussorgane der EZB oder der nationalen Zentralbanken bei der Wahrnehmung ihrer Aufgaben zu beeinflussen.

Somit ist es nicht überraschend, dass die Deutsche Bundesbank von Anfang an unabhängig wurde. Die Deutsche Bundesbank wiederum stand bei der Schaffung der EZB Pate.

Warum sollen Zentralbanken unabhängig sein? Der entscheidende Grund ist der, dass verschiedene Länder, nicht zuletzt Deutschland, mit politisch abhängigen Zentralbanken ausgesprochen schlechte Erfahrungen gemacht haben. Beispielsweise wäre es Anfang der 1920er Jahre gewiss nicht zu der bekannten Hyperinflation gekommen, wenn die Regierung die Zentralbank nicht zu der immensen Kreditfinanzierung hätte nötigen können.

Zwar spiegelten sich in dieser Verschuldungspolitik vor allem die besonderen historischen Konstellationen der damaligen Zeit wider. Dessen ungeachtet zeigen die Erfahrungen, dass soziale Missstände letztlich nicht über eine Taktbeschleunigung der Notenpresse zu lösen sind, die auf die übrigen Parameter der Volkswirtschaft, wie Auslastungsgrad der Produktionskapazitäten, Wechselkurs- und Lohnentwicklungen keine Rücksicht nimmt.

Vor diesem Hintergrund ist es nachvollziehbar, dass man unabhängigen eher als abhängigen Zentralbanken zutraut, für Preisniveaustabilität zu sorgen. Die Verhaltenshypothese besagt also, dass Regierungen im Vergleich zu Zentralbanken weniger auf Preisniveaustabilität achten und sich länger sträuben, eine Inflation zu bekämpfen, weil damit negative Wachstums- und Beschäftigungseffekte einhergehen.

Eine Allgemeingültigkeit kann (auch) diese Verhaltensannahme nicht beanspruchen. So ist es nicht zwingend, dass demokratisch gewählte Regierungen bei Wahlen stärker bei hoher Arbeitslosigkeit als bei hohen Inflationsraten abgestraft werden. Da inflationäre Entwicklungen im Unterschied zur Arbeitslosigkeit die gesamte Bevölkerung betreffen, ist es keinesfalls selbstverständlich, dass Regierungen versuchen, durch höhere Preissteigerungsraten eine höhere Beschäftigung zu erreichen. Zudem ist die Argumentation, dass höhere Inflationsraten zu höherer Beschäftigung führen, alles andere als unumstritten.

Vor diesem Hintergrund ist es wenig überraschend, dass die skizzierte Verhaltenshypothese immer wieder empirisch getestet wurde. Die Abbildung 2.2 zeigt beispielhaft die Ergebnisse solcher Studien.[23]

Abbildung 2.2: Grad der Unabhängigkeit der Zentralbank und durchschnittliche Inflationsrate in Industrieländern im Zeitraum 1980 bis 1995

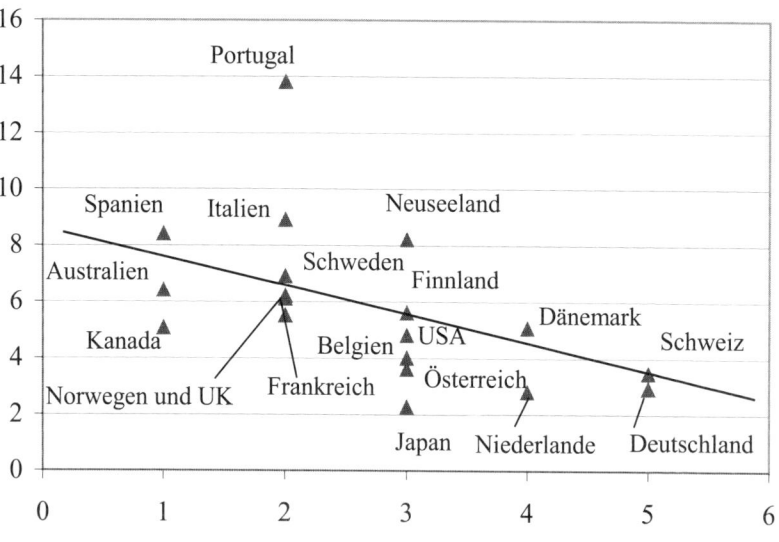

Quelle: u .a. Görgens (1999), S. 32

Wie die Abbildung 2.2 zeigt, gab es – auch wenn man alle methodischen Probleme derartiger Untersuchungen berücksichtigt – in der betrachteten Periode einen relativ engen inversen Zusammenhang zwischen dem Grad der Unabhängigkeit der Zentralbank und Inflationsraten. Insofern entsprechen die Ergebnisse der Studien den Erwartungen. Nicht unerwähnt

---

[23] Eine Übersicht liefern z.B. Bofinger u. a., 1996, S. 188ff. sowie Görgens u. a., 1999, S. 30ff.

bleiben sollte freilich, dass es aber auch Regierungen gab, die der Geldwertstabilität große Priorität einräumten und nicht im Traum daran
dachten, ihre geldpolitische Entscheidungskompetenz dergestalt auszu-
nutzen, dass etwa vor Wahlen kreditfinanzierte Geschenke und arbeits-
marktpolitische Strohfeuereffekte über die Notenpresse finanziert wurden. So zeigt die Abbildung, dass beispielsweise die japanische Notenbank nicht umfassend unabhängig war und der Yen gleichwohl zu den
stabilsten Währungen der Welt (im Übrigen auch im Außenverhältnis,
gemessen am Wechselkurs) zählte. Auch eine Untersuchung von Bofinger (2001, S. 220f.) zeigt, dass in den Jahren 1996 bis 2000 bei den
wichtigsten Zentralbanken der Welt kein Zusammenhang zwischen dem
Grad der Unabhängigkeit und der Preisniveauentwicklung festzustellen
war.

Insgesamt kann man die während der beiden letzten Jahrzehnte weltweit zunehmende Hinwendung zu unabhängigen Zentralbanken auf folgende Faktoren zurückführen. Erstens gab es nach der inflationären
Welle in den 1970er Jahren, welche die ganze Welt mehr oder weniger
erfasste, in vielen Ländern den politischen Willen, inflationäre Entwicklungen zu verhindern. Man erwartete, dass politisch unabhängige Zentralbanken hierzu am ehesten in der Lage seien. Eine nicht unwesentliche
Rolle spielte zweitens, dass mit der schrittweisen Liberalisierung des
internationalen Kapitalverkehrs die Möglichkeit wuchs, Kapital aus einer
Währung abzuziehen und in einer anderen anzulegen. Da Geldvermögensbesitzer avers sind gegen inflationäre Prozesse, legen sie ihr Geld
bevorzugt in Währungen an, die als wertstabil gelten. Faktisch können
sie so jene Zentralbanken unter Druck setzen, die die Preisniveaustabilität nicht hoch in ihrer Präferenzskala ansetzen. Zugleich entsteht aus der
Sicht der Zentralbanken die Notwendigkeit, sich eine hohe Reputation zu
erarbeiten. Unabhängige Zentralbanken genießen hier einen Konkurrenz-
vorteil. Im Ergebnis sind die Zentralbanken in allen westlichen Industrieländern unabhängiger geworden und auch Entwicklungs- und Trans-
formationsländer eifern diesem Beispiel nach.

Der unbekümmerte Sprachgebrauch von „unabhängigen" Zentralbanken verwischt allerdings, was eigentlich genau unter „unabhängig" zu
verstehen ist. Diese Frage ist keineswegs trivial. Denn selbst in den
westlichen Industrieländern gibt es unterschiedliche Varianten von Unabhängigkeit. Aus diesem Grunde sollen im Folgenden die verschiedenen
Dimensionen von Unabhängigkeit dargestellt werden.

2.3.1 Zielunabhängigkeit

Die Unterscheidung zwischen Zielunabhängigkeit und Instrumentenunabhängigkeit geht auf Debelle und Fischer zurück (vgl. Debelle/Fischer 1995). Bei der Zielunabhängigkeit entscheidet die Zentralbank selbst, was ihr Ziel ist. Fehlt ihr diese Unabhängigkeit, dann wird ihr von der Politik ein Ziel vorgegeben. Dies kann in allgemeiner Form oder quantitativ eindeutig spezifiziert erfolgen. Entsprechend Artikel 105 des EG-Vertrages hat die EZB als vorrangiges Ziel die Sicherung der Preisniveaustabilität. Wie Preisniveaustabilität zu definieren ist, wird im EG-Vertrag nicht festgelegt. Die EZB hat somit das Recht, selbst zu entscheiden, was sie unter Preisniveaustabilität versteht. Sie bevorzugte eine quantitative Festlegung. Demnach legte sie zuletzt als Ziel eine auf längere Frist durchschnittliche Preissteigerungsrate von etwas weniger als zwei Prozent fest. Wir werden weiter unten näher auf diesen Punkt eingehen.

Artikel 111 EG-Vertrag (Wechselkurspolitik)
(1) Abweichend von Artikel 300 kann der Rat einstimmig auf Empfehlung der EZB oder der Kommission und nach Anhörung der EZB in dem Bemühen, zu einem mit dem Ziel der Preisstabilität im Einklang stehenden Konsens zu gelangen, nach Anhörung des Europäischen Parlaments gemäß den in Absatz 3 für die Festlegung von Modalitäten vorgesehenen Verfahren förmliche Vereinbarungen über ein Wechselkurssystem für die ECU gegenüber Drittlandswährungen treffen. Der Rat kann mit qualifizierter Mehrheit auf Empfehlung der EZB oder der Kommission und nach Anhörung der EZB in dem Bemühen, zu einem mit dem Ziel der Preisstabilität im Einklang stehenden Konsens zu gelangen, die ECU-Leitkurse innerhalb des Wechselkurssystems festlegen, ändern oder aufgeben. Der Präsident des Rates unterrichtet das Europäische Parlament von der Festlegung, Änderung oder Aufgabe der ECU-Leitkurse.
(2) Besteht gegenüber einer oder mehreren Drittlandswährungen kein Wechselkurssystem nach Absatz 1, so kann der Rat mit qualifizierter Mehrheit entweder auf Empfehlung der Kommission und nach Anhörung der EZB oder auf Empfehlung der EZB allgemeine Orientierungen für die Wechselkurspolitik gegenüber diesen Währungen aufstellen. Diese allgemeinen Orientierungen dürfen das vorrangige Ziel des ESZB, die Preisstabilität zu Gewähr leisten, nicht beeinträchtigen. (...)

In einem Punkt wurde allerdings die Zielunabhängigkeit der EZB eingeschränkt (vgl. den Kasten zur Wechselkurspolitik). Denn bei der Wechselkurspolitik kann der Rat der Wirtschafts- und Finanzminister (ECO-FIN-Rat) mit anderen Ländern Wechselkursvereinbarungen treffen, welche die EZB letztlich zu akzeptieren hat. Sie ist lediglich anzuhören; die Entscheidungskompetenz liegt allerdings beim Rat der EU. Die EZB könnte sich also nicht dagegen wehren, wenn politisch entschieden würde, beispielsweise mit den USA und Japan oder anderen Ländern ein Fixkurssystem oder ein System mit Wechselkurszielzonen einzugehen. Auch Leitkursanpassungen würden politisch und nicht von der EZB entschieden.[24]

Erstaunlich ist, dass der ECOFIN-Rat auf Empfehlung der Kommission eine Wechselkursempfehlung auch gegenüber Währungen von Ländern vorgeben darf, mit denen keine formalen Wechselkursabkommen bestehen. Etwas unklar ist, was bei einer solchen Empfehlung geschieht, wenn die EZB das Preisniveauziel gefährdet sieht. Bisher kam es durch Wechselkursvereinbarungen oder Wechselkursempfehlungen noch zu keinen Einschränkungen der Unabhängigkeit der EZB.

2.3.2 Instrumentenunabhängigkeit

Neben der Zielunabhängigkeit geht es um die Instrumentenunabhängigkeit. Im Wesentlichen bedeutet die Instrumentenunabhängigkeit, dass eine Zentralbank die Refinanzierungsbedingungen für die Geschäftsbanken autonom bestimmen kann. Niemand darf in ihre zinspolitischen Entscheidungen hinein regieren. Die Artikel 18, 19 und 20 des Protokolls über die Satzung des ESZB und der EZB legen die geldpolitischen Instrumente dem Grundsatz nach fest, räumen der EZB aber zugleich ein, allgemeine Grundsätze des Einsatzes selbst aufstellen und unter bestimmten Bedingungen auch andere Instrumente der Geldpolitik einsetzen zu dürfen (zu den Instrumenten vgl. Kapitel 2.7.).

Der EZB ist es nicht erlaubt, Weisungen einzuholen oder entgegenzunehmen. Dies impliziert, dass die Regierungen weder das Recht haben, die Gültigkeit von EZB-Entscheidungen von der eigenen Zustimmung abhängig zu machen, noch dass sie Stimmrecht in den EZB-Entschei-

---

[24] Die Gesetzeslage war zu Zeiten der Deutschen Bundesbank ähnlich. Diese musste sich nämlich sowohl der Einführung des Europäischen Währungssystems 1979 als auch der deutsch-deutschen Währungsunion 1990 beugen.

dungsgremien haben. Diese Regelung entspricht im Wesentlichen dem alten § 12 des Gesetzes über die Deutsche Bundesbank. Bereits im Vorfeld der Schaffung des ESZB haben alle Teilnehmerländer ihre Zentralbankgesetze so geändert, dass eine instrumentelle Unabhängigkeit bei Beginn der Währungsunion Gewähr leistet war. Auf eine solche Regelung hatte die Deutsche Bundesbank viel Wert gelegt.

2.3.3 Personelle Unabhängigkeit

Die bislang dargelegten Aspekte von Unabhängigkeit könnten eventuell ausgehebelt werden, wenn die Mitglieder des EZB-Rates letztlich doch abhängig wären von den politischen Regierungsinstanzen – beispielsweise durch sehr kurze Laufzeiten ihrer Arbeitsverträge. In so einem Fall wäre eine unabhängige Geldpolitik kaum zu erwarten. Aus diesem Grunde sind für die Mitglieder des Direktoriums der EZB Amtsperioden von acht Jahren und für die Gouverneure der nationalen Notenbanken von mindestens fünf Jahren vereinbart worden. Im Unterschied zum Präsidenten können die Mitglieder des Direktoriums nicht wieder ernannt werden. Lediglich bei der ersten Bestellung kam es zu gestaffelten Vertragslaufzeiten bei den Verträgen der Direktoriumsmitglieder, um zu verhindern, dass alle Mitglieder zum selben Zeitpunkt ausscheiden. Vorzeitige Entlassungen sind nur in Ausnahmefällen möglich, die in den gültigen Satzungen festgelegt wurden. Schließlich werden die unterschiedlichen Funktionsträger des EZB-Rates von verschiedenen Stellen vorgeschlagen und ernannt. Damit ist eine personelle Unabhängigkeit ohne Zweifel Gewähr leistet.

2.3.4 Finanzielle Unabhängigkeit

Die finanzielle Unabhängigkeit der EZB wurde dadurch sichergestellt, dass sie in die Lage versetzt wurde, die ihr zugewiesenen Aufgaben mit eigenen finanziellen Mitteln zu erfüllen. Sie benutzt dazu Teile des Überschusses, den sie erwirtschaftet. Ihr Budget ist kein Bestandteil des allgemeinen Haushalts der Gemeinschaft. Die Prüfung der Finanzen erfolgt durch einen unabhängigen Wirtschaftsprüfer.

2.3.5 Finanzierungsverbot öffentlicher Haushalte

Die Unabhängigkeit einer Zentralbank wäre nicht zu garantieren, wenn sie gezwungen werden könnte, an öffentliche Haushalte Kredite zu vergeben. Der EZB ist es daher verboten, Kredite jeglicher Art an öffentliche Stellen zu vergeben (vgl. den entsprechenden Kasten). Bei kaum einer anderen relevanten Zentralbank ist dieser Punkt so explizit geregelt. Auch diese Regelung wird zuweilen kritisiert. Nach Ansicht der Kritiker darf der Staat sich im Interesse einer Vollbeschäftigungspolitik durchaus bei der Zentralbank verschulden. Damit die Staatsverschuldung nicht aus dem Ruder läuft, wäre es danach wünschenswert, wenn er sich billige Kredite bei der Zentralbank holen könnte. Faktisch läuft eine solche Möglichkeit sogar auf zinsfreie Kredite für den Staat selbst dann hinaus, wenn er Zinsen bei der Zentralbank bezahlen müsste. Da die Zentralbankgewinne später wieder an den Staat ausgeschüttet werden, würde er seine Zinszahlungen zurückerhalten.

Artikel 21 des Protokolls über die Satzung des ESZB und der EZB (Geschäfte mit öffentlichen Stellen)
Nach Artikel 101 (vormals Artikel 104) dieses Vertrags sind Überziehungs- oder andere Kreditfazilitäten bei der EZB oder den nationalen Zentralbanken für Organe oder Einrichtungen der Gemeinschaft, Zentralregierungen, regionale oder lokale Gebietskörperschaften oder andere öffentlich-rechtliche Körperschaften, sonstige Einrichtungen des öffentlichen Rechts oder öffentliche Unternehmen der Mitgliedstaaten ebenso verboten wie der unmittelbare Erwerb von Schuldtiteln von diesen durch die EZB oder die nationalen Zentralbanken.

Die EZB-Regelung ist zu begrüßen. Denn sofern der Staat von der Möglichkeit Gebrauch machen würde, sich mittels der Notenpresse zu verschulden, würde dies ohne Zweifel ab einem bestimmten Kreditvolumen inflationär wirken. Freilich muss der Staat sich nicht in dieser Form exzessiv verschulden, sodass der Notenbankkredit dann nicht inflationär wirken würde. Allerdings bleiben zwei Einwände bestehen. Zum einen weiß man heute nicht, von wem man morgen regiert wird. Daher kann man nicht sicher sein, dass jede künftige Regierung verantwortungsvoll mit einem solchen „Freibrief" umgeht. Man tut gut daran, potenziellen Begehrlichkeiten früh einen Riegel vorzuschieben. Zum anderen würden die Finanzmärkte der Möglichkeit des Notenbankkredits sicherlich mit Misstrauen begegnen, und das Vertrauen in den Euro würde abnehmen.

Zudem ist zu berücksichtigen, dass die EZB ihre Gewinne ausschüttet, was einer begrenzten Finanzierung der Staatsausgaben über zinslose und zeitlich unbefristete Kredite gleichkommt.[25]

Tabelle 2.1: Unabhängigkeit verschiedener Zentralbanken

Zentralbank	EZB	FED	Bank of Japan	Schwe-dische Zentral-bank	Kanadi-sche Zentral-bank	Bank of England	Neusee-ländische Zentral-bank
Zielunab-hängigkeit	2	2	2	2	1	1	1
Instrumenten-unabhängigkeit	1,33	0,66	0,66	0,66	0,33	0,33	0,33
Personelle Unabhängigkeit	1,8	1,2	0,8	0,6	1,1	0,26	0,2
Gesamte Unabhängigkeit	**1,7**	**1,3**	**1,2**	**1,1**	**0,8**	**0,5**	**0,5**

Quelle: Bofinger 2001, S. 219

2.3.6 Die EZB als unabhängigste Zentralbank der Welt

Die Unabhängigkeit einer Zentralbank kann verschieden stark ausgeprägt sein. Bofinger (2001, S. 216ff.) hat anhand von drei Kriterien – Zielunabhängigkeit, Instrumentenunabhängigkeit und personelle Unabhängigkeit[26] – eine Bewertung der wichtigsten westlichen Zentralbanken vor-

---

[25] Es gibt nur einen Fall, der Zentralbankkredite an öffentliche Haushalte sinnvoll macht. Existiert eine Deflation und gelingt es der der Zentralbank nicht, über die üblichen Kanäle die Geldmenge zu erhöhen, kann eine direkte Finanzierung der öffentlichen Haushalte durch die Zentralbank eine adäquate Politik sein. Bei den EZB-Verträgen gibt es jedoch eine solche Ausnahmeregelung nicht.

[26] In die Instrumentenunabhängigkeit geht ein: Freiheit bei der Zins- und Wechsel-kurspolitik und das Verbot der Kreditvergabe an öffentliche Haushalte. Bei der per-sonellen Unabhängigkeit geht ein: Dauer der Amtszeit, Anzahl der Mitglieder im Zentralbankrat, politische Diversifizierung bei deren Nominierung, gestaffelte Neu-benennung der Mitglieder im Zentralbankrat und der Status des Zentralbankgeset-zes.

genommen. In Tabelle 2.1 sind die Ergebnisse zusammengefasst. Ein Wert von 2 drückt die höchstmögliche Unabhängigkeit aus, während ein Wert von 0 eine vollkommen abhängige Zentralbank beschreibt. Man sieht, dass die EZB die wohl unabhängigste Zentralbank der Welt ist. Sie definiert ihr Ziel quantitativ selbst und ist beim Einsatz der geldpolitischen Instrumente frei. Die Amtsinhaber besitzen lange Amtszeiten, die Benennung ist zeitlich gestaffelt und es wird ein politisch diversifiziertes Verfahren bei der Benennung der Mitglieder des Zentralbankrates praktiziert.

2.4 Rechenschaftspflicht und Transparenz

Notenbanken, die ein hohes Maß an Unabhängigkeit besitzen, sollten nicht in der Form einer Geheimdiplomatie geführt werden. Vielmehr erzwingt in demokratischen Gesellschaften die Unabhängigkeit der Zentralbank ein ganz besonderes Maß an Transparenz und Rechenschaftspflicht. Dies sieht auch die EZB so: „Alle Zentralbanken sind in einem bestimmten sozialen, politischen und institutionellen Umfeld tätig. In einem demokratischen Rahmen ist es unerlässlich, dass eine unabhängige Zentralbank offen, transparent und deutlich in Bezug auf die Gründe für ihre Handlungen und rechenschaftspflichtig für ihre Leistungen ist." (EZB, Monatsbericht Januar 1999, S. 47). Betrachten wir daher die konkreten Regelungen in der EWU.

Um den Dialog und Erfahrungsaustausch mit anderen Einrichtungen der Europäischen Gemeinschaft zu fördern, sieht der EG-Vertrag eine Reihe von Kommunikationskanälen und Foren vor. Beispielsweise legt die EZB dem Europäischen Parlament einen Jahresbericht über die Tätigkeit des ESZB vor, der bei Bedarf im Parlament diskutiert werden kann. Des Weiteren erscheint der Präsident der EZB mehrmals im Jahr im Ausschuss für Wirtschaft und Währung und diskutiert dort die Geldpolitik der EZB. Auch zum ECOFIN-Rat und zur Europäischen Kommission existieren Kommunikationswege. So kann der Präsident des ECOFIN-Rats und ein Mitglied der Kommission an den Sitzungen des EZB-Rats teilnehmen, wie auch umgekehrt die EZB an Tagungen des ECOFIN-Rats teilnehmen kann, wenn dort Fragen von geldpolitischer

Bedeutung behandelt werden.[27] Da die Unabhängigkeit der EZB nicht angetastet werden soll, sind diese Dialoge ohne bindenden Charakter. Gleichwohl sind solche Foren und Diskussionen zu begrüßen.

Ein weiterer wichtiger Punkt im Kontext der Diskussionen um Transparenz ist die Frage, welche Informationen von der EZB an die Öffentlichkeit gegeben werden. Transparenz umfasst zwei Dimensionen:

– Erstens die Vermittlung der faktisch verfolgten Geldpolitik einer Zentralbank gegenüber dem Publikum und

– zweitens die Offenlegung und Verdeutlichung des Prozesses, der zu dieser oder jener Geldpolitik geführt hat.[28]

Die EZB folgt im Wesentlichen der Position der Deutschen Bundesbank, die allein die erste Dimension von Transparenz und Offenheit betonte, während sie der zweiten keine Bedeutung beimaß. Dadurch wird die EZB – trotz des hohen eigenen Anspruchs an Transparenz – im Vergleich mit anderen Zentralbanken zu einer der zugeknöpftesten der Welt.

Dass der Prozess der Herausbildung einer spezifischen geldpolitischen Strategie – etwa ob in einer spezifischen historischen Situation der Zinssatz erhöht werden soll oder nicht – nicht offen gelegt werden soll, zeigt sich unter anderem daran, dass die EZB nicht bekannt gibt, wie die Mitglieder im Zentralbankrat bei den regelmäßigen Sitzungen dieses Gremiums abgestimmt haben. In Pressemitteilungen wird der (wahrscheinlich fehlerhafte) Eindruck erweckt, dass Entscheidungen immer im Konsens und einstimmig fallen. Dem entspricht, dass die EZB keine Protokolle der Sitzungen des Zentralbankrates veröffentlicht, welche die wichtigsten Kontroversen verdeutlichen.

Der erste Präsident der EZB, Willem F. Duisenberg, vermerkte, dass Protokolle nach 16 Jahren veröffentlicht werden könnten. Eine solche Haltung läuft faktisch auf eine Ablehnung der Veröffentlichung der Protokolle hinaus (vgl. Buiter 1999). Natürlich veröffentlicht die EZB auch

---

[27] Eine detaillierte Darstellung der Kommunikationswege zwischen der EZB und anderen Organen der EG findet sich in EZB, Monatsbericht November 2000, S. 51ff.

[28] So führte beispielsweise das Direktoriumsmitglied der EZB, Issing, aus: „The issue of accountability for the ECB's performance with respect to a clearly defined mandate need to be logically separated from concerns over the transparency of the policy-making *process* itself as opposed to the *outcomes* of this process." (Issing 1999)

keine Mitschriften der Sitzungen des Zentralbankrats, also keine genaue Wiedergabe jedes einzelnen Diskussionsbeitrags während der Sitzungen. Schließlich sind die Mitglieder des Zentralbankrates gezwungen, nach außen die Mehrheitsposition zu vertreten. Immerhin publiziert die EZB seit Dezember 2000 ihre Wachstums- und Inflationsprognose. Davor hielt sie selbst diese Informationen geheim.

Tabelle 2.2: Berichte der Zentralbanken für die Öffentlichkeit und das Parlament

	EZB	Bank of England	Federal Reserve System (USA)	Bank of Japan
Gesetzlich vorge- schriebene Berichte	– Jahresbericht – Quartals- bericht	– Jahresbericht – Inflationsbe- richt (viertel- jährlich) – Erklärung im Anschluss an die Sitzung des Monetary Policy Commitee – Protokolle	– Jahresberichte (zur Geschäfts- tätigkeit) – Halbjahres- bericht (zur Geldpolitik)	– Halbjahres- bericht – Jahresbericht (Grundzüge der Geschäfts- tätigkeit) – Protokolle der geldpoliti- schen Sitzungen
Auswahl weiterer wichtiger Kommu- nikations- mittel der Zentral- banken	– Monatliche Pressekonfe- renz des Prä- sidenten (im Anschluss an die EZB- Ratssitzung) – Monats- bericht	– Quartalsbericht – Vierteljährliche Pressekonfe- renz anlässlich der Veröffent- lichung des Inflations- berichts – Bericht über die Finanz- marktstabilität	– Erklärung im Anschluss an die Sitzung des Offenmarkt- ausschusses – Protokolle – Monatsbericht	– Erklärung im Anschluss an die Sitzung des geldpoli- tischen Rats – Monatsbericht – Monatliche Pressekonfe- renz des Präsidenten

Quelle: EZB, Monatsbericht November 2002, S. 58

Diese Verschlossenheit der EZB ist weder selbstverständlich noch bei anderen Zentralbanken üblich (vgl. Tabelle 2.2). So veröffentlicht das Federal Reserve Board in den USA das individuelle Abstimmungsver- halten der Mitglieder des Open Market Committee – Organ, das dem

Zentralbankrat entspricht – nach sechs bis sieben Wochen. Ein Protokoll der Sitzungen mit der Zusammenfassung der verschiedenen Standpunkte wird schon nach einigen Tagen publiziert. Die genaue Mitschrift der Sitzungen wird nach fünf Jahren veröffentlicht. Die Bank of Japan veröffentlicht nach dem neuen japanischen Bankgesetz von 1998 nach etwa acht Wochen das individuelle Abstimmungsverhalten und die Protokolle der Sitzungen des Zentralbankrates. In Japan besteht zudem die Möglichkeit für die bei der Abstimmung unterlegenen Mitglieder, in einem Anhang zum Protokoll, ihre Position zu verdeutlichen. Die Bank of England veröffentlicht, seit sie vom Parlament unabhängig ist, die individuellen Abstimmungen und Protokolle zwei Wochen nach den Sitzungen des Monetary Policy Committee.

Die EZB begründet ihre restriktive Informationspolitik damit, dass die nationalen Mitglieder des Zentralbankrates nicht dem Druck nationaler Interessengruppen einschließlich nationaler Regierungen ausgesetzt werden sollen. Außerdem soll das Publikum nicht durch offene Diskussionen über die Geldpolitik verunsichert werden. Wirklich überzeugend sind diese Argumente nicht, denn nationale Regierungen und mächtige Lobbygruppen dürften noch am ehesten erfahren, wie die Argumentationen und das Abstimmungsverhalten „ihrer" nationalen Vertreter im Zentralbankrat waren. Denn das Gremium einschließlich des gesamten Verwaltungsapparates ist letztlich zu groß, um Gewähr leisten zu können, dass keine Informationen durchsickern. Auf der Basis von Informationsvorsprüngen einzelner Gruppen ist ein nationaler Vertreter im Zentralbankrat jedoch größerer Einflussnahme ausgesetzt als bei einer offenen und breit geführten Diskussion. Denn dann kann er sich offensiver gegen den möglichen Druck zur Wehr setzen und zugleich Unterstützung von dritter Seite erwarten. Die lange Amtsperiode ist zudem ausreichend, um nationale Vertreter unabhängig agieren zu lassen.

Noch wichtiger ist, dass Geldpolitik in demokratischen Gesellschaften kein Bereich sein darf, der nicht öffentlich zu diskutieren ist. Gerade wenn die Zentralbank von der Regierung unabhängig sein soll, ist es notwendig, dass ihre Strategien und Aktionen innerhalb und außerhalb der Zentralbank offen diskutiert werden und Mitglieder des Zentralbankrats individuell ihre Position verteidigen müssen. Die ehemalige Position der Bundesbank beziehungsweise die der EZB erscheint als paternalistisch und einer demokratischen Gesellschaft unangemessen.[29] Hinzu kommt, dass auch kontrovers geführte Diskussionen über die Geldpolitik das Verständnis des Publikums über geldpolitische Strategien erhöhen. Zukünftige Optionen und Szenarien der Geldpolitik werden damit transparenter. Dadurch werden Unsicherheiten über die zukünftige Geldpolitik nicht erhöht, sondern reduziert.

2.5 Das Inflationsziel der Europäischen Zentralbank

Sowohl die Definition von Preisniveaustabilität als auch die geldpolitische Strategie, welche eine Zentralbank verfolgt, sind in der theoretischen Debatte umstritten. Hier soll das Preisniveauziel der EZB dargestellt werden. Die theoretische Debatte über die Funktionalität des von der EZB gewählten Preisniveauziels wird in späteren Kapiteln intensiver diskutiert.

Der Gesetzestext gibt keine eindeutige Definition von Preisniveaustabilität vor. Das vorrangige Ziel des ESZB besteht laut Artikel 105 des EG-Vertrages (vgl. Kasten) in der Sicherung der Preisniveaustabilität[30], was ohne Zweifel – neben der ausreichenden Versorgung der Wirtschaft mit Liquidität – zur Kernaufgabe von Zentralbanken zählt. Gegenüber dem alten Bundesbankgesetz stellt diese Festlegung eine gewisse Verschärfung dar, da es im § 3 des Gesetzes über die Deutsche Bundesbank noch hieß, dass sie „die Währung zu sichern" habe. Die Sicherung der Währung kann man im Sinne der Vermeidung von gravierenden Abwertungen interpretieren, was in einem inflationären Umfeld nicht zwingend mit Preisniveaustabilität einhergehen muss.

---

[29] Sehr schön bringt dies Buiter, ehemaliges Mitglied im Monetary Policy Committee der Bank of England, zum Ausdruck: „One cannot have this paternalistic approach to economic policy making in a contemporary democratic society. Mr. Duisenberg's accountability model which suggests that as long as daddy brings home the bacon, mummy and the children ought not ask where he got it, is not viable as a modern model for the relationship between the citizen and the state." (Buiter, 1999, S. 6)

[30] Im Artikel 105 des EG-Vertrages heißt es nicht ganz korrekt Preisstabilität. Tatsächlich soll das Preisniveau stabil bleiben, während sich die relativen Preise durchaus verändern können.

Artikel 105 EG-Vertrag (Ziele und Aufgaben des ESZB)
(1) Das vorrangige Ziel des ESZB ist es, die Preisstabilität zu Gewähr leisten. Soweit dies ohne Beeinträchtigung des Zieles der Preisstabilität möglich
ist, unterstützt das ESZB die allgemeine Wirtschaftspolitik in der Gemeinschaft, um zur Verwirklichung der in Artikel 2 festgelegten Ziele der Gemeinschaft beizutragen. (...)

In anderen westlichen Industrieländern wurden bei der Festlegung der
Ziele der Zentralbank als auch der Definition von Preisniveaustabilität
andere Wege beschritten (vgl. Tabelle 2.3). Ähnlich wie bei der EZB
steht Preisniveaustabilität bei der Bank of England und Bank of Japan im
Vordergrund. Wachstum soll in England von der Zentralbank nur unter-
stützt werden, wenn das Ziel der Preisniveaustabilität realisiert ist. In
Japan ist gesetzlich eine solche Unterstützung nicht vorgesehen. In den
USA gibt es keine Priorität für Preisniveaustabilität. Das FED hat neben
der Preisniveaustabilität gesetzlich noch zwei weitere gleichberechtigte
Ziele, nämlich hohe Beschäftigung und moderate langfristige Zinssätze.

Nun kann man argumentieren, dass die faktische Geldpolitik einer
Zentralbank nicht sehr viel mit dem Zentralbankgesetz zu tun hat. Ob
beispielsweise die US-Notenbank tatsächlich Beschäftigung und moderate langfristige Zinssätze bei ihrer Politik als gleichberechtigte Ziele berücksichtigt, ist eher fragwürdig. Jedoch werden wir in späteren Kapiteln
sehen, dass die FED bei ihrer Geldpolitik die konjunkturelle Situation
stärker berücksichtigte, als die EZB.

Preisniveaustabilität kann von Zentralbanken explizit numerisch defi-
niert werden, sie können ihr Verständnis von Preisniveaustabilität jedoch
auch im Dunkeln lassen und es je nach historischer Situation definieren.
Ein numerisches Beschäftigungsziel (oder Zinssatzziel), – was im Falle
des FED theoretisch denkbar wäre – hat keine Zentralbank der Welt.
Dies ist kein Zufall. Denn eine Zentralbank kann in funktionierenden
Geldwirtschaften ein Preisniveauziel weitaus einfacher realisieren als
Ziele wie Wirtschaftswachstum oder hohes Beschäftigungsniveau.

Aus der Tabelle 2.3 wird deutlich, dass bei keiner der großen Zentralbanken ein Inflationsziel im Zentralbankgesetz numerisch fixiert ist.
Zentralbanken oder auch Regierungen müssen somit jeweils definieren,
was unter Preisniveaustabilität zu verstehen ist.

Bis Ende der Achtzigerjahre des vergangenen Jahrhunderts hat faktisch keine Zentralbank der Welt ein numerisches Inflationsziel vorge-

geben. Auch heute gibt es viele Zentralbanken, die sich weigern, Preis-niveaustabilität explizit numerisch zu definieren. Ein Beispiel ist die FED, obwohl ihr nachgesagt wird, dass sie ein implizites Inflationsziel von etwa drei Prozent verfolge.[31]

Tabelle 2.3: Die gesetzlich festgelegten Ziele der Zentralbanken im Euro-Währungsraum, in England, in den USA und in Japan

	EZB	Bank of England	Federal Reserve System (USA)	Bank of Japan
Ziele	– Preisstabilität – Unterstützung allgemeiner Wirtschafts-politik in der Gemeinschaft ohne Beein-trächtigung der Preis-stabilität	– Preisstabilität – Vorbehaltlich der Preissta-bilität Unterstüt-zung der Wirt-schaftspolitik der Regierung einschließlich Wachstums- und Beschäftigungs-ziele	– Stabile Preise – Höchstgrad an Beschäftigung – Moderate Lang-fristzinsen	– Preisstabilität und damit Beitrag zur gesunden Entwicklung der Gesamt-wirtschaft
Vorrangi-ges Ziel	– Gewähr-leistung der Preisstabilität	– Gewährleistung der Preis-stabilität	– Keine Priori-tätensetzung	– Gewähr-leistung der Preisstabilität
Spezifizie-rung des Ziels der Preis-stabilität	– Quantifizie-rung durch die EZB	– Quantifizierung durch das Schatzamt	– Qualitative Spezifizierung durch das Federal Reserve System	– Qualitative Spezifizierung durch die Bank of Japan

Quelle: EZB, Monatsbericht November 2002, S. 55

Auch die Deutsche Bundesbank legte sich nie auf ein numerisches Infla-tionsziel fest. In den Neunzigerjahren gingen jedoch immer mehr Zen-tralbanken dazu über, sich selbst ein explizites Inflationsziel zu setzen. In seltenen Fällen kann auch die Regierung der Zentralbank ein solches Inflationsziel vorschreiben. Beispielsweise legt bei der Bank of England

---

[31] „The 3-percent inflation experienced during the 1990s may be close to the target policymakers had in mind." (Mankiw 2001, S. 10)

das Schatzamt die Zielinflationsrate fest. Abbildung 2.3 gibt an, wann einzelne Zentralbanken zu expliziten Inflationszielen übergegangen sind und die Tabelle 2.4 gibt beispielhaft die Inflationsziele im Jahr 2003 an.[32]

Abbildung 2.3: Jährliche Zinsinflationsrate beim Beginn der Bekanntgabe expliziter Inflationsziele

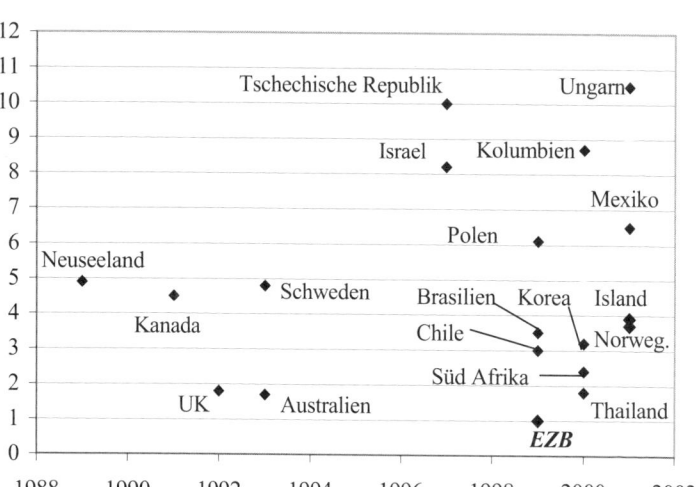

Quelle: Carare/Stone 2003, S. 4; die EZB wurde mit dem mittleren Inflationsziel eingefügt.

Die Tabelle 2.4 zeigt, dass manche Zentralbanken eine einzige Ziffer als Zielinflationsrate nennen. Beispiele sind hier die Bank of England oder die Zentralbanken in Island oder Norwegen. Viele Zentralbanken haben jedoch einen Korridor gewählt, innerhalb dessen die Inflationsrate liegen soll.

---

[32] Der Hintergrund der Popularität von expliziten Inflationszielen ist die Abkehr von immer mehr Zentralbanken von der Geldmengensteuerung. Um die so erlangte diskretionäre Macht der Zentralbanken zu begrenzen, wurde es zu einer Mode, explizite Inflationsziele zu definieren (für einen Überblick vgl. Bernanke/Mishkin 1997).

Tabelle 2.4: Explizite Inflationsziele von Ländern

	Übergang zu einem Inflationsziel (Inflation Targeting)	Inflationsziel
Schwellenländer		
Israel	1997	1-3
Tschechische Republik	1998	3 (+/- 1)
Polen	1998	4,5 (+/- 2)
Brasilien	1999	2,5 (+/- 1)
Chile	1999	2-4
Kolumbien	1999	5 (+/- 0,5)
Südafrika	2000	3-6
Thailand	2000	0-3,5
Korea	2001	2,5-3,5
Mexiko	2001	3 (+/- 1)
Ungarn	2001	3,5 (+/- 1)
Peru	2002	2,5 (+/- 1)
Philippinen	2002	5-6
Slowakei	2005	3,5 (+/- 1)
Indonesien	2005	7,5 (+/- 1)
Rumänien	2005	5,5 (+/- 1)
Industrieländer		
Neuseeland	1990	1-3
Kanada	1991	1-3
Vereinigtes Königreich	1992	2
Schweden	1993	2 (+/- 1)
Australien	1993	2-3
Island	2001	2,5
Norwegen	2001	2,5
EZB		
Inflationsziel von 1999 bis Mai 2003: 0 - 2 %		
ab Mai 2003: unter und nahe 2 %		
FED		
kein explizites Inflationsziel		

Quelle: IMF 2006; EZB, Monatsbericht Juni 2003

Vor diesem Hintergrund können wir nun das Inflationsziel der EZB betrachten. Im ersten Monatsbericht der EZB im Januar 1999 definierte der EZB-Rat das Ziel der Preisniveaustabilität folgendermaßen: „Preisstabilität wird definiert als Anstieg des Harmonisierten Verbraucherpreisindex (HVPI) für das Euro-Währungsgebiet von unter 2 Prozent gegenüber dem Vorjahr." (EZB, Monatsbericht Januar 1999, S. 51) Die Schaffung eines HVPI durch Eurostat war mit der Einführung des Euro notwendig geworden, da es zuvor keinen einheitlichen europäischen Preisindex gab. Wichtig bei der Definition von Preisniveaustabilität durch die EZB ist, dass eine Deflation ausgeschlossen wurde, also ein Preisanstieg zwischen 0 Prozent und 2 Prozent angestrebt wird. Von Bedeutung ist auch, dass Preisniveaustabilität nach Ansicht der EZB mittelfristig erreicht werden sollte und Abweichungen kurzfristig hingenommen werden können (vgl. EZB, Monatsbericht Januar 1999).

Im internationalen Vergleich hatte die EZB bei ihrer Gründung den strengsten Maßstab bei der Definition von Preisniveaustabilität. Zwar gibt es eine Reihe von Ländern, die auch eine Inflationsrate von null akzeptieren, jedoch ist bei allen diesen Ländern eine Bandbreite der Inflationsrate vorgesehen, die über zwei Prozent liegt (vgl. Tabelle 2.4). Die unabhängigste Zentralbank der Welt verfolgt also zugleich das strikteste Inflationsziel.

Nicht zuletzt beeinflusst von der Debatte über mögliche Deflationsgefahren in Deutschland (vgl. IMF 2003) sah sich die EZB genötigt, im Mai 2003 ihr Inflationsziel zu präzisieren. „Beim Streben nach Preisstabilität zielt die EZB darauf ab, die Preissteigerungsrate mittelfristig unter, jedoch nahe 2 Prozent zu halten. Mit dieser Klarstellung unterstrich der EZB-Rat seine Verpflichtung, unter Berücksichtigung aller übrigen relevanten Faktoren eine ausreichende Sicherheitsmarge zum Schutz gegen Deflationsrisiken beizubehalten." (EZB, Monatsbericht Juni 2003) Jedoch bleibt der Anspruch trotz dieser Präzisierung höchst anspruchsvoll.

2.6 Die Zwei-Säulen-Strategie der Europäischen Zentralbank

Die Definition einer Zielinflationsrate ist eine Sache, die Strategie zur Erreichung dieses Ziels eine andere. Die EZB baut ihre geldpolitische Strategie auf zwei Säulen auf, die sie programmatisch im ersten Monatsbericht ihres Bestehens detailliert beschrieben hat (vgl. EZB, Monatsbericht Januar 1999).

In Bezug auf die erste Säule heißt es: „Um die der Geldmenge zugewiesene herausragende Rolle zu unterstreichen, hat der EZB-Rat einen quantitativen Referenzwert für das Geldmengenwachstum als eine Säule der gesamten stabilitätsorientierten Strategie bekannt gegeben." (EZB, Monatsbericht Januar 1999, S. 52) Als monetäres Aggregat, welches gesteuert werden soll, wurde M3 ausgewählt. Den theoretischen Hintergrund für die erste Säule der Geldpolitik liefert die Quantitätstheorie des Geldes (vgl. Kapitel 3). Diese sieht einen stabilen Zusammenhang zwischen der Preisänderungsrate und dem Wachstum von Geldmengenaggregaten. Das Wachstum der Geldmenge dient der Geldpolitik danach als „Zwischenziel", das es zu steuern gilt. Nachdem das Geldmengenaggregat M3 als Geldmenge gewählt wurde, musste die Wachstumsrate bestimmt werden. Die EZB folgte bei der Berechnung der geplanten Geldmengenerhöhung der Logik der Deutschen Bundesbank. Die EZB ging Anfang 1999 von einem realen Wachstum des Sozialproduktes von 2 bis 2,5 Prozent aus und schätzte, dass sich die Umlaufgeschwindigkeit des Geldes um 0,5 bis 1 Prozent verringert. Nimmt man noch die Zielinflationsrate von unter 2 Prozent dazu, dann ergibt sich nach den Vorstellungen der EZB eine anzustrebende Erhöhung von M3 von jährlich 4,5 Prozent (EZB, Monatsbericht Januar 1999). Diese Wachstumsrate wird als Referenzwert bezeichnet. Wir werden in späteren Kapiteln die theoretischen Grundlagen dieser ersten Säule näher betrachten und kritisch würdigen.

Im Rahmen der zweiten Säule wird eine breite Palette von ökonomischen Indikatoren berücksichtigt. „Diese breite Palette von Indikatoren umfasst viele Variablen, die Vorlaufindikatoreigenschaften für zukünftige Preisentwicklungen besitzen. Diese Variablen beinhalten u. a. die Löhne, den Wechselkurs, die Anleihekurse und die Zinsstrukturkurve, verschiedene Messgrößen für die reale Wirtschaftstätigkeit, fiskalpolitische Indikatoren, Preis- und Kostenindizes sowie Branchen- und Verbraucherumfragen." (EZB, Monatsbericht Januar 1999, S. 55) Auch sollen Inflationsprognosen von internationalen Organisationen und Forschungsinstituten zur Beurteilung der wirtschaftspolitischen Konstellation herangezogen werden. Bei dieser zweiten Säule der Geldpolitik fehlt jegliche Regelbindung in Form einer festgelegten Wachstumsrate eines Aggregats. Vielmehr dominiert ein diskretionäres Herangehen, da die zu verfolgende Geldpolitik auf der Grundlage einer sorgfältigen Analyse der aktuellen wirtschaftlichen Situation des Währungsgebietes gefunden werden soll.

Der Zwei-Säulen-Ansatz ist alles andere als klar und trägt nicht zur Transparenz der Geldpolitik in Europa bei. Denn es ist nicht auszuschließen, dass die beiden Säulen der Geldpolitik zu unterschiedlichen geldpolitischen Schlussfolgerungen Anlass geben. So kann die erste Säule eine restriktive und die zweite eine expansive Geldpolitik nahe legen. Eine solche Konstellation ist nur theoretisch möglich. So stand die EZB kurz nach ihrer Gründung realiter vor genau diesem Dilemma. Denn ab Mitte 2001 begann die Geldmenge M3 mit einer deutlich stärkeren Rate zu wachsen als es dem Referenzwert von 4,5 Prozent entsprochen hätte. Es handelte sich dabei um keine kurzfristige Abweichung, sondern die Entwicklung zog sich über das gesamte Jahr 2002 hin und prägte auch die Entwicklung 2003. Auf Grund der konjunkturellen Abschwächung senkte die EZB während dieser Zeit trotzdem wiederholt die Zinssätze (vgl. dazu die Analyse der faktischen Geldpolitik der EZB).

Nicht die weltweite Debatte um Deflationsgefahren bewegte die EZB Anfang 2003 dazu, ihr Inflationsziel neu auf eine Rate von etwas unter zwei Prozent festzulegen, sondern die Unmöglichkeit, die Geldmenge wunschgemäß zu steuern. Da die faktische Geldpolitik der EZB mit Hilfe der Zwei-Säulen-Strategie nicht mehr vermittelt werden konnte, sah sich die EZB im Mai 2003 gezwungen „der Öffentlichkeit einige Aspekte der Strategie näher zu erläutern." (EZB, Monatsbericht Mai 2003, S. 87). Die erste Säule wurde nun als „monetäre Analyse" und die zweite als „wirtschaftliche Analyse" benannt. Ohne offiziell von der Zwei-Säulen-Strategie abzugehen, wurde der ersten Säule eine nachrangige Rolle zugedacht. „Was die monetäre Analyse betrifft, so beschloss der EZB-Rat ferner, den Referenzwert für das Geldmengenwachstum nicht mehr auf jährlicher Basis zu überprüfen, um dessen längerfristigen Charakter als Richtwert zur Beurteilung der monetären Entwicklung zu unterstreichen." (EZB, Monatsbericht, Mai 2003, S. 88) Es fragt sich dann allerdings, warum an einer Geldmengensteuerung festgehalten wird, wenn die Bedeutung des Geldmengenwachstums für die kurzfristige Geldpolitik nicht zu erkennen ist und das Wachstum nicht einmal mehr auf jährlicher Basis überprüft werden soll. Es hätte der Klarheit der geldpolitischen Strategie genutzt, wenn die EZB gänzlich von ihrem Säulen-Konzept abgerückt wäre. Sie wäre damit vielen anderen Zentralbanken gefolgt, die schon lange keine Geldmengensteuerung mehr verfolgen, etwa der FED oder der Bank of England. Faktisch hat sich die EZB freilich von der ersten Säule verabschiedet. Richtig geglaubt hat die EZB wohl nie ganz an die erste Säule ihrer geldpolitischen Idee. So hieß es bereits 1999, dass der EZB-Rat beschlossen habe, „statt eines Referenzkorridors einen speziellen Referenzsatz für das Geldmengenwachstum bekannt zu geben, da die Ankündigung eines Referenzkorridors von der Öffentlichkeit dahingehend falsch interpretiert werden könnte, dass die Zinsen automatisch geändert würden, wenn das Geldmengenwachstum den Korridor verlässt; dies würde der Rolle des Referenzwertes in der Gesamtstrategie widersprechen." (EZB, Monatsbericht Januar 1999, S. 12)

Insgesamt vermittelt die Strategie der zwei Säulen den Eindruck eines politischen Kompromisses zwischen zwei Lagern innerhalb des Zentralbankrates. Denn letztlich sind die beiden Säulen nicht miteinander vereinbar und stammen aus unterschiedlichen theoretischen Grundauffassungen (vgl. das folgende Kapitel).

2.7 Die geldpolitischen Instrumente der EZB[33]

2.7.1 Geldentstehung durch Kredit

Geld, dessen Akzeptanz letztlich nur auf dem Vertrauen der Wirtschaftssubjekte basiert, muss knapp gehalten werden. Im anderen Fall geht die ökonomische Kohärenz einer Volkswirtschaft verloren, was schließlich zum Zusammenbruch einer Geldwirtschaft führt. Die Macht der Zentralbanken zur Knapphaltung ihres Geldes beruht darauf, dass Wirtschaftssubjekte Zentralbankgeld definitiv benötigen und die Zentralbank das Monopol zur Schaffung von Zentralbankgeld besitzt.

Geld wird von der Zentralbank von der Logik her mittels Kreditgeschäften mit Geschäftsbanken in Umlauf gebracht. Geld wird also durch die Kreditvergabe der Zentralbank an Geschäftsbanken geschaffen und bei der Rückzahlung des Kredits an die Zentralbank wieder vernichtet. Die Zentralbank zwingt somit Geschäftsbanken, sich permanent zu refinanzieren. Dies geschieht dadurch, dass die Zentralbank mit den Ge-

---

[33] Eine detaillierte und gut lesbare Darstellung der einzelnen Instrumente findet sich bei Görgens/Ruckriegel/Seitz, 1999.

schäftsbanken nur sehr kurzfristige Geschäfte tätigt, die Geschäftsbanken also schon nach kurzer Zeit das erlangte Zentralbankgeld an die Zentralbank zurückgeben müssen. Letztere befindet dann über die Bedingungen einer erneuten Kreditvergabe. Es ist zu beachten, dass Geschäftsbanken die bei der Zentralbank aufgenommenen Kredite einschließlich der angefallenen Zinsen zurückzahlen müssen. Die Bezahlung der Zinsen kann selbstverständlich nur gelingen, wenn die Zentralbank zuvor zusätzliche Kredite an die Geschäftsbanken vergeben hat.

Die Nachfrage nach Zentralbankgeld durch die Geschäftsbanken speist sich – wie im Kapitel 1.5 gezeigt wurde – aus verschiedenen Quellen. Unter anderem sind Kreditinstitute in den meisten Ländern der Welt und auch in der Europäischen Währungsunion verpflichtet, bei der Zentralbank *Mindestreserven* zu hinterlegen. Demnach müssen sie für bestimmte Verbindlichkeiten, die sie gegenüber Einlegern eingegangen sind, Guthaben in Euro bei der EZB in Höhe eines bestimmten Prozentsatzes halten[34]. Die Mindestreserven werden von der EZB verzinst, um den Banken im Währungsgebiet keine Wettbewerbsnachteile gegenüber Banken aufzuerlegen, die im Ausland – insbesondere in Offshore-Zentren – Euroanlagen anwerben und Eurokredite vergeben und keinen Mindestreserveverpflichtungen unterliegen. Aber selbst wenn es keine Mindestreserveverpflichtung gibt, müssen die Geschäftsbanken eine ökonomische Reserve in Zentralbankgeld halten. Denn sie müssen liquide sein, wenn das Publikum Bargeld abheben will. Zudem müssen sie täglich auflaufende Ungleichgewichte bei Überweisungen des Publikums ausgleichen. Dies geschieht in Zentralbankgeld.

Selbst wenn alle Zahlungen mit Hilfe der Kreditkarten privater Geschäftsbanken erfolgen würden und die Nachfrage nach Zentralbankgeld beim Publikum auf null sinken würde, bliebe die Macht der Zentralbank erhalten. Solange die Geschäftsbanken Mindestreserven halten oder tägliche Ungleichgewichte in ihren Zahlungsströmen durch Zentralbankgeld ausgleichen müssen, gibt es eine Nachfrage nach Zentralbankgeld, die nur die Zentralbank bedienen kann (vgl. Riese 2001a, S. 368ff.). Aber ein

---

[34] Derzeit (Ende 2003) besteht eine Mindestreserveverpflichtung in Höhe von 2 Prozent für täglich fällige Einlagen, Einlagen mit einer vereinbarten Kündigungsfrist und Laufzeit von bis zu 2 Jahren und Schuldverschreibungen mit vereinbarter Laufzeit von bis zu 2 Jahren.

Trend zur Absenkung der Bargeldhaltung durch das Publikum auf null ist – wie gesagt wurde – auch nicht zu erkennen.

Die Nachfrage der Geschäftsbanken nach Zentralbankgeld wird nur bedient, wenn sie der EZB Sicherheiten anbieten können. Sie müssen der EZB öffentliche oder private Schuldtitel wie Wertpapiere oder Handelswechsel bei einer Kreditvergabe als Pfand hinterlegen oder als Eigentum übertragen, um Geld zu erhalten. Im zweiten Fall spricht man von so genannten Offenmarktgeschäften. Juristisch ist ein Offenmarktgeschäft kein Kreditgeschäft. Jedoch führt die Ausgestaltung der Offenmarktgeschäfte durch die EZB (sowie auch der anderen Zentralbanken) dazu, dass es sich faktisch um ein Kreditgeschäft handelt (vgl. Neyer 2002). Welche Papiere als Sicherheiten akzeptiert werden, also refinanzierungsfähig sind, bestimmt die Zentralbank. Gegenwärtig werden diese Sicherheiten in zwei Kategorien eingeteilt, den „Kategorie-1-Sicherheiten" und den „Kategorie-2-Sicherheiten". Die ersteren sind marktfähige Schuldtitel, die im gesamten Euroraum gelten und für welche die EZB einheitliche Zulassungskriterien festgelegt hat. Die letzteren sind Sicherheiten, die für die nationalen Finanzmärkte von besonderer Bedeutung sind, zum Beispiel Handelswechsel. Deren Zulassungskriterien werden zwar von den nationalen Zentralbanken definiert, allerdings bedürfen sie der Zustimmung durch die EZB (vgl. Issing 1999). Hauptsächlich werden Kategorie-1-Sicherheiten eingesetzt.

Theoretisch könnte eine Zentralbank die Geschäftsbanken auch ohne den Gebrauch von Wertpapieren refinanzieren. Sie könnte beispielsweise der Geschäftsbank, die den höchsten Zinssatz bietet, das meiste Zentralbankgeld leihen. Die Bindung der Geldschöpfung an Wertpapiere hat jedoch für Zentralbanken den Vorteil, dass die einzelnen Geschäftsbanken durch den Bestand an Papieren einer maximalen Refinanzierungsgrenze unterliegen. Zudem werden ökonomisch angeschlagene Geschäftsbanken, die sich keine Wertpapiere besorgen können, von der Refinanzierung ausgeschlossen.

Abbildung 2.4 gibt einen Überblick über die Geldentstehungskanäle der EZB. Im Folgenden wird auf die einzelnen Kanäle näher eingegangen.

Abbildung 2.4: Geldentstehungskanäle der EZB

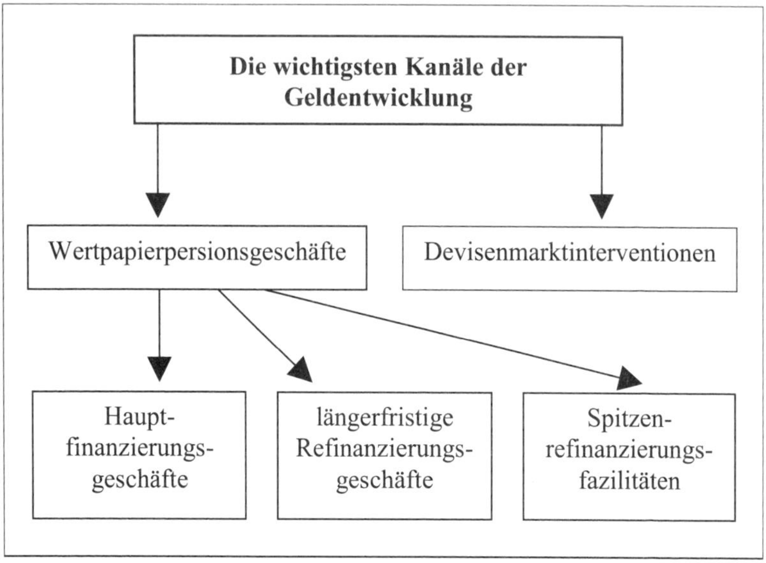

```
┌─────────────────────────────────────────────────────────────┐
│           ┌─────────────────────────────────┐                │
│           │    Die wichtigsten Kanäle der   │                │
│           │         Geldentwicklung         │                │
│           └─────────────────────────────────┘                │
│                    │                    │                    │
│                    ▼                    ▼                    │
│   ┌──────────────────────────┐  ┌──────────────────────────┐ │
│   │ Wertpapierpersionsgeschäfte│ │ Devisenmarktinterventionen│ │
│   └──────────────────────────┘  └──────────────────────────┘ │
│         │          │                         │               │
│         ▼          ▼                         ▼               │
│  ┌──────────┐ ┌──────────────┐ ┌──────────────────┐         │
│  │  Haupt-  │ │ längerfristige│ │     Spitzen-     │         │
│  │finanzierungs-│Refinanzierungs-│ │ refinanzierungs- │       │
│  │ geschäfte │ │  geschäfte   │ │    fazilitäten   │         │
│  └──────────┘ └──────────────┘ └──────────────────┘         │
└─────────────────────────────────────────────────────────────┘
```

2.7.2 Wertpapierpensionsgeschäfte

Normalerweise wird Geld in modernen Geldwirtschaften über *Offen-marktgeschäfte* emittiert. Der Name erinnert noch an jene Zeiten, als der Kauf und Verkauf von Wertpapieren tatsächlich noch auf offenen Märkten, an Börsen, stattgefunden hat. Kaufte die Zentralbank Wertpapiere, so floss den Wirtschaftssubjekten Zentralbankgeld zu. Es kam zur Geldentstehung. Verkaufte die Zentralbank später diese Papiere wieder, so entzog sie der Volkswirtschaft Zentralbankgeld. Es kam, wie man zu sagen pflegt, zur Geldvernichtung. Diese Geschäftsform hatte für die Zentralbank den Nachteil, dass sie immer dann, wenn sie ihr Geld verknappen wollte, vom Kalkül der privaten Wirtschaftssubjekte abhängig war. Denn sie konnte die übrigen Marktteilnehmer nicht zum Kauf ihrer Wertpapiere zwingen. Aus diesem Grunde sind Zentralbanken in allen entwickelten Volkswirtschaften dazu übergegangen, beim Kauf der Wertpapiere von den Geschäftsbanken zugleich den Zeitpunkt des Rückkaufs und den Preis hierfür festzulegen.

Aus der Differenz zwischen dem Kauf- und dem Verkaufspreis errechnet sich der Zinssatz, den die Zentralbanken für die Bereitstellung von Geld fordern. Diese spezifische Art und Weise der Offenmarktgeschäfte nennt man Wertpapierpensionsgeschäfte, welche der EZB und anderen modernen Zentralbanken als Hauptfinanzierungsinstrument dienen. Im Kern stellen Wertpapierpensionsgeschäfte – wie schon betont – Kreditverträge dar, die in eine spezifische Form gegossen wurden. Offenmarktpolitik im traditionellen Sinne des Wortes spielt heutzutage demnach keine nennenswerte Rolle und hat in der Geldpolitik auch noch nie eine große Rolle gespielt.

Heute wird von Offenmarktgeschäften immer dann gesprochen, wenn die Initiative, Geld in Umlauf zu bringen, von der EZB ausgeht. In nahezu allen Fällen werden im Rahmen der Offenmarktpolitik die so genannten *befristeten Transaktionen* vollzogen, sodass die EZB ihren Kunden, den Kreditinstituten, Geld für einen festgelegten Zeitraum leihweise zur Verfügung stellt. Die befristeten Transaktionen können ihrerseits in „*Hauptfinanzierungsgeschäfte*" (Haupttender) und in „*längerfristige Refinanzierungsgeschäfte*" unterteilt werden, wobei die ersteren im Zentrum geldpolitischer Entscheidungen stehen. Im Durchschnitt eines Jahres werden etwa 75 Prozent der von der EZB emittierten Mittel über die Hauptfinanzierungsgeschäfte zugeteilt und über sie erhält die Wirtschaft insgesamt die entscheidenden zinspolitischen Signale.[35] Legen wir daher zunächst die Lupe auf dieses Instrument.

Im wöchentlichen Abstand bietet die EZB über die nationalen Zentralbanken den Geschäftsbanken des Euroraums Geld an. Ende des Jahres 2000 waren im Euroraum 2542 Institute berechtigt, an Hauptrefinanzierungsgeschäften teilzunehmen. Teilgenommen haben jedoch immer nur zwischen 400 und 600 Institute (vgl. Neyer, 2002, S. 733), die dann über den Geldmarkt Zentralbankgeld an andere Institute verliehen.

Die EZB kann zwischen zwei Verfahren, dem so genannten *Mengentender* und dem *Zinstender* wählen. Zunächst entschied sich die EZB für den Mengentender. Ende Juni 2000 wechselte sie zum Zinstender. Beim Mengentender gibt die EZB den Zinssatz vor, zu dem sie den Geschäfts-

---

[35] Diese und die folgenden Angaben beziehen sich auf EZB 2004, http://www.ech.int/pvb/

banken das Geld zur Verfügung stellt. Dieser Zinssatz wird als *Leitzins-satz* bezeichnet. Die Geschäftsbanken teilen dann der Zentralbank mit, wie viel Zentralbankgeld sie zugeteilt bekommen möchten. Durch die Vorgabe des Leitzinssatzes liefert die EZB der Volkswirtschaft wichtige Zinssignale in Bezug auf den beabsichtigten geldpolitischen Kurs. Wird beispielsweise der Leitzinssatz erhöht, so geht die EZB offenbar auf einen restriktiveren Kurs über. Beim ab Mitte 2000 eingesetzten Zinsten-derverfahren müssen die Geschäftsbanken nicht nur die gewünschte Geldmenge, sondern auch den Zinssatz nennen, zu dem sie bereit sind, Geschäfte mit der EZB abzuschließen. Allerdings gibt die EZB einen Mindestbietungssatz vor, der nunmehr die Signalfunktion übernimmt. Außerdem soll so die Unsicherheit für die Kreditinstitute reduziert wer-den. Die Laufzeit der Verträge beträgt in beiden Fällen lediglich eine Woche[36]. Durch die kurze Laufzeit der Transaktion behält die EZB ihre Handlungsfähigkeit, da die Geschäftsbanken bereits nach kurzer Zeit ihre Verpflichtungen erfüllen und neues Geld nachfragen müssen. Sie werden „an der kurzen Leine" geführt.

Die Zeitspanne zwischen der Ankündigung des Geschäfts durch die EZB und der Bestätigung dessen, was einzelne Geschäftsbanken an Geld bekommen, beträgt 24 Stunden. In diesem Fall wird das Geld in zeit-licher Hinsicht nach dem *Standardtender* zugeteilt. Für andere geldpoliti-sche Geschäfte (siehe weiter unten) nutzt die EZB den *Schnelltender*, mit dem Ergebnis, dass das Geschäft innerhalb einer Stunde abgewickelt wird.

Betrachten wir die Tenderverfahren etwas genauer. Auf die Ankündi-gung der EZB, Geld emittieren zu wollen, reagieren die Geschäftsbanken beim Mengentenderverfahren, indem sie Gebote über den gewünschten Betrag abgeben. Übersteigt die von den Geschäftsbanken gewünschte Summe diejenige, die die EZB zuteilen möchte, so werden die Geschäfts-banken lediglich anteilig bedient. Die EZB gibt im Rahmen dieser Ge-schäfte das geplante Zuteilungsvolumen nicht vorab bekannt. Die fol-gende Tabelle verdeutlicht dieses Verfahren mit Hilfe eines fiktiven Bei-spiels.

---

[36] Bis Anfang 2004 belief sich die Laufzeit auf 2 Wochen.

Tabelle 2.5: Geldnachfrage der Geschäftsbanken und Zuteilung durch die Zentralbank in Mio. Euro nach dem Mengentenderverfahren

	Bank 1	Bank 2	Bank 2
Geldnachfrage	500	300	200
Zuteilungssumme	250	150	100

Demnach würden die Geschäftsbanken gern 1000 Mio. Euro zugeteilt bekommen, während die Zentralbank lediglich 500 Mio. Euro, also 50 Prozent zuzuteilen gedenkt. Folglich erhält jede Geschäftsbank nur 50 Prozent der von ihr nachgefragten Geldmenge. Hätte die Zentralbank nur 250 Mio. Euro zuteilen wollen, so hätte jede Geschäftsbank demnach nur 25 Prozent der nachgefragten Geldsumme erhalten.

Liegen die von den Geschäftsbanken nachgefragten Geldsummen regelmäßig über den Zuteilungen durch die Zentralbank, so werden sie vorsichtshalber die angeforderten Beträge erhöhen, um ein größeres Stück des ausgegebenen Kuchens an Zentralbankgeld erhalten zu können. Diese Strategie erhält zusätzliche Dynamik, wenn die Wirtschaft Zinserhöhungen erwartet. Genau dieses „Spiel" wurde bis Mitte 2000 zwischen der EZB und den Kreditinstituten gespielt. Die Geldnachfrage der Geschäftsbanken stieg von durchschnittlich 954 Mrd. Euro im Jahr 1999 auf 3614 Mrd. Euro in der ersten Hälfte des Jahres 2000. Während dieses Zeitraums fiel die durchschnittliche Zuteilungsquote von etwa 11 Prozent auf 2,7 Prozent. Zuletzt lag sie unter einem Prozent. Dieser Trend hat die EZB schließlich bewogen, vom Mengentender zum Zinstender zu wechseln.

Hier müssen – wie gesagt – die Geschäftsbanken nicht nur die gewünschte Geldmenge, sondern auch Bietungssätze nennen, zu denen sie bereit sind, das Geld aufzunehmen. Die Banken mit den höchsten Bietungssätzen werden bis zur geplanten Zuteilungsmenge bedient, während die Übrigen leer ausgehen. Das Zahlenbeispiel in der Tabelle 2.6 verdeutlicht dieses Verfahren.

Tabelle 2.6: Geldnachfrage der Geschäftsbanken und Zuteilung durch die Zentralbank in Mio. Euro nach dem Zinstenderverfahren

Bietungssatz in %	Bank 1	Bank 2	Bank 3	Gesamt-gebote	kumulative Gebote
4,30	50	0	0	50	50
4,29	50	0	0	50	100
4,28	100	50	0	150	250
4,27	240	160	100	500	750
4,26	30	50	50	130	880
4,25	30	40	50	120	1000
Insgesamt	**500**	**300**	**200**	**1000**	

Der von der Zentralbank geforderte Mindestbietungssatz soll 4,25 Prozent betragen. Wie im letzten Beispiel fragen die Geschäftsbanken 1000 Mio. Euro nach und die Zentralbank möchte 500 Mio. Euro in Umlauf bringen. Diese Grenze wird überschritten bei dem so genannten marginalen Zinssatz von 4,27 Prozent. Zu diesem Zinssatz fragen die Geschäftsbanken noch zusätzliche 500 Mio. Euro nach, während die Zentralbank nur noch zusätzliche 250 Mio. Euro, also 50 Prozent, anbietet. Vor diesem Hintergrund kommt es zu folgender Zuteilung: Die Bank 1 erhält zu den 200 Mio. Euro, für die ein Bietungssatz oberhalb des marginalen Zinssatzes angeboten wurde, 50 Prozent der zum marginalen Zinssatz nachgefragten Summe von 240 Mio. Euro, also 120 Mio. Euro. Insgesamt beläuft sich die Zuteilung demnach auf 320 Mio. Euro. Bank 2 erhält 50 Mio. Euro plus 50 Prozent von 160, also insgesamt 130 Mio. Euro und Bank 3 insgesamt 50 Mio. Euro. Dass Banken gestaffelte Gebote abgeben, ergibt sich daraus, dass sie bestimmte Geldsummen dringend benötigen und daher sicher sein wollen, bedacht zu werden. Daher bieten sie relativ hohe Zinssätze für bestimmte Geldbeträge an. Bei zinsgünstigen Zuteilungen sind sie bereit, auch mehr an Liquidität zu halten, sodass sich auch noch Gebote im unteren Zinsbereich befinden.

Das Zinstenderverfahren kann nach zwei Varianten durchgeführt werden, nämlich nach dem *amerikanischen* oder dem *holländischen*. Beim holländischen Verfahren würden die drei Geschäftsbanken die zugeteilten Geldmengen zu dem marginalen Zinssatz von 4,27 Prozent bekommen. Beim amerikanischen Verfahren gibt es keinen einheitlichen Zinssatz, da die Gelder entsprechend der eingereichten Gebote verteilt werden. Beispielsweise würde die erste Bank 50 Mio. Euro zu 4,30 Prozent, weitere 50 Mio. zu 4,29 Prozent usw. zugeteilt bekommen. Die EZB setzt seit dem Sommer 2000 das amerikanische Verfahren ein.

Neben den Hauptfinanzierungsgeschäften existieren längerfristige Refinanzierungsgeschäfte. Über diesen Kanal werden rund 25 Prozent der Mittel der regelmäßig stattfindenden Offenmarktgeschäfte bereitgestellt. Längerfristige Refinanzierungsgeschäfte werden monatlich angeboten und die Laufzeit der Verträge beträgt drei Monate. Durch diese Geschäfte soll den Geschäftsbanken Liquidität über einen längeren Zeitraum zur Verfügung gestellt werden. Um Zinssignale zu setzen, eignet sich dieses Instrument weniger. Daher werden auch die beabsichtigten Zuteilungsvolumina vorab bekannt gegeben. Diese Geschäfte werden üblicherweise als Zinstender ohne Vorgabe eines Mindestbietungssatzes und unter dem Aspekt der Zuteilungsgeschwindigkeit als Standardtender durchgeführt.

Eine dritte Art der Offenmarktpolitik neben den Hauptfinanzierungs- und den längerfristigen Geschäften sind die *Feinsteuerungsoperationen*. Sie werden nicht regelmäßig, sondern von Fall zu Fall durchgeführt. Sowohl im Jahr 2000 als auch im Jahr 2001 wurden jeweils zwei Operationen durchgeführt. Mit Hilfe dieses Instruments versucht die EZB unerwartete Liquiditätsschwankungen abzufedern, um die Auswirkungen auf die Zinssätze zu begrenzen. Im Jahr 2001 wurde beispielsweise versucht, die geldpolitischen Folgen der Terroranschläge des 11. September zu neutralisieren. Im Jahr zuvor sollte so ein Liquiditätsüberhang kurzfristig abgebaut werden. Für die normale Geldversorgung spielt dieses Instrument allerdings keine bedeutende Rolle. Die Feinsteuerung kann mit Hilfe befristeter Transaktionen, aber auch durch definitive Käufe und Verkäufe von Wertpapieren durchgeführt werden.

Ein weiteres Instrument sind *Devisenswapgeschäfte*. Hier kauft die EZB Devisen und erhöht dadurch die Geldmenge, um sie zu einem vereinbarten Termin wieder zu verkaufen und die Geldmenge dann zu reduzieren. Die prozentuale Abweichung des heutigen Ankaufkurses (dem Kassakurs) und dem künftigen Verkaufskurs (dem Terminkurs) wird als Swapsatz bezeichnet. Daneben können Zentralbanken auf Devisenmärkten intervenieren, um den Wechselkurs auch längerfristig zu beeinflussen. Bekämpft eine Zentralbank beispielsweise Aufwertungstendenzen ihrer Währung, dann wird sie ausländische Währung aufkaufen und damit die eigene Geldmenge erhöhen. Indem sie so die Nachfrage nach der ausländischen Währung und das Angebot der inländischen erhöht, begrenzt sie die Aufwertungstendenzen. Werden die Geldmengeneffekte von Devisenmarktinterventionen durch andere geldpolitische Instrumente kompensiert, spricht man von Sterilisierungspolitik. Die EZB hat bisher selten auf den Devisenmärkten interveniert. Die Deutsche Bundesbank intervenierte massiv während ihres gesamten Bestehens. Auch die Bank of Japan griff zeitweise in großem Umfang ein, um eine Aufwertung des Yen zu bremsen.

Viertens schließlich führt die EZB vereinzelt so genannte *strukturelle Operation* durch. Mit ihrer Hilfe sollen strukturelle Liquiditätspositionen des finanziellen Sektors gegenüber dem Eurosystem verändert werden. Im Jahr 2001 führte die EZB zwei solcher Operationen durch. Ziel war es, Liquiditätsengpässe im Finanzsektor abzubauen, die dadurch entstanden waren, dass die Geschäftsbanken mit Zinssatzsenkungen rechneten und so die Summe der Gebote den tatsächlichen Liquiditätsbedarf nicht abdeckte. Sie wurden als Standardtender mit einwöchiger Laufzeit durchgeführt. Im Jahr 2000 verzichtete die EZB gänzlich auf diese Form der Geldpolitik.

2.7.3 Ständige Fazilitäten

Vor dem Hintergrund der bisherigen Ausführungen kann der Eindruck entstehen, dass die EZB sehr präzise die Zentralbankgeldmenge steuern kann. Denn die Initiative der Geldemission liegt bei ihr und darüber hinaus legt sie das Zuteilungsvolumen fest. Damit aber stellt sich die Frage, wie sie ihrer Funktion als Lender of Last Resort gerecht wird, wenn bei einzelnen Banken oder sogar beim gesamten Bankensektor kurzfristig und unerwartet hoher Liquiditätsbedarf entsteht, der durch Geldgeschäfte zwischen den Geschäftsbanken nicht oder nicht rechtzeitig befriedigt werden kann. In Fällen dieser Art kann die Initiative zur Geldemission von den Geschäftsbanken ausgehen. Geldpolitische Geschäfte, die durch Initiative der Geschäftsbanken zu Stande kommen, werden *ständige Fazilitäten* genannt, die sich ihrerseits in *Spitzenrefinanzierungsfazilität* und *Einlagefazilität* unterteilen. Beginnen wir mit den Spitzenrefinanzierungsfazilitäten.

Sofern Kreditinstitute in Liquiditätsengpässe geraten, können sie sich auch außerhalb der Offenmarktgeschäfte kurzfristig Geld bei der Zentralbank besorgen. Die Laufzeit dieser Kredite ist bis zum Folgetag begrenzt. Für diese „Übernachtkredite" durch die EZB gibt es keine Höchstgrenzen, sofern hinreichende Sicherheiten geboten werden können. Dadurch garantiert die EZB dem Finanzsektor eine stets ausreichende Geldversorgung, was auch ihrer Funktion als Lender of Last Resort entspricht. Allerdings sind diese Kredite teurer als die sonstigen Zentralbankkredite. Der Zinssatz für die Spitzenrefinanzierungsfazilität liefert zugleich die obere Begrenzung der Zinssätze auf dem Geldmarkt, also jenem Markt, auf dem Geschäftsbanken untereinander Kredite vergeben. Denn auch bei Liquiditätsengpässen ist keine Geschäftsbank bereit, einer anderen höhere Zinssätze zu zahlen als die von der EZB verlangten, da sie sich dort jederzeit verschulden kann. Durch diese Möglichkeit, sich kurzfristig ohne Kredithöchstgrenzen bei der EZB zu verschulden, besteht aus der Perspektive der EZB nicht länger die Möglichkeit, die Zentralbankgeldmenge volumen- und zeitmäßig exakt zu steuern. Die Spitzenrefinanzierungsfazilität wird vergleichsweise wenig in Anspruch genommen. Das liegt daran, dass die EZB den Liquiditätsbedarf des Bankensektors möglichst genau zu prognostizieren versucht und ihre Offenmarktgeschäfte entsprechend ausrichtet.

Durch die Einlagefazilität haben die Kreditinstitute die Möglichkeit, Guthaben bis zum nächsten Geschäftstag bei der EZB zu einem von der EZB zu zahlenden, festgelegten Zinssatz zu „parken". Sofern also eine Geschäftsbank am Abend überschüssige Liquidität hat, kann sie dieses Geld entweder anderen Geschäftsbanken leihen, die knapp bei Kasse sind, oder es bei der EZB über Nacht anlegen. Der Zinssatz für diese Einlagen liefert somit die untere Grenze für Interbanken-Geldgeschäfte, da keine Geschäftsbank, die Geld verleihen möchte, einen niedrigeren Zinssatz akzeptieren wird als denjenigen, den ihr die EZB zahlt. Damit kann die EZB auch nach unten zumindest die kurzfristigen Zinssätze direkt steuern.

Dass mit dem Zinssatz für Einlagefazilitäten und dem für Spitzenrefinanzierungsfazilitäten die EZB einen Zinskorridor schafft, der die Zinsschwankungen auf dem Interbanken-Geldmarkt eng begrenzt, zeigt die Abbildung 2.5. Der Tagesgeldsatz in der Abbildung ist der marktmäßig bestimmte Zinssatz, der sich auf dem Geldmarkt bildet und den die Banken beim Verleihen von Tagesgeld an andere Banken verlangen. Der Tagesgeldsatz schmiegt sich sehr eng an den Pensionssatz, dem Zinssatz für das Hauptfinanzierungsgeschäft beziehungsweise Wertpapierpensionsgeschäft, an. Das verdeutlicht zweierlei. Erstens gelingt es der Zentralbank dank der Kurzfristigkeit der Wertpapierpensionsgeschäfte, einen Refinanzierungsbedarf der Geschäftsbanken zu schaffen. Denn es ergab sich offensichtlich nie ein längerfristiger Liquiditätsüberhang auf dem Geldmarkt, der den Geldmarktzinssatz bis zum Zinssatz der Einlagenfazilität hätte fallen lassen. Zweitens stieg der Geldmarktzinssatz nie längerfristig bis zum Zinssatz der Spitzenrefinanzierungsfazilität an.[37] Die EZB hat somit niemals den „Geldhahn" beim Hauptfinanzierungsgeschäft in der Form abgedreht, dass die Banken massiv gezwungen waren, auf die Spitzenrefinanzierungsfazilität zurückzugreifen. Das verdeutlicht, dass die EZB bei der quantitativen Festsetzung der Wertpapierpensionsgeschäfte relativ genau den Liquiditätsbedarf des Geldmarktes abschätzen kann. Zudem hat sie noch das Instrument des Schnelltenders. Schließlich ist die Regelung der Mindestreservehaltung so ausgerichtet, dass die Geschäftsbanken einen Liquiditätspuffer erhalten.

Abbildung 2.5: Von der Zentralbank kontrollierte Zinssätze und der Geldmarktzinssatz (monatliche Durchschnittszinssätze)

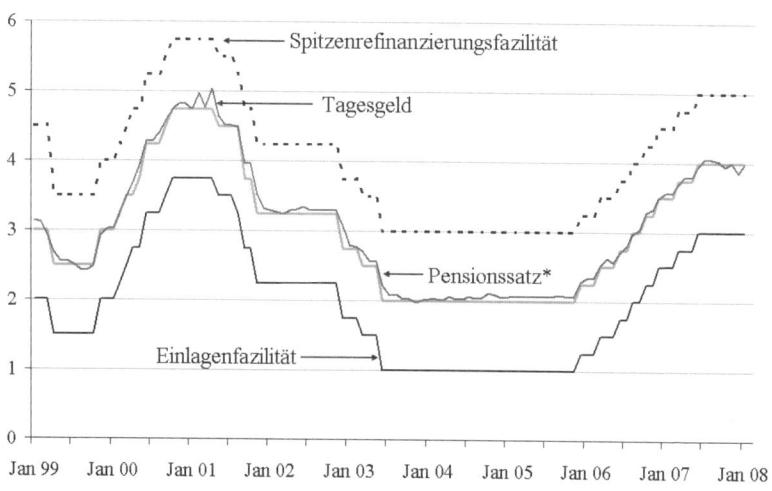

Quelle: Deutsche Bundesbank, Zeitreihendatenbank 2008
* Zinssatz der EZB für Hauptrefinanzierungsgeschäft

---

[37] An einzelnen Tagen ist dies allerdings schon aufgetreten.

2.7.4 Mindestreservepolitik

Im Rahmen der Mindestreservepolitik werden die Geschäftsbanken gezwungen, einen bestimmten Prozentsatz ihrer Einlagen bei der Zentralbank als Einlagen in Zentralbankgeld zu halten. Seit geraumer Zeit beträgt der Mindestreservesatz im Wesentlichen zwei Prozent. Bei gegebenem Mindestreservesatz bestimmt sich die Mindestreserve nach den Beständen bestimmter kurzfristiger Passivpositionen (Einlagenarten) in den Bilanzen der Geschäftsbanken. Wichtig ist, dass die gegenwärtigen Mindestreserven nicht auf der Basis der aktuellen Einlagen berechnet werden. Das Verfahren sieht stattdessen so aus, dass zunächst die Erfüllungsperiode festgelegt wird. Diese beginnt immer am Abwicklungstag desjenigen Hauptrefinanzierungsgeschäfts, das auf die Sitzung des EZB-Rates folgt, also zum Beispiel am 7.4.2004. Das Ende dieser Periode wurde in diesem Fall auf den 11.5.2004 festgelegt. Die Grundlage für die Berechnung sind dann die Einlagen zu einem festgelegten Stichtag in einem „Vormonat", also im Februar 2002. Die Geschäftsbanken wissen also einige Zeit vorher, was auf sie zukommt. Halten die Banken ihre Verpflichtungen nicht ein, werden sie von der Zentralbank sanktioniert, beispielsweise indem Sonderzinsen auf den Fehlbetrag erhoben werden. Im Extremfall kann den Banken sogar die Teilnahme an den Offenmarktgeschäften verweigert werden.

Entscheidend ist, dass die Geschäftsbanken ihre Mindestreserven nur im Durchschnitt der Erfüllungsperiode erfüllen müssen. Unterdeckungen heute können durch Übererfüllungen morgen ausgeglichen werden. Daher kann eine Bank bei Liquiditätsengpässen auf ihre Mindestreserven bei der EZB zurückgreifen und dadurch die Aufnahme der teuren Übernachtkredite im Rahmen der Spitzenrefinanzierungsfazilität vermeiden. Die Mindestreserve bietet somit für die Geschäftsbanken einen Liquiditätspuffer. Freiwillige Reserven werden faktisch von den Banken nicht gehalten. Im Ergebnis stabilisieren sich so die Geldmarktzinssätze. Fahren viele Geschäftsbanken ihre Mindestreserven in den ersten Wochen des Erfüllungszeitraums unter das vorgeschriebene Maß zurück, so können sie am Ende der Periode sicher sein, dass ihnen die EZB ausreichend Liquidität zur Verfügung stellen wird, damit sie die Mindestreserveverpflichtungen doch noch erfüllen können. Denn Liquiditätsengpässe auf den Finanzmärkten können nicht im Interesse der EZB liegen. Während also die Geschäftsbanken über die Mindestreserven und die Spitzenrefinanzierungsfazilität die EZB faktisch zur Geldschöpfung zwingen können, kann die EZB den Zinssatz auf dem Geldmarkt festlegen.

Obwohl alle Zentralbanken der Welt als zentrales geldpolitisches Instrument die Steuerung des Geldmarktzinssatzes benutzen, haben sie unterschiedlich ausgeprägte Institutionalisierungen zur Durchführung ihrer Geldpolitik.[38] Einer der größten Unterschiede ist die Existenz oder Nicht-Existenz gesetzlicher Mindestreserven. So gibt es in Großbritannien beispielsweise keine gesetzlichen Mindestreserven in nennenswertem Umfang. Auf Grund dieses Umstandes fehlt den britischen Geschäftsbanken der Liquiditätspuffer, den die Mindestreserven erzeugen. Gleichwohl halten die britischen Banken keine hohen freiwilligen Reserven. Vielmehr ist die Bank of England gezwungen, nahezu täglich auf dem Geldmarkt zu intervenieren und damit die Liquidität des Marktes aufrecht zu halten.

2.8 Die Wirkungskanäle der Geldpolitik

In diesem Abschnitt sollen kurz die Wirkungskanäle der Geldpolitik angesprochen werden. Aus den bisherigen Ausführungen ergibt sich, dass die Zentralbanken faktisch den Zinssatz auf dem Geldmarkt diktieren. Unabhängig davon, welches Ziel eine Zentralbank im Konkreten verfolgt – sei es die Inflationsrate direkt zu steuern, das Wachstum anzuregen, den Wechselkurs zu stabilisieren oder ein monetäres Aggregat wie M3 zu begrenzen –, das primäre geldpolitische Instrument bleibt immer der Zinssatz auf dem Geldmarkt.

Wenn sie auf die ökonomische Entwicklung einwirken will, dann gelingt dies letztlich nur, indem die Zinssatzänderungen das Angebot und die Nachfrage auf den Gütermärkten beeinflusst. Will sie beispielsweise eine Inflation bekämpfen, dann muss sie mit Hilfe steigender Zinssätze die Nachfrage in der Volkswirtschaft drosseln. Eine sinkende Nachfrage führt dann zu Angebotsüberschüssen, sinkender Produktion und Beschäftigung. Eine Zentralbank kann die ökonomische Entwicklung auch prägen, indem sie mit Hilfe ihrer Zinssatzpolitik die internationalen Kapitalströme zu steuern versucht. Dies hat üblicherweise Rückwirkungen auf den Wechselkurs (vgl. Kapitel 4). So führt etwa eine Zinssatzerhöhung unter ansonsten gleichen Bedingungen zur Aufwertung und damit zu sin-

---

[38] Vgl. für einen umfassenden Vergleich Borio (2001) und Blenck et al. (2001).

kenden Importpreisen. Dadurch wird die inländische Preisniveauentwicklung gedämpft. Gleichzeitig wirkt sich eine solche Politik negativ auf die Gesamtnachfrage aus. Was immer die Zentralbank macht, sie wirkt indirekt auf die Ökonomie ein. Die Kanäle, die von einer Veränderung der Zinssätze zu einer Veränderung anderer ökonomischer Parameter führen, erfreuen sich einer intensiven Analyse durch die Wirtschaftswissenschaften. Die wichtigsten dieser Kanäle sollen nun knapp umrissen werden.

Der Zinssatz, den die Zentralbanken auf dem Geldmarkt durchsetzen, beeinflusst zunächst ausschließlich die Geschäftsbanken. Welche Wirkungen sind jedoch auf private Haushalte und vor allem Unternehmen zu erwarten? Aus Abbildung 2.6 ist ersichtlich, dass der kurzfristige Zinssatz – der Drei-Monats-Zinssatz (3-M-EURIBOR) – eng beim Geldmarktzinssatz (Zinssatz für Tagesgeld) liegt. Zwar gibt es kleine Abweichungen zwischen den beiden Zinssätzen nach oben und nach unten, jedoch ist der Zusammenhang der Zinssätze ausgesprochen eng. Daher kann die These vertreten werden, dass die Zentralbank nicht nur den Geldmarktzinssatz diktiert, sondern, mit gewissen Abweichungen, auch die kurzfristigen Zinssätze. Dies gilt übrigens für die kurzfristigen Verleihzinssätze der Banken ebenso wie für die kurzfristigen Einlagenzinssätze.

Aus der Abbildung 2.6 wird jedoch auch deutlich, dass eine so enge Kopplung zwischen dem Geldmarktzinssatz und dem langfristigen Zinssatz nicht besteht. Im Jahre 1999 stiegen die langfristigen Zinssätze schon deutlich vor den kurzfristigen, und in den Jahren 2002 und 2003 fielen die langfristigen Zinssätze zögerlicher als die kurzfristigen. Insgesamt liegen die langfristigen Zinssätze, wenn von seltenen Ausnahmen einmal abgesehen wird, ständig oberhalb der kurzfristigen. Warum ist das so?

Keynes (1936) hat diese Differenz mit Hilfe der so genannten Liquiditätspräferenz der Wirtschaftssubjekte erklärt (vgl. Leijonhufvud 1973). Demnach bevorzugen Wirtschaftssubjekte unter sonst gleichen Bedingungen liquide Anlagen gegenüber weniger liquiden. Denn Liquidität sichert, dass man auf überraschende Ereignisse besser reagieren kann. Außerdem erhöht man so seine ökonomische Flexibilität. Hält man längerfristige Anlagen in Form von festverzinslichen Wertpapieren und Aktien, so sind diese zudem mit einem Kursrisiko verbunden. Der Nutzen, den Liquidität abwirft, wird üblicherweise als Liquiditätsprämie bezeichnet. Soll Liquidität aufgegeben werden, so möchte man dafür entschädigt werden. Der Zinssatz muss wenigstens die Liquiditätsprämie kompensieren. Daher liegen die langfristigen Zinssätze oberhalb der kurzfristigen.

Abbildung 2.6: Struktur der Zinssätze im Euro-Währungsgebiet

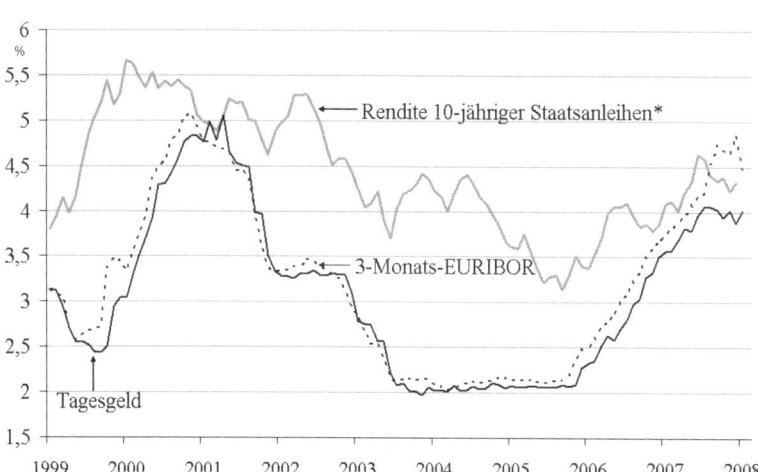

Quelle: Deutsche Bundesbank, Zeitreihendatenbank 2008
* Kapitalmarktzins im Euroraum, BIP gewichtete Rendite

Die Höhe der Liquiditätsprämie wird von den subjektiven Erwartungen der Wirtschaftssubjekte bestimmt und kann von vielen Faktoren beeinflusst werden. Steigt in der Ökonomie das Niveau der Unsicherheit, dann werden kurzfristigere Anlagen bevorzugt und die Differenz zwischen kurz- und langfristigen Zinssätzen kann sich erhöhen. Eine besondere Rolle spielen auch Zinssatzerwartungen einschließlich der mit Zinssatzveränderungen erwarteten Kursänderungen von festverzinslichen Wertpapieren und Aktien. Festzuhalten bleibt der Umstand, dass die Differenz zwischen kurz- und langfristigen Zinssätzen nicht konstant ist und von der Zentralbank nicht unmittelbar beeinflusst werden kann. Insoweit hat eine Zentralbank nur einen indirekten Einfluss auf die langfristigen Zinssätze.

Steigt in einer Volkswirtschaft die Unsicherheit, dann erhöht sich – wie gesagt – der Wunsch nach liquiden Anlageformen. Langfristige Engagements müssen höher verzinst werden, sodass die langfristigen Zinssätze steigen. Letztere sind aber vor allem für Investitionsvorhaben und für den Kauf langlebiger Konsumgüter von Bedeutung. Im Ergebnis sinkt die Nachfrage auf den Gütermärkten und die wirtschaftliche Entwicklung wird gedämpft.

Verstärkt wird dieser Effekt durch die Wirkung von Zinssatzänderungen auf die Börsenkurse. Steigen die Zinssätze, so werden die Kurse von festverzinslichen Wertpapieren und Aktien bei ansonsten unveränderten Bedingungen sinken. Über einen negativen Vermögenseffekt kann dann die Konsumnachfrage reduziert werden. Negative Vermögenseffekte tauchen auch bei den Unternehmen auf, die Wertpapiere oder Aktien halten, da diese in ihrem Wert sinken. Das Vermögen bei Haushalten und Unternehmen, das als Pfand bei einer Kreditaufgabe dienen kann, wird reduziert. Sinkende Zinssätze erhöhen dagegen die Börsenkurse und wirken positiv auf die Konsumnachfrage und die Kreditaufnahmemöglichkeit der Unternehmen.[39]

Die Geldpolitik der Zentralbank wirkt unmittelbar auf den Cashflow von Unternehmen und Haushalten ein (vgl. Bernanke/Gertler 1995). Je höher die Verschuldungsquote von Unternehmen und Haushalten und je kurzfristiger die Verschuldung, desto stärker setzt eine Zinserhöhung Schuldner unter Druck und hindert sie, weitere Ausgaben zu tätigen. Bei Zinssenkungen werden dagegen die Zahlungsverpflichtungen der Schuldner reduziert, was positiv auf die Güternachfrage wirkt. Der Cashflow-Kanal wirkt relativ direkt, da er zu einem beachtlichen Teil von den kurzfristigen Zinssätzen abhängt. Bofinger et al. (1996, S. 90f.) haben berechnet, dass die Nettozinszahlungen (Zinszahlungen minus Zinseinnahmen) in der Bundesrepublik Deutschland sehr stark mit dem Geldmarktzinssatz schwanken, da die Verschuldungsquote der Unternehmen in Deutschland hoch und die Finanzierung zu einem beachtlichen Anteil kurzfristig ist. Welche Wirkung der Cashflow-Kanal auf die Ausgaben der Wirtschaftssubjekte genau hat, hängt jedoch von der spezifischen historischen Situa-

---

[39] Es war insbesondere Minsky (1990), der den Prozess der Bilanzverlängerung aller ökonomischen Agenten im Aufschwung und den Prozess der Bilanzverkürzung im Abschwung im Zusammenhang mit der konjunkturellen Entwicklung untersucht hat.

tion ab, beispielsweise davon, ob die Geschäftsbanken bereit sind, weitere Kredite zu vergeben oder zum Mittel der stärkeren Kreditrationierung greifen (vgl. Stiglitz 2003).

Änderungen in der Geldpolitik können direkt auf die Erwartungen der Wirtschaftssubjekte einwirken. Beispielweise kann schon die Ankündigung einer restriktiven Geldpolitik zu einer sofortigen Reduzierung der aggregierten Nachfrage führen. Aber auch hier existiert das Problem, dass eine Zentralbank nicht wissen kann, in welchem Umfang solche Erwartungseffekte die Ökonomie beeinflussen.

Insgesamt ist es für eine Zentralbank äußerst schwierig, die Wirkungen geldpolitischer Impulse abzuschätzen. Denn es bleibt ungewiss, in welchem Umfang die Veränderung des Geldmarktzinssatzes auf die langfristigen Zinssätze einwirkt und wie Unternehmen und Konsumenten auf Zinssatzänderungen sowie dadurch induzierte Änderungen der Börsenkurse reagieren. Es ist einer Zentralbank auch nicht bekannt, wie lange die Zeitperiode zwischen dem geldpolitischen Impuls und der Reaktion der Ökonomie dauert. Alle diese Faktoren sind historisch bestimmt und einer genauen quantitativen Prognose unzugänglich. Damit bleibt für Zentralbanken nur die Möglichkeit, in der Ökonomie „auf Sicht zu fahren". Sie weiß die Richtung der Wirkung einer Veränderung des Geldmarktzinssatzes. Mit welcher Dosis sie jedoch agieren muss, ist ungewiss.

Hinzu kommt, dass die Macht der Zentralbank bei der Steuerung der Ökonomie asymmetrisch ist. Sie ist stets in der Lage, auf Dauer alle Zinssätze nach oben zu drücken. Damit kann sie ökonomische Entwicklungen unterbinden und inflationäre Prozesse stoppen. Sie ist jedoch unter Umständen nicht in der Lage, die langfristigen Zinssätze ausreichend zu senken, um höhere Wachstumsraten zu initiieren. Und selbst wenn die langfristigen Zinssätze sinken, ist offen, welche Wirkungen dies auf die Investitions- und Konsumnachfrage hat. Unter Umständen sind die Erwartungen der Wirtschaftssubjekte so eingetrübt, dass selbst sinkende Zinssätze die Nachfrage nicht erhöhen. Für eine solche Konstellation steht die japanische Entwicklung seit Anfang der 1990er Jahre. So gesehen ist Geldpolitik eine Kunst, nämlich auf der einen Seite für Geldwertstabilität zu sorgen, und auf der anderen positive Erwartungen und wirtschaftliches Wachstum zu sichern, um schwer wiegende Krisen oder gar deflationäre Prozesse zu vermeiden.

3 Kapitel
Inflationstheorien

3.1 Die neoklassische Interpretation der Quantitätsgleichung

Wie im zweiten Kapitel gezeigt wurde, versuchte die EZB offiziell ihre Geldpolitik im Rahmen ihrer Zwei-Säulen-Strategie durchzuführen. Dabei sollte die erste Säule eigentlich die entscheidende Rolle spielen. Jedoch wurde seit der Gründung der EZB eine Begründung der Geldpolitik mit der ersten Säule immer unplausibler und die EZB war gezwungen, die erste Säule in den Hintergrund zu rücken (vgl. Kapitel 2.5 und 5.2). Wir wollen uns in diesem Kapitel der theoretischen Basis zuwenden, die hinter den beiden Säulen steht. Dies gibt uns auch die Gelegenheit, konkurrierende Inflationstheorien und die daraus resultierenden geldpolitischen Strategien zu diskutieren.

Der ersten Säule der Geldpolitik liegt die Überzeugung zu Grunde, dass Inflation im mittel- bis längerfristigen Bereich grundsätzlich monetären Ursprungs ist (vgl. EZB, Monatsbericht Januar 1999). Für diese Vorstellung scheint zunächst der empirische Befund zu sprechen, dass alle großen Inflationen mit einer steigenden Geldmenge einhergingen. Freilich ist damit noch nicht geklärt, ob diese Geldmengenausdehnungen die Ursache oder lediglich die Folge inflationärer Prozesse waren. Auf diesen Aspekt hat beispielsweise die bedeutende englische Nationalökonomin Joan Robinson bei ihrer Analyse der Hyperinflation in Deutschland Anfang der Zwanzigerjahre bis 1923 eindringlich hingewiesen. Sie argumentierte, dass ein Zug nicht fahren kann, wenn die Bremse gezogen ist. Es ist, so ihr Argument, jedoch nicht besonders überzeugend anzunehmen, dass die Ursache für die Bewegung des Zuges das Lösen der Bremse ist.[40] Der Anstieg der Geldmenge mag zwar eine Bedingung für einen inflationären Prozess sein, aber nicht die Ursache.

---

[40] „It is true that a train cannot move when the brake is on, but it would be foolish to say that the cause of motion in a train is that the brake is removed. It is no less, but

Die Idee, wonach eine Geldmengenausdehnung für inflationäre Prozesse verantwortlich sei, basiert auf der so genannte Quantitätstheorie des Geldes, die so alt ist wie die Ökonomie. Der Klassiker David Ricardo formulierte die ältere Variante der Quantitätstheorie des Geldes Anfang des neunzehnten Jahrhunderts in aller Klarheit. Irving Fisher (Fisher 1922, englische Ausgabe 1911) präsentierte in seinem Buch die „Kaufkraft des Geldes" die ausgereifteste Variante der alten Quantitätstheorie. Nach dem Zweiten Weltkrieg kam es zur Neuauflage der Theorie im Rahmen der „Neoquantitätstheorie", die wirtschaftspolitisch vor allem mit Milton Friedman (vgl. Friedman 1976 und 1976b) verbunden ist. Die modernste Variante der Quantitätstheorie wird auf Grundlage so genannter rationaler Erwartungen formuliert (vgl. Lucas 1973 und 1981).

Da sich alle Varianten der Quantitätstheorie an der so genannten Quantitätsgleichung verdeutlichen lassen, soll diese Gleichung zunächst erklärt werden. Wenn Y_r für das reale Sozialprodukt, P für das Preisniveau, M für die nominale Geldmenge und v für die Umlaufgeschwindigkeit des Geldes stehen, dann ergibt sich zwingend:

$$M \cdot v = P \cdot Y_r \qquad (1)$$

Auf der rechten Seite der Gleichung steht das nominale Sozialprodukt einer Volkswirtschaft. Es symbolisiert bei der alten Quantitätstheorie das Transaktionsvolumen in einer Volkswirtschaft. Zwar ist das Transaktionsvolumen tatsächlich größer als das nominale Sozialprodukt, da einzelne Güter mehrfach den Eigentümer wechseln können und auch Vermögenswerte (wie z.B. Wertpapiere) ge- und verkauft werden, die bei der Berechnung des Sozialprodukts nicht berücksichtigt werden, allerdings wird zur Vereinfachung unterstellt, dass alle Transaktionen durch $P \cdot Y_r$ symbolisiert werden können. Auf der linken Seite der Gleichung steht die nominale Geldmenge, die zur Durchführung dieser Transaktionen dient, multipliziert mit der durchschnittlichen Umlaufgeschwindigkeit des Geldes. Sie gibt an, wie oft ein Geldstück im Durchschnitt während einer Periode die Hände wechselt. Ist sie größer als eins, dann genügt eine Geldmenge, die kleiner ist als das nominale Transaktionsvolumen einer Volkswirtschaft.

no more, sensible to say that an increase in the quantity of money is the cause of inflation." (Robinson 1938)

Die Quantitätsgleichung ist eine Tautologie, da sie immer stimmt: Bei gegebener Geldmenge und gegebenem nominalen Sozialprodukt ergibt sich statistisch immer eine Umlaufgeschwindigkeit, welche die Quantitätsgleichung erfüllt. Zu einer gehaltvollen Theorie wird die Quantitätsgleichung erst, wenn die Forderung von Joan Robinson erfüllt wird, indem die „Ursache-Wirkungs-Zusammenhänge" begründet werden. Wenn wir zur Vereinfachung der Argumentation einmal unterstellen, die Umlaufgeschwindigkeit des Geldes und das reale Sozialprodukt seien (warum auch immer) gegeben, dann kann sich das Preisniveau erhöhen, weil die Geldmenge steigt. Es kann aber auch sein, dass ein Anstieg des Preisniveaus zu einer Erhöhung der Geldmenge führt. Alle Varianten des neoklassischen Paradigmas gehen davon aus, dass letztlich die Geldmenge das Preisniveau determiniert. Daher spricht man bei diesem Ansatz auch von Monetarismus.

Um die Argumentation der Quantitätstheorie des Geldes zu verdeutlichen, stellen wir die Quantitätsgleichung nach dem Preisniveau um, die vom neoklassischen Ansatz als abhängige Variable betrachtet wird. Es ergibt sich dann:

$$P = \frac{v}{Y_r} \cdot M \tag{2}$$

Die Annahme ist nun, dass die Zentralbank die nominale Geldmenge exogen steuert. Sehr deutlich kommt die Exogenität der Geldmenge bei der Geldentstehungsparabel von Friedman (1976a) zum Ausdruck, in der die Geldschöpfung durch den Notenabwurf eines Hubschraubers über einem Währungsgebiet beschrieben wird. Unterstellt wird demnach, dass Zentralbanken jederzeit die Geldmenge exakt steuern können. Üblicherweise wird des Weiteren angenommen, der Quotient sei für die Geldpolitik gleichsam ein Datum. Denn in Modellen dieser Art wird davon ausgegangen, dass das reale Sozialprodukt von Parametern wie beispielsweise der Höhe der Reallöhne bestimmt wird, auf die Geldpolitik keinen Einfluss hat. Gleichzeitig soll die Umlaufgeschwindigkeit im Wesentlichen stabil sein (vgl. hierzu weiter unten). Unter diesen Annahmen wird dann M zur Bestimmungsgröße für P. Damit ist der Schurke für die Verursachung von inflationären und deflationären Prozessen gefunden: Es ist die Zentralbank. Auch alle moderneren Fassungen der Quantitätstheorie des Geldes kommen zum gleichen Ergebnis (vgl. den Kasten über die Quantitätstheorie in der Cambridge-Tradition).

Betrachten wir den Marktprozess, der nach der Quantitätstheorie das Preisniveau verändert. Sobald eine Zentralbank die Geldmenge erhöht, steigen die Barbestände in den Kassen der Wirtschaftssubjekte, die das auf sie herabrieselnde Geld dankbar auffangen. Waren die Wirtschaftssubjekte mit ihrer Kassenhaltung vor der Geldmengenerhöhung zufrieden, so finden sie nach der Geldmengenerhöhung ihre Kasse nun zu hoch. Um die Kasse auf das gewünschte Maß zu reduzieren, tätigen sie Käufe, sodass es zu einer Erhöhung der Nachfrage auf den Gütermärkten kommt. Geld wird wie eine heiße Kartoffel von einem Wirtschaftssubjekt zum anderen gereicht, kann aber nicht aus der Ökonomie verschwinden. Der entstehende Nachfrageschub führt nicht zu zusätzlicher Produktion oder zu einer Verlangsamung der Umlaufgeschwindigkeit des Geldes – diese beiden Faktoren sind ja als gegeben angenommen –, sondern zu steigenden Preisen. Die steigenden Preise senken zwangsläufig die real zur Verfügung stehende Geldmenge M/P. Der inflationäre Prozess kommt erst dann zum Erliegen, wenn sich die reale Geldmenge auf ihr Niveau von vor der nominalen Geldmengenerhöhung reduziert hat. Man spricht hier vom „Realkasseneffekt", da sich die reale Geldmenge (M/P) immer wieder auf ihr Gleichgewicht einpendelt, wie die Zentralbank die nominale Geldmenge auch immer verändern mag. Im Zuge einer Reduktion der Geldmenge – Friedman spricht von einem Verbrennen von Geld – läuft der Prozess in umgekehrter Richtung ab (vgl. Friedman 1976b, Patinkin 1956).

Von der Quantitätstheorie des Geldes zum wirtschaftspolitischen Konzept einer Geldmengenregel beziehungsweise der Geldmengensteuerung ist es nur ein kleiner Schritt. Geht man von einem bestimmten jährlichen Wachstum des realen Sozialproduktes aus und legt als wünschenswert eine relativ stabile Inflationsrate mit wenigen Prozentpunkten fest, dann liegt der Schluss nahe, dass die Geldmenge jährlich mit einer bestimmten Rate wachsen soll. Friedman hat dann auch in einem seiner berühmtesten Beiträge vorgeschlagen, dass eine Zentralbank „sich öffentlich für eine Politik entscheidet, die auf die Verwirklichung einer konstanten Wachstumsrate einer bestimmten monetären Gesamtgröße gerichtet ist. Die adäquate Wachstumsrate ebenso wie die adäquate monetäre Gesamtgröße sind weniger ausschlaggebend als die Annahme einer festen und bekannten Rate" (Friedman 1976, S. 155). Er schlug eine Wachstumsrate von drei bis fünf Prozent vor. Eine kritische Würdigung dieser Position erfolgt im Kapitel 4.1.

Cambridge-Gleichung und Neoquantitätstheorie

Eine analytisch anspruchsvollere Fassung des Zusammenhangs von Preisniveau und Geldmenge liefert die so genannte Cambridge-Version der Quantitätstheorie. In ihr wird die Umlaufgeschwindigkeit des Geldes durch den Kassenhaltungskoeffizient k ersetzt, wobei

$$k = \frac{1}{v} \quad \text{gilt.}$$

Damit ergibt sich M = k · P · Y_r. Beträgt die Umlaufgeschwindigkeit z.B. drei Umschläge pro Jahr, dann ist der Kassenhaltungskoeffizient 1/3 Jahr, sodass ein Geldstück durchschnittlich vier Monate vom Publikum gehalten wird. Der analytische Fortschritt der Cambridge-Variante besteht darin, dass die eher „mechanische" Vorstellung einer Umlaufgeschwindigkeit durch ökonomisch begründete Verhaltensannahmen über die Gründe für eine Kassenhaltung ersetzt werden konnte (vgl. Friedman 1970). Damit war dann auch der Weg frei, zwischen dem Geldangebot einer Zentralbank und der Geldnachfrage des Publikums zu unterscheiden. Die Geldnachfrage M_N ergibt sich dann durch M_N = k · P · Y_r. Wird die von der Zentralbank als exogen gesetzte Geldmenge als M_A angenommen, folgt als Gleichgewicht $M_A = M_N$ beziehungsweise M_A = k · P · Y_r. Bemerkenswert bleibt, dass trotz dieser Fortschritte an den Überzeugungen der alten Quantitätstheorie nicht gerüttelt wurde: Zum einen wurde angenommen, dass k (wie auch v) stabil ist und zum anderen, dass das Geldangebot exogen von der Zentralbank gesetzt wird. Schließlich wurde auch das reale Sozialprodukt letztlich als unabhängig vom Geld angesehen.

An diese Version konnte die Neoquantitätstheorie, deren prominentester Vertreter Milton Friedman ist, anknüpfen, indem die Lupe auf die Gründe für die Kassenhaltung gelegt wurde. Danach ist die Geldnachfrage von verschiedenen Faktoren abhängig, vor allem von der erwarteten Inflationsrate, vom realen Gesamtvermögen, von den Präferenzen der Haushalte und von den Verwertungsraten anderer Vermögensarten. Letztlich hat Friedman (1976b) eine ausführliche Analyse für den Kassenhaltungskoeffizienten k geliefert. Da dieser als stabil eingeschätzt und dem Publikum eine stabile Nachfrage nach realer Kasse unterstellt wurde, kommt auch die Neoquantitätstheorie zu einer proportionalen Beziehung zwischen einer Geldmengenveränderung und einer Veränderung des Preisniveaus. Fazit: Alle Varianten der Quantitätstheorie stimmen darin überein, dass die Umlaufgeschwindigkeit des Geldes beziehungsweise die Geldnachfrage stabil ist und beispielsweise eine Verdopplung der exogen gesetzten Geldmenge zur Verdopplung des Preisniveaus führt. Neben Friedman hat insbesondere Patinkin (1956) zur Wiederbelebung der Quantitätstheorie nach dem Zweiten Weltkrieg beigetragen.

Die spezifische Interpretation der Quantitätsgleichung durch die Quantitätstheorie des Geldes führt des Weiteren zu der Idee, Geld sei letztendlich neutral, habe längerfristig keinen Einfluss auf reale ökonomische Entwicklungen. Wie wird dieser zunächst überraschende Befund begründet?

Bisher haben wir das reale Produktionsvolumen als gegeben angenommen. In der Tat wird in der Quantitätstheorie des Geldes unterstellt, dass das reale Produktionsvolumen für die Geldpolitik zumindest langfristig ein Datum, eine exogene Größe darstellt. Man geht nämlich davon aus, dass es in Marktwirtschaften des herrschenden Typs eine Realsphäre gibt, welche von einer monetären Sphäre analytisch zu trennen sei. Das reale Sozialprodukt wird dann durch die Realsphäre, unabhängig vom Geld, bestimmt. In kurzfristiger Perspektive wird diese Annahme dadurch begründet, dass der Umfang der Produktion vor dem Hintergrund eines gegebenen Kapitalstocks durch die Höhe der Reallöhne bestimmt wird. Längerfristig kann der volkswirtschaftliche Kapitalstock durch Investitionen erhöht werden, die Ersparnisse der Haushalte, also temporären Konsumverzicht, voraussetzen. Die Ersparnisse der Haushalte korrelieren positiv und die Investitionen negativ mit der Höhe des Realzinssatzes, sodass sich auf dem Markt zwischen Ersparnissen und Investitionen immer ein Gleichgewicht ergibt.[41] Entsprechen die gewünschten Ersparnisse in einer Volkswirtschaft immer den gewünschten Investitionen, so kann es in der Realsphäre definitionsgemäß weder einen Nachfragemangel noch ein zu großes Angebot an Gütern geben. Der Realzins wiederum hat nichts mit Geld zu tun, sondern spiegelt reale Sachverhalte wie die physische Kapitalproduktivität oder die Sparneigung der Haushalte – die so genannte Zeitpräferenz – wider. Daher ist das reale Sozialprodukt sowie dessen Entwicklung für die Geldsphäre letztlich ein „Datum".

Bei flexiblen Preisen findet das Marktsystem zu einem stabilen Gleichgewicht. Ein flexibler Reallohnsatz bringt den Arbeitsmarkt, ein flexibler Realzinssatz den Kapitalmarkt und flexible Gütermarktpreise den Gütermarkt ins Gleichgewicht. Somit wird die Stabilität der Realsphäre postuliert. Dessen ungeachtet werden auch in diesem Theorian-

---

[41] Dies ist der Kern des Say'schen Theorems. Denn wenn alle geplanten Ersparnisse immer genau in Investitionen umgewandelt werden, kann es keinen generellen Nachfragemangel und keinen generellen Angebotsüberschuss geben. Für einzelne Güter ist dies dagegen möglich.

satz Krisenprozesse diskutiert. Allerdings sind Krisen hier exogener und zufallsbedingter Natur und keinesfalls Resultat des Marktgeschehens selbst. Daher finden die Märkte selbst den effizientesten Weg aus der Krise (vgl. Brunner 1973).

Da die monetäre Sphäre aus der Sicht der Quantitätstheorie zumindest mittel- bis langfristig keinen Einfluss auf die realen Abläufe der Volkswirtschaft, wie Investitionen, Einkommensbildung oder Beschäftigungsniveau ausüben kann, spricht man auch von einer *Dichotomie zwischen Geld- und Gütersphäre*. Alle Versionen der Quantitätstheorie vertreten die These von der letztendlichen Neutralität des Geldes und der Dichotomie zwischen Real- und Gütersphäre. Wird die Annahme der langfristigen Neutralität des Geldes von allen neoklassischen Strömungen geteilt, so gibt es doch große Uneinigkeit bezüglich der kurzfristigen Neutralität des Geldes. Verdeutlichen lässt sich dieser Streitpunkt am einfachsten an der so genannten Phillips-Kurve, welche die für die Realsphäre wichtige Arbeitslosenquote thematisiert (vgl. Abbildung 3.1).

Langfristig gibt es zwischen der Veränderungsrate des Preisniveaus und der Arbeitslosenquote keine Beziehung. Dieser Sachverhalt wird durch die vertikal verlaufende Phillips-Kurve in der Abbildung verdeutlicht. Friedman (1976) hat die Arbeitslosenquote, die die Lage der vertikal verlaufenden Phillips-Kurve bestimmt, als Erster als natürliche bezeichnet. Die natürliche Arbeitslosenquote erklärt sich aus Imperfektionen in der Realsphäre wie beispielsweise mangelnde Mobilität der Arbeitnehmer, Sucharbeitslosigkeit, zu hohe und starre Reallöhne auf Grund vermachteter Arbeitsmärkte etc.

Letztlich kann die monetäre Sphäre diese Arbeitslosigkeit nicht reduzieren. Dazu sind Veränderungen – vor allem Flexibilisierungen – in der Realsphäre notwendig. Die natürliche Arbeitslosenquote ist in verschiedenen historischen Perioden und in verschiedenen Ländern unterschiedlich.[42]

---

[42] Die natürliche Arbeitslosenquote ist nicht mit der NAIRU (Non-Axcellarating-Inflation-Rate of Unemployment) zu verwechseln. Die NAIRU argumentiert, dass ein bestimmtes Niveau an Arbeitslosigkeit notwendig ist, um Preisniveaustabilität zu Gewähr leisten. Eine aktuelle Arbeitslosenquote unterhalb der NAIRU würde nämlich auf Grund der gestiegenen Marktmacht der Arbeitnehmer einen inflationären Lohnkostendruck erzeugen. Die Argumentation der NAIRU passt eigentlich eher zur keynesianischen Inflationstheorie (vgl. den folgenden Unterpunkt), jedoch

Abbildung 3.1: Die kurzfristige und langfristige Phillips-Kurve

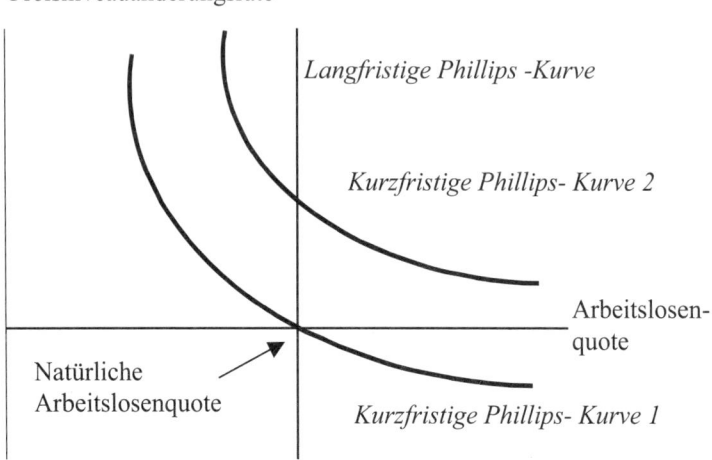

Friedman zufolge kann die Zentralbank kurzfristig die Arbeitslosigkeit allerdings sehr wohl reduzieren. Im Zentrum der Begründung steht die freilich fragwürdige Annahme, dass Arbeitnehmer sich schwerer tun, einen inflationären Prozess zu erkennen als Arbeitgeber (vgl. Friedman 1976). Unter dieser Bedingung kann die Zentralbank die Geldmenge und folglich das Preisniveau erhöhen. Die Unternehmen nehmen die Preiserhöhung wahr und bieten höhere Geldlöhne an, wobei die Geldlohnerhöhung hinter der Preisniveauerhöhung zurückbleibt. Im Ergebnis sinken die Reallöhne, was nach neoklassischer Sicht die Arbeitsnachfrage erhöht. Die Arbeitnehmer unterliegen dagegen einer Geldillusion, denn sie interpretieren die nominale Lohnerhöhung als eine reale, obwohl auf Grund inflationärer Prozesse ihre Reallöhne sinken. Auf Grund dieser Illusion bieten sie mehr Arbeit an. Im Ergebnis wandert die Ökonomie in der Abbildung 3.1 nach links oben entlang der kurzfristigen Phillips-Kurve 1. Der inflationäre Prozess hat die Arbeitslosigkeit reduziert. Damit erzeugt die Geldpolitik Wirkung auf die real ablaufenden Prozesse,

wird die NAIRU gleichwohl fälschlicherweise oftmals mit der natürlichen Arbeitslosenquote gleichgesetzt (vgl. beispielsweise Mankiw 1995).

Geld verliert seine Neutralität. Langfristig allerdings zerbricht die Geldillusion und die Ökonomie fällt auf ihr natürliches Niveau der Arbeitslosigkeit zurück.

Erzeugt eine Zentralbank eine permanent höhere Inflationsrate, dann
verschiebt sich die kurzfristige Phillips-Kurve nach oben und erreicht
beispielsweise die Phillipskurve 2. Nur durch eine Erhöhung der Inflationsrate kann nun wiederum eine Geldillusion mit sinkender Arbeitslosigkeit erzeugt werden. Führt eine Zentralbank die Inflationsrate zurück,
dann laufen die Prozesse umgekehrt. Beachtenswert ist, dass dann die
Arbeitslosenquote über ihr natürliches Niveau ansteigt. Vor diesem Hintergrund wird der Vorschlag einer konstanten Wachstumsrate der Geldmenge deutlich. Sowohl dysfunktionale Abweichungen von der natürlichen Arbeitslosenquote nach unten wie nach oben sollten vermieden
werden. Das beste Mittel gegen Geldillusion ist eine Geldmengenregel,
die eine stabile Preisniveauentwicklung erzeugen und Fehleinschätzungen der Wirtschaftssubjekte vermeiden soll.

Methodisch begibt sich diese Argumentation – unabhängig davon, für
wie plausibel man die angenommene langfristige Stabilität der Realsphäre und die langfristige Neutralität des Geldes nimmt – in turbulentes
Fahrwasser. Denn zum einen lässt sich nicht sinnvoll begründen, warum
bestimmte Gruppen der Gesellschaft – hier die Arbeitnehmer im Unterschied zu den Arbeitgeber zunächst einmal systematisch den Einfluss der
Inflation auf ihr Einkommen fehldeuten sollten. Zum anderen bleibt unklar, warum die kurzfristigen realen Effekte nicht auch die Entwick-
lungspfade in die Zukunft beeinflussen sollten. Denn hat die Geldpolitik
kurzfristig reale Effekte, dann hat sich die reale Welt verändert und das
ursprüngliche langfristige Gleichgewicht kann nicht mehr erreicht werden.[43] Dann aber ist Geld in keiner Frist mehr neutral.

Vor dem Hintergrund dieser Probleme haben Lucas und andere die
Neuklassik entwickelt, die als Reaktion auf die methodischen Schwächen
des Phillips-Kurven-Monetarismus interpretiert werden kann (vgl. Kasten
3.2). Sie argumentieren, dass die Phillips-Kurve immer eine Vertikale ist.
Zwar wird die vertikale Phillips-Kurve durch Schocks in der Produktivität oder veränderte Präferenzen der Wirtschaftssubjekte hin- und her

---

[43] Es war schon Walras (1926, erste Ausgabe 1874), einem der Begründer der Neoklassik, klar, dass ein Gleichgewicht nur erreicht werden kann, wenn die Wirtschaftssubjekte erst im Gleichgewicht handeln. Handeln sie im Ungleichgewicht,
dann verschiebt sich das Gleichgewicht laufend.

springen, dies ändert jedoch nichts an der Vertikalität der Kurve.[44] Geld
ist nach dieser Sichtweise auch kurzfristig ohne systematische Wirkung
auf die Realsphäre und damit auf die Arbeitslosenquote.

Das theoretische Argument, das hinter dieser Super-Neutralität des
Geldes steht, besagt, dass Wirtschaftssubjekte sich von geldpolitischen
Aktionen der Zentralbanken nicht täuschen lassen. Sie haben rationale
Erwartungen, das heißt, sie durchschauen geldpolitische Aktionen und
nehmen diese sofort in ihre Kalküle auf. In diesem Modell interpretieren
die Wirtschaftssubjekte die Geldpolitik der Zentralbank entsprechend der
Quantitätstheorie des Geldes, sodass die Erwartungen mit dem Ergebnis
der Quantitätstheorie identisch sind. Geld bleibt dann ein Schleier über
der Realsphäre, der keinerlei systematische reale Wirkungen hat.

Die Neuklassik und rationale Erwartungen
Die methodischen Grundlagen des neuklassischen Ansatzes bilden die Annahme sofortiger Markträumung und rationaler Erwartungen. Sofortige
Markträumung bedeutet, dass alle Märkte immer in ihr Gleichgewicht springen, es somit eine temporäre Überschussnachfrage oder ein temporäres Überschussangebot nicht geben kann. Rationale Erwartungen, die auf Muth
(1961) zurückgehen, unterstellen, dass Wirtschaftssubjekte bei ihrer Erwartungsbildung alle verfügbaren Informationen benutzen und diese im Rahmen
eines theoretischen Modells deuten. Soweit würde jeder Ökonom zustimmen.
Die entscheidende Annahme ist nun aber, dass alle Wirtschaftssubjekte bei
der Erwartungsbildung das gleiche ökonomische Modell benutzen und deshalb bei gleichem Informationsstand die gleichen Erwartungen haben. Als
Modell, das die Wirtschaftssubjekte in unserem Zusammenhang benutzen,
wird die Quantitätstheorie des Geldes unterstellt. Die Neuklassik geht somit
davon aus, dass die Erwartungen aller Wirtschaftssubjekte mit den Ergebnissen des eigenen Modells identisch sind. Rationale Erwartungen sind somit
modellgegebene Erwartungen. Erfahren beispielsweise die Wirtschaftssubjekte, dass die Zentralbank die Geldmenge verdoppelt, so erwarten sie – entsprechend der Quantitätstheorie des Geldes – unmittelbar auch eine Verdopplung aller Preise. Auf Grund der beständigen Markträumung springt die
Ökonomie sofort in ihr neues Gleichgewicht mit dem höheren Preisniveau.
Folglich kann die Ökonomie sich nur entlang der vertikalen Phillips-Kurve in
Abbildung 3.1 bewegen.

---

[44] Reale Schocks führen nicht nur zu Schwankungen in der natürlichen Arbeitslosenquote, sondern auch im Produktionsvolumen. Es kommt dann zu so genannten
realen Konjunkturzyklen (vgl. Lucas 1981).

Geldpolitik, die irgendeiner Regel folgt, wird somit von den Wirtschaftssubjekten durchschaut. Ausschließlich rein zufällig betriebene Geldpolitik, die nicht erwartet werden kann, kann störend auf die Ökonomie wirken. Zufällig betriebene Geldpolitik ist jedoch nicht in der Lage, die Arbeitslosenquote systematisch zu beeinflussen. Insoweit sind auch Neuklassiker für eine regelgebundene Geldpolitik. Die konkrete Regel ist jedoch zweitrangig. Die Wachstumsrate der Geldmenge könnte auch in irgendeiner Form an die Wachstumsrate des Sozialproduktes gekoppelt werden, sodass die Geldmenge stärker wächst, wenn das Wirtschaftswachstum nachlässt und langsamer, wenn er steigt.

Der Ansatz rationaler Erwartungen ist zwar in sich methodisch konsistent, jedoch gleichzeitig alles andere als plausibel. Erstens: Die eingeführten Erwartungen verschwinden implizit wieder aus dem Modell, da Modellresultat und Erwartungen der Wirtschaftssubjekte als identisch gesetzt werden. Zweitens: Es widerspricht jeglicher wirtschaftshistorischer und -politischer Erfahrung, dass alle Wirtschaftssubjekte an das gleiche Modell glauben. Selbst unter den professionellen Ökonomen gibt es keine Einigkeit über das relevante ökonomische Modell – geschweige denn unter den Nicht-Ökonomen, die gänzlich andere Vorstellungen über ökonomische Geschehnisse haben können, als etwa Neoklassiker oder Keynesianer.

Die Frage, ob die Geldpolitik tatsächlich längerfristig keinen Einfluss auf die Realsphäre – also auf das Investitionsverhalten und folglich auf das Wirtschaftswachstum – ausüben kann, soll weiter unten diskutiert werden.[45]

Auch wenn außenwirtschaftliche Beziehungen in die Analyse einbezogen werden, bleiben die dargestellten Zusammenhänge zwischen Geldmengen- und Preisniveauentwicklung grundsätzlich erhalten. Denn bei flexiblen Wechselkursen passt sich der Wechselkurs so an, dass er Differenzen bei den Inflationsraten zwischen den Ländern ausgleicht. Bei festen Wechselkursen kann eine Zentralbank zwar die Kontrolle über die Geldmenge verlieren, die Folgen einer außer Kontrolle geratenen Geld-

---

[45] Bekannte Vertreter der Neuklassik sind Lucas (1973), (1976), (1981) oder Sargent/Wallace (1976). Zur Kritik vgl. Shiller (1978), Heilbronner/Milberg (1995) oder Palley (1996). Eine ausführliche Darstellung findet sich bei Heine/Herr (2003), Kapitel 3.4.

mengenentwicklung entsprechen allerdings wiederum der Quantitätstheorie.[46]

3.2 Die keynesianische Interpretation der Quantitätsgleichung

Es wurde weiter oben darauf hingewiesen, dass die Quantitätsgleichung eine Tautologie ist, die immer stimmt. Zur Theorie wird sie erst durch eine spezifische ökonomische Interpretation, wie sie etwa die Quantitätstheorie vorgenommen hat. Eine gänzlich andere Deutung der Quantitätsgleichung hat Keynes in seinem zweiten Hauptwerk „Vom Gelde" (Keynes 1930) vorgelegt.[47] Hier hat er die so genannten Grundgleichungen für den Wert des Geldes herausgearbeitet, mit denen er zeigen konnte, wodurch das Preisniveau seiner Ansicht nach determiniert wird. Auf den Zusammenhang mit der Quantitätsgleichung kommen wir weiter unten zurück. Wir betrachten zuerst die Erklärung von Inflation und Deflation in einer geschlossenen Volkswirtschaft und gehen danach auf die Auswirkungen außenwirtschaftlicher Aspekte ein.

Aus den volkswirtschaftlichen Gesamtrechnungen lässt sich – ähnlich der Quantitätsgleichung – die folgende tautologische Grundgleichung für den Wert des Geldes ableiten:[48]

$$P = \frac{W}{Y_r} + \frac{i \cdot PV}{Y_r} + \frac{I - S_H}{Y_r} \tag{3}$$

In dieser Gleichung stehen Y_r für das reale Sozialprodukt, W für die von den Unternehmen zu zahlende Lohnsumme in einer Volkswirtschaft, i für den Zinssatz und PV für das eingesetzte Produktivvermögen der Unternehmen, sodass $i \cdot PV$ die Zinskosten wiedergibt. Der Einfachheit halber soll unterstellt werden, dass die Unternehmen nur mit Fremdkapital arbeiten. Alternativ könnte unterstellt werden, dass die Verwertung des Ei-

---

[46] Bei flexiblen Wechselkursen kommt die Kaufkraftparitätentheorie zum Zuge, bei festen die Zahlungsbilanztheorie.

[47] Sein bekanntestes Werk ist die „General Theory" (Keynes 1936).

[48] Eine detaillierte Ableitung und Diskussion findet sich bei Heine/Herr (2003), Kap. 4.5; vgl. auch Riese (1986).

genkapitals durch den Zinssatz gegeben wird.[49] Des Weiteren steht I für die (Netto-) Investitionen und S_H für die Ersparnisse der Haushalte. Das erste Glied der rechten Seite der Gleichung stellt die volkswirtschaftlichen Lohnstückkosten dar, das zweite Glied die Zinsstückkosten. Lohn- und Zinsstückkosten ergeben die Stückkosten.

Die Lohnstückkosten lassen sich noch präzisieren, indem Zähler und Nenner durch die Anzahl der Arbeitsstunden (H) dividiert werden, sodass sich $\dfrac{\frac{W}{H}}{\frac{Y_r}{H}}$ ergibt. $\dfrac{W}{H} = w$ gibt den gesellschaftlich durchschnittlichen nominalen Stundenlohn und $\dfrac{Y_r}{H} = \pi$ die durchschnittliche Arbeitsproduktivität an, sodass die Lohnstückkosten durch das Verhältnis von Stundenlohn und Arbeitsproduktivität definiert sind.[50] Wird das gleiche Verfahren für das zweite Glied der rechten Seite der Gleichung durchgeführt, so ergibt sich $\dfrac{\frac{PV}{H}}{\frac{Y_r}{H}}$. Da $\dfrac{PV}{H} = \Psi$ die Kapitalintensität darstellt und $\dfrac{Y_r}{H} = \pi$ ist, folgt:

$$P = \frac{1}{\pi}(w + i\Psi) + \frac{I - S_H}{Y_r} \qquad (4)$$

Auf dieser Basis lassen sich die unterschiedlichen Elemente, die zu Preisniveauerhöhungen führen, aufzeigen. Steigen die durchschnittlichen Stundenlöhne schneller als die durchschnittliche Arbeitsproduktivität, so erhöhen sich – unter ansonsten gleich bleibenden Bedingungen – die

---

[49] Der Zinssatz bestimmt damit opportunitätskostentheoretisch im Gleichgewicht die Verwertungsrate von Eigenkapital. Ohne Probleme könnte auch eine höhere Verwertungsrate für Eigenkapital angenommen werden. Allerdings müssen dann, eher in der Tradition von Kalecki, zur Bestimmung des Mark-Ups über den Zinssatz bestimmte Annahmen über den Monopolisierungsgrad der Ökonomie getroffen werden. Auch Risikoaufschläge könnten in Anwendung kommen. Ein analytischer Gewinn ist durch eine solche Komplizierung nicht zu erzielen.

[50] Die Lohnkosten umfassen alle Kosten, welche die Unternehmen für Arbeit bezahlen müssen. Also neben den Bruttolöhnen vor allem auch die Arbeitgeberanteile zur Sozialversicherung.

Lohnstückkosten, was dann zur *Lohninflation* führt. Auch eine Erhöhung
der Zinskosten führt, ansonsten gleiche Bedingungen unterstellt, zu einer
Erhöhung des Preisniveaus. Die Kapitalintensität wird durch die Auswahl
der verfügbaren Techniken bestimmt. Stundenlohn, Produktivität, Zinssatz und Kapitalintensität bringen die gesellschaftliche Kostenstruktur
der Produktion zum Ausdruck. Steigt dieser Wert, so handelt es sich um
eine *Kosteninflation* und im umgekehrten Fall um eine *Kostendeflation*.
Die Kosten der Unternehmen entsprechen den Einkommen der Haushalte. So führt die Auszahlung der Löhne zu Einkommen bei den Arbeit-
nehmern und die Zinszahlungen zu Zinseinnahmen der Geldgeber. Aus
diesem Grunde kann bei Kosteninflation und -deflation auch von *Ein-
kommensinflation* beziehungsweise *-deflation* gesprochen werden.

Es wird somit davon ausgegangen, dass Unternehmen ihre Preise erhöhen müssen, wenn die Preise die Kosten nicht decken. Misslingt dieser
Versuch, so werden Unternehmen perspektivisch Pleite gehen, bis den
verbliebenen eine Überwälzung gelingt. Umgekehrt wird angenommen,
dass Kostensenkungen über den Wettbewerbsdruck in Preissenkungen
münden.[51] Ein Aufschlag der Kosten auf die Preise gelingt nur, wenn alle
Unternehmer gleich betroffen werden. Dies ist beispielsweise bei allgemeinen Lohnerhöhungen der Fall. Sie sind insofern mit einer Mehr-
wertsteuererhöhung vergleichbar, die auch überwälzt wird.

Bei kosteninduzierten Änderungen des Preisniveaus spielt die Entwicklung der Lohnstückkosten die entscheidende Rolle, auch wenn pro-
zentual nur einen geringen Anteil an den gesamten Kosten ausmachen.
Da Lohnveränderungen aber auch die Preise der Vorprodukte und damit
auch die Preise des eingesetzten Produktivvermögens verändern, durch-
ziehen sie die gesamte Volkswirtschaft. Mit Hilfe der obigen Gleichun-
gen kann gezeigt werden, dass eine Erhöhung der Lohnstückkosten zu
einer gleichgroßen Erhöhung des Preisniveaus führt, wenn von außenwirtschaftlichen Zusammenhängen zunächst abgesehen wird (vgl. Heine/
Herr 2003, Kapitel 4.5). Auch Veränderungen der Zinssätze führen zu
Kosten- und Preisniveauveränderungen. Da Zinssätze aber faktisch nie
kumulativ schwanken, lösen ihre Veränderungen keine kostenbedingten
Inflations- und Deflationswellen aus. Sie wirken stattdessen stark auf das

---

[51] Dies gilt auch bei vermachteten Märkten, auf denen die Preise nicht den Kosten
entsprechen müssen. Denn selbst ein Monopol wird bei sinkenden Grenzkosten die
Preise senken und sie bei steigenden Grenzkosten erhöhen.

dritte Glied der Gleichung. Denn beispielsweise wird eine Zinssatzerhöhung die Investitionen verringern. Damit wird das dritte Glied der Gleichung negativ. Nur langfristige Veränderungen des Zinssatzniveaus schlagen sich auf das Preisniveau nieder.

In einer noch weiter ausdifferenzierten Analyse könnten noch andere Kosten berücksichtigt werden, wie etwa Steuern und andere staatliche Abgaben. So führen Mehrwert- oder Mineralölsteuererhöhungen bekanntlich unmittelbar zu einem Preisniveauschub.

Inflations- und Deflationsprozesse sind in letzter Instanz immer mit Lohn-Preis-Spiralen verbunden, wobei es gleichgültig ist, ob Preisniveauänderungen ursächlich durch eine Veränderung der Lohnstückkosten oder durch andere Faktoren angestoßen werden. Denn der Kern von Inflationsprozessen besteht darin, dass Löhne das Preisniveau erhöhen und Preisniveauerhöhungen wieder zu Lohnerhöhungen führen.

Nun zeigen empirische Korrelationen keine Kausalprozesse auf, gleichwohl ist es bemerkenswert, wie eng die Beziehung zwischen der Entwicklung der Lohnstückkosten und der des Preisniveaus in Abbildung 3.2 ist. Deutlich wird auch, dass in den 1970er Jahren die Lohnstückkosten deutlich schneller gestiegen sind als in den Dekaden danach. Zuletzt sanken die Lohnstückkosten sogar, was deflationäre Gefahren signalisiert.

Kommen wir zum letzten Glied der Bestimmungsgleichung des Preisniveaus. Hier handelt es sich nicht um eine Kostenkomponente. Ist das letzte Glied der obigen Gleichung positiv, so ergibt sich eine *Nachfrageinflation*, ist es negativ, folgt eine *Nachfragedeflation*. Denn immer dann, wenn $I > S_H$ ist, ist die Gesamtnachfrage auf den Gütermärkten größer als das Angebot. Ist das Produktionsvolumen auf Grund ausgelasteter Kapazitäten gegeben, dann steigt in diesem Fall das Preisniveau. Sind die Haushaltsersparnisse größer als die Investitionen, dann resultiert daraus ein Überschussangebot auf den Gütermärkten und eine Nachfragedeflation. Insofern drückt das dritte Glied der Gleichung ein Ungleichgewicht auf dem Gütermarkt aus.[52]

---

[52] Da $I - S_H$ den unausgeschütteten Gewinnen der Unternehmen entspricht, kann bei $I > S_H$ von einer *Gewinninflation* und bei $I < S_H$ von einer *Gewinndeflation* gesprochen werden. Gewinne und Verluste sind dann auch die Größen, die ein ex-ante Ungleichgewicht zwischen Investitionen und Ersparnissen in ein Gleichgewicht expost bringen.

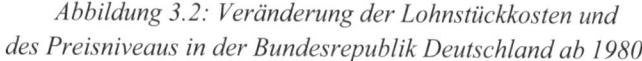

Abbildung 3.2: Veränderung der Lohnstückkosten und
des Preisniveaus in der Bundesrepublik Deutschland ab 1980

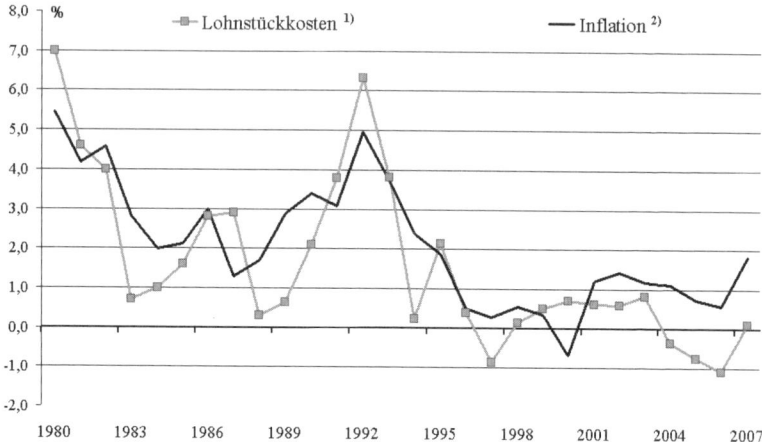

[1]*Löhne: Stundenlöhne im verarbeitenden Gewerbe,* [2]*BIP-Deflator*
Quelle: Statistisches Bundesamt, Genesis Online; Europäische Kommission,
Ameco Datenbank 2008

Dies lässt sich mit Hilfe einer einfachen Kreislaufbetrachtung veranschaulichen (vgl. Abbildung 3.3). Wenn wir im Interesse einer Vereinfachung vom Staat und vom Ausland zunächst absehen, dann entspricht
das produzierte Sozialprodukt Y_r (beispielsweise in Höhe von 1000
Geldeinheiten) dem Einkommen der Produktionsfaktoren. Denn zur Erstellung der Güter im Wert von 1000 Geldeinheiten müssen die benötigten Arbeitskräfte bezahlt werden. Des Weiteren entstehen Zinszahlungen
an die Geldgeber, Mietzahlungen an die Vermieter von Gewerberäumen,
Gehaltszahlungen an die Unternehmensleitung usw. Ein Teil dieser Einkommen wird von den Haushalten konsumiert (hier 900 Geldeinheiten)
und der andere Teil gespart (100 Geldeinheiten). Ist die Konsumnachfrage die einzige Nachfragekomponente, dann stehen dem Angebot von
1000 Geldeinheiten 900 als Nachfrage gegenüber. Das Angebot ist größer als die Nachfrage, weil $S_H > I$ ist. Falls allerdings die geplanten
Investitionen zufällig den gleichen Wert wie die geplanten Ersparnisse
der Haushalte annehmen, stimmen Angebot und Nachfrage auf dem
Gütermarkt überein, sodass $I = S_H$ wird. Werden Staat und Ausland ein-

bezogen, so kann eine mögliche Nachfragelücke durch Exporte oder durch eine staatliche Nachfrage im Prinzip geschlossen werden.

Eine Anmerkung über die Preisniveaueffekte bei Ungleichgewichten auf dem Gütermarkt ist hier notwendig. Gibt es unausgelastete Kapazitäten, dann wird eine Nachfrageerhöhung zu einer Ausdehnung der Produktion führen. Dies war faktisch die Unterstellung bei Keynes (1936) in der „General Theory". Sind die Kapazitäten dagegen ausgelastet, dann wird eine Zunahme der Nachfrage Preisniveaueffekte erzeugen. Dies ist die Annahme von Keynes in seinem Buch „Vom Gelde" (Keynes 1930) und den Grundgleichungen für den Wert des Geldes. In vielen historischen Situationen wird eine Nachfrageerhöhung sowohl Preis- als auch Mengeneffekte zeitigen – beispielsweise weil in einigen Branchen die Kapazitäten ausgelastet sind und andere noch Reserven haben. Bei einer Abnahme der aggregierten Nachfrage wird es gleichzeitig zu negativen Preis- und Mengeneffekten kommen. Wie die Aufteilung zwischen Preis- und Mengeneffekten ausfällt, hängt somit von der jeweiligen historischen Lage der Ökonomie ab und kann nicht allgemein beantwortet werden.

Abbildung 3.3: Einfaches Kreislaufmodell

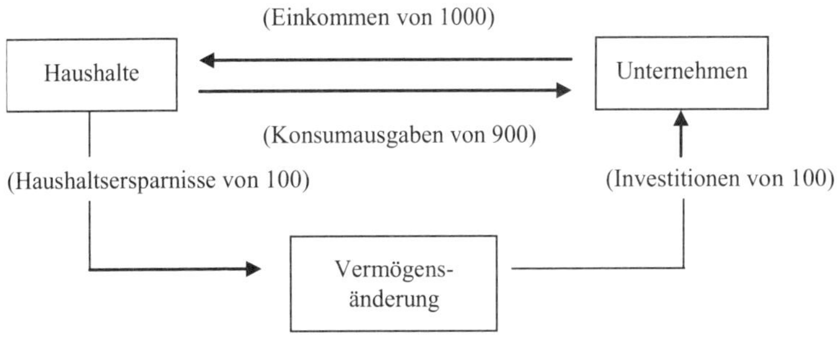

(Einkommen von 1000)

Haushalte ⟵⟶ Unternehmen

(Konsumausgaben von 900)

(Haushaltsersparnisse von 100)   (Investitionen von 100)

Vermögens-änderung

Erhöht sich in unserem Beispiel die Investitionsnachfrage auf 200 Geldeinheiten und ist die Gütermenge gegeben, dann ergibt sich eine Überschussnachfrage und das Preisniveau erhöht sich um 10 Prozent. Ein solcher Fall ist durchaus möglich, da die Investitionsnachfrage der Unternehmen nicht durch Ersparnisse finanziert werden muss. So können die Banken mit Hilfe der Zentralbank eine Kreditnachfrage der Unternehmen befriedigen. Jedoch können auch Haushalte, die kurzfristige Bankeinlagen halten, Aktien und Wertpapiere von Unternehmen kaufen und letzteren damit finanzielle Mittel zur Verfügung stellen. Da sich Löhne und Zinszahlungen in dem Beispiel nicht verändert haben, schwemmen sich bei den Unternehmen zwingend unausgeschüttete Gewinne in Höhe von 100 Geldeinheiten an. Die beschriebenen Zusammenhänge hat Kaldor (1976, S. 122) so auf den Punkt gebracht: „Kapitalisten verdienen was sie ausgeben, Arbeiter geben aus, was sie verdienen." Man könnte noch anfügen, dass erstere reich werden, indem sie Geld ausgeben und letztere, indem sie Einkommen sparen. Fazit: Wenn der Unternehmenssektor hohe Investitionsausgaben tätigt, dann schafft er sich hohe Gewinne, fahren jedoch die Unternehmen die Investitionen zurück, dann bereiten sie sich gegenseitig Verluste.[53]

Wird ein Gütermarktgleichgewicht, also $I = S_H$ unterstellt, so wird das Preisniveau einer Volkswirtschaft allein durch deren Kostenstruktur determiniert – und zwar unabhängig vom Produktionsvolumen.[54] Mit dieser Annahme können wir zur Quantitätsgleichung und deren Interpretation durch Keynes zurückkommen. Um den entscheidenden Unterschied zwischen keynesianischer und neoklassischer Inflationstheorie herauszustellen, kann die Gleichung 4 in die Gleichung 1 eingefügt werden. Wir wollen, wie gesagt, zudem zur Vereinfachung unterstellen, dass ein Gütermarktgleichgewicht mit $I = S_H$ besteht. Werden dann beide Seiten der Gleichung 1 durch v dividiert, ergibt sich:

$$M = \frac{Y_r \cdot (w + i \cdot \Psi)}{\pi \cdot v} \qquad (5)$$

Verändert sich einer der Faktoren auf der rechten Seite der Gleichung 5, dann ändert sich unter sonst gleichen Bedingungen die Geldmenge. Erhöht sich beispielsweise das reale Sozialprodukt oder der Lohnsatz, dann steigt auch die Geldmenge. Erhöht sich die Arbeitsproduktivität oder die Umlaufgeschwindigkeit des Geldes, dann sinkt sie. Die Geldmenge passt sich somit der Ökonomie endogen an, ist Reflex inflationärer oder deflationärer Prozesse und nicht deren Verursacher. Beachtenswert ist, dass die Stabilität der Umlaufgeschwindigkeit des Geldes, die bei der Quanti-

---

[53] Ähnlich argumentieren Schumpeter (1926) und Keynes (1930).
[54] Wir sehen von zweitrangigen Kosteneffekten ab, die sich durch spezifische Skaleneffekte oder das Ertragsgesetz ergeben.

tätstheorie eine Achillesferse der Argumentation darstellt, hier gleichgültig ist.[55]

Wie lässt sich die Endogenität des Geldes erklären? Angenommen, das Preisniveau steigt auf Grund einer Lohn-Preis-Spirale. Dann steigen selbstverständlich auch die Preise für Arbeitsleistungen, Vorleistungs- und Investitionsgüter. Wollen Unternehmen außerdem bei einem gestiegenen Preisniveau die gleiche reale Kasse halten, dann müssen sie nominal eine höhere Geldmenge nachfragen. Alle diese Faktoren führen dazu, dass die Unternehmen nominal größere Kredite aufnehmen. Folglich müssen sich die Geschäftsbanken höher bei der Zentralbank verschulden und die Zentralbankgeldmenge steigt endogen. Bedient die Zentralbank die gestiegene Geldnachfrage, indem sie die Refinanzierungszinssätze für die Banken unverändert lässt, so erhöht sich die Geldmenge: Das steigende Preisniveau hat einen Anstieg der Geldmenge bewirkt.[56]

Selbstverständlich werden funktionierende Zentralbanken einer inflationären oder deflationären Entwicklung nicht tatenlos zusehen. Allerdings müssen sie dann die Faktoren, die das Preisniveau erhöhen, zu beeinflussen suchen, also vor allem die Lohnentwicklung. Diese Größe können sie freilich nicht direkt steuern. Inflationäre Entwicklungen können auch nicht unmittelbar durch eine Geldmengenverknappung bekämpft werden, sondern nur indirekt über eine Erhöhung der Zinssätze. Im anderen Fall kämen Zentralbanken in Konflikt mit ihrer Funktion als Lender of Last Resort.

Bekämpft eine Zentralbank eine mit einer Lohn-Preis-Spirale einhergehende Inflation, wird sie ihren Refinanzierungszinssatz und damit schließlich die Verleihzinssätze der Geschäftsbanken erhöhen. Dies führt zu einem Rückgang der Investitionen (und sicherlich auch zu einem Rückgang der Nachfrage nach langlebigen Konsumgütern wie privat genutzte Immobilien etc.) und schließlich der Gesamtnachfrage. Das Angebot wird größer als die Nachfrage und eine Nachfragedeflation entsteht. In Gleichung 5 wird sich das reale Produktionsvolumen (Y_r) reduzieren.

---

[55] Kaldor (1985) betont, dass die Umlaufgeschwindigkeit am stabilsten ist, wenn die Zentralbank den Geldbedarf des Bankensystems gut abschätzen kann. Würde eine Zentralbank eine Mengenkontrolle beim Geldangebot anstreben, würde sie die Umlaufgeschwindigkeit des Geldes destabilisieren.

[56] Joan Robinson (1938) hat diesen Aspekt vor vielen Jahren für die Hyperinflation 1923 in Deutschland sehr eindrucksvoll im Rahmen einer Buchbesprechung herausgearbeitet.

Dies führt wiederum zu steigender Arbeitslosigkeit, die zu gemäßigteren Lohnabschlüssen und einem geringeren Wachstum der Stundenlöhne (w) in Gleichung 5 führt. Steigt das Preisniveau nicht mehr oder steigt es zumindest weniger schnell, dann wird die Rate des Geldmengenwachstums oder unter Umständen auch die Geldmenge abnehmen.

Die Abbildung 3.4 verdeutlicht diese Zusammenhänge. Sie zeigt, dass die Zentralbank mit Hilfe ihrer Zinssatzpolitik die Verleihzinsen der Geschäftsbanken nach oben zu treiben in der Lage ist. Nachfragedeflation, Reduktion des realen Produktionsvolumens und abnehmende Lohnerhöhungen wirken sich dann reduzierend auf das Geldmengenwachstum aus.

Abbildung 3.4: Inflationsbekämpfung der Zentralbank

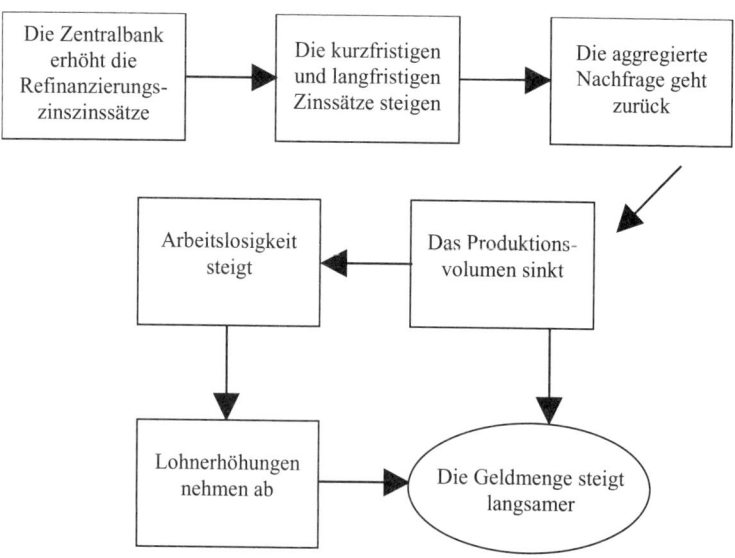

Inflationsbekämpfung ist somit für Gesellschaften ökonomisch und sozial teuer, da Zentralbanken hierzu eine so genannte Stabilisierungskrise einleiten müssen. Typischerweise entwickeln sich inflationäre Prozesse so, dass nach einer Phase mengenmäßiger Ausdehnung der Produktion und Beschäftigung mehr und mehr Branchen an Kapazitätsgrenzen stoßen und die Preise erhöhen. Bei steigenden Preisen, steigenden Unternehmergewinnen, steigender Beschäftigung und – wegen des Inflationsschubs – sinkenden Reallöhnen ist es für eine Ökonomie schwierig, eine Preis-Lohn-Preis-Spirale zu unterbinden. Entwickelt sich eine solche Spirale, dann kann die Kombination von Nachfrage- und Kosteninflation schnell zu Inflationsraten führen, die von der Zentralbank nicht mehr akzeptiert werden können. Es ist zwar eine wirtschaftspolitische Ermessenssache, ab wann eine Zentralbank gegensteuert, jedoch führt kein Weg daran vorbei, dass die Geldpolitik letztlich restriktiv mit Zinssatzerhöhungen eingreifen muss (vgl. Riese 1986). Zwar mag eine Zentralbank bei den Zinserhöhungen vorsichtig vorgehen, um eine „weiche Landung" der Konjunktur zu erreichen, jedoch gelang dies Zentralbanken nicht allzu oft.

Die Abbildung 3.5 zeigt, dass in Deutschland zumindest seit 1970 steigende Geldmarktzinssätze den konjunkturellen Einbrüchen regelmäßig vorangingen. Schnell steigende Zinssätze zeigen Phasen restriktiver Geldpolitik an. Die Deutsche Bundesbank betrieb restriktive Geldpolitik in den Jahren 1973/1974, 1980/81 und 1991/92, jeweils mit dem Resultat einer scharfen konjunkturellen Krise. Die Ursachen für die restriktive Geldpolitik waren spezifisch. Anfang der 1970er Jahre geriet die Lohnentwicklung in Deutschland außer Kontrolle und eine Lohn-Preis-Spirale begann sich zu drehen. 1980/81 sah sich die Bundesbank genötigt, eine Währungsschwäche der D-Mark gegenüber anderen europäischen Währungen hart zu bekämpfen und 1991/92 drosselte sie eine leicht inflationäre Entwicklung, die sich auf Grund relativ deutlicher Lohnerhöhungen und einer überhitzenden Konjunktur ergeben hatte. Auch vor der Krise 2001/02 stiegen die Geldmarktzinssätze an, jedoch deutlich moderater als in den Krisen davor. Dieser konjunkturelle Einbruch verdeutlicht, dass es nicht immer nur die Geldpolitik sein muss, die einen Einbruch erzeugt. Die Investitionstätigkeit kann auch durch einen Umschwung der Erwartungen der Unternehmen zusammenbrechen (vgl. Keynes 1936).

Das Muster, wonach konjunkturelle Abschwünge durch eine restriktive Geldpolitik eingeleitet werden, gilt auch für die USA, wie insbesondere Romer/Romer (1989) in eindrucksvoller Weise zeigen konnten.

Betrachten wir den Fall einer Lohndeflation, also eine Situation, in der die nominalen Löhne langsamer steigen als die Produktivität oder gar sinken. Aus der obigen Analyse ergibt sich, dass es einer Zentralbank misslingen kann, eine Deflation zu bekämpfen und die Geldmenge zu erhöhen. Die Zentralbank kann die Refinanzierungszinssätze im Extremfall auf null senken.[57]

Abbildung 3.5: Die Entwicklung der kurzfristigen Zinssätze und der konjunkturellen Entwicklung in Deutschland

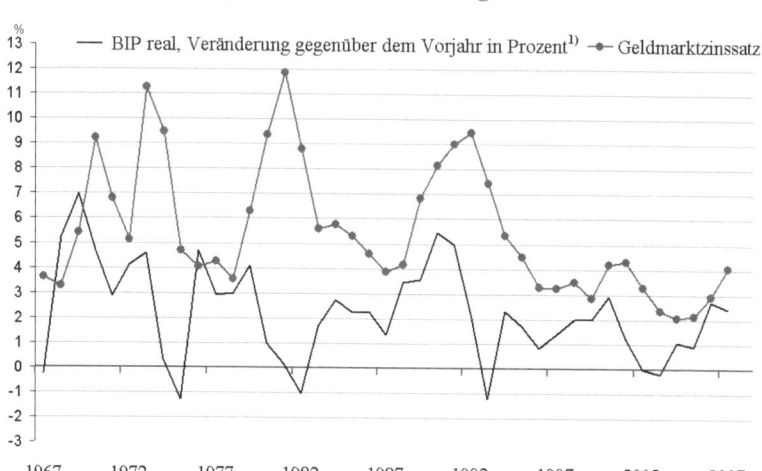

[1] *Daten für 1991 aufgrund der deutschen Einigung geglättet*
[2] *durchschnittlicher monatlicher Tageszins im Jahresdurchschnitt*
Quelle: IMF, WEO, 2008; Deutsche Bundesbank, Zeitreihendatenbank 2008

Dann werden auch die kurzfristigen Zinssätze nahe bei null liegen. Die erste Hürde der Geldpolitik besteht dann aber darin, auch die langfristigen Zinssätze ausreichend sinken zu lassen. Auf diese hat sie nur begrenzten, indirekten Einfluss. Aber selbst wenn alle Zinssätze sich im Extremfall auf null reduzieren lassen, bleibt es eine offene Frage, ob eine Erhöhung der Investitionsnachfrage und/oder der Konsumnachfrage erreicht werden kann. Möglicherweise ist das Vertrauen in die Zukunft so schlecht, dass der Zinssatzimpuls der Zentralbank verpufft. So können Geschäftsbanken aus Angst vor Vermögensverlusten durch Kredite, die

---

[57] Theoretisch kann sie auch negative Zinssätze verlangen, was faktisch nie vorkommt. Bei einer scharfen Deflation helfen nämlich nicht einmal negative Zinssätze, da die Banken zu Recht Sorgen haben müssen, dass die Kredite von den Unternehmen nicht bedient werden. Rational sind dann Kreditrationierungen (vgl. Stiglitz/Greenwald 2003)

nicht zurückgezahlt werden, eine harte Kreditrationierung betreiben (vgl. Stiglitz/Greenwald 2003). Möglich ist auch, dass der Deflationsprozess schon so an Fahrt gewonnen hat, dass mit Hilfe der Geldpolitik keine expansiven Impulse mehr gesetzt werden können. Ist die (erwartete) Deflationsrate beispielsweise 10 Prozent und der Nominalzinssatz im Extrem bei null Prozent, dann liegt der Realzinssatz[58] bei 10 Prozent. Im historischen Durchschnitt liegen die Realzinssätze bei zwei bis drei Prozent. Man kann sich leicht vorstellen, dass ein Realzinssatz von 10 Prozent jegliche ökonomische Entwicklung unterdrückt. Deflationen weisen darüber hinaus noch weitaus zerstörische Effekte auf. Bei Altkrediten, die mit einem positiven Nominalzinssatz abgeschlossen wurden, steigt der Realzinssatz schlagartig an. Dadurch kommen Schuldner in eine unlösbare Schuldenfalle: Der Schuldendienst ist nominal fixiert, jedoch sinken nominal die laufenden Einnahmen – Umsatzerlöse bei Unternehmen und Einkommen bei Haushalten. Die Erhöhung der realen Schuldenlast während einer Deflation und das dadurch induzierte Zusammenbrechen von Unternehmen, Haushalten und letztlich auch Banken ist die Erklärung für die destruktive Macht großer Deflationen (vgl. dazu den klassischen Artikel von Irving Fisher (1933) über die Deflation in den Dreißigerjahren des letzten Jahrhunderts). Schließlich wird die Krise dadurch verschärft, dass Investitions- und Konsumgüterkäufe aufgeschoben werden, weil sinkende Preise es attraktiv machen, zu warten.

Vor diesem Hintergrund zeigt sich, dass die Macht von Zentralbanken asymmetrisch ist. Sie können eine Volkswirtschaft zwar durch immer schärfere Zinserhöhungen in eine Krise zwingen, sie aber nicht mit der gleichen Sicherheit wieder aus einer Krise herausführen. Insbesondere bei Deflationen kann eine Zentralbank die Kontrolle über das Preisniveau verlieren.

Demnach ist ein nominaler Geldlohnanker, der das Preisniveau einer Ökonomie stabilisiert, wünschenswert. Wird beispielsweise eine mittelfristige Inflationsrate von 2,5 Prozent als Ziel angestrebt und beträgt die Produktivitätserhöhung etwa 1,5 Prozent, dann muss das Niveau der nominalen Stundenlöhne um etwa 4 Prozent ansteigen, um einen Anker des Preisniveaus zu etablieren. Ein solcher Anker verhindert in Aufschwüngen, dass es schnell zu einer Lohn-Preis-Spirale kommt. Zentralbanken

---

[58] Der Realzinssatz ist definiert als nominaler Zinssatz minus der (erwarteten) Inflationsrate.

unterliegen dann nicht dem Zwang, einen Wachstumsprozess bereits frühzeitig mit Zinssatzerhöhungen zu stoppen. Vor allem hat ein Geld-lohnanker die Funktion, bei hoher Arbeitslosigkeit eine deflationäre Lohn-Preis-Spirale zu unterbinden. Die Rolle des Arbeitsmarktes für die Entwicklung der Geldlöhne und damit auch des Preisniveaus ist ein Bei-spiel dafür, dass Institutionen in Geldwirtschaften eine wichtige Rolle spielen. Denn verschiedene Länder haben verschiedene Institutionalisie-rungen auf dem Arbeitsmarkt gewählt, um ein Schwanken der Geldlöhne zu beschränken (vgl. Baher u.a 2002 oder Iversen 1999). Einen vollstän-dig liberalisierten Arbeitsmarkt gibt es nirgends auf der Welt, da dies den Funktionsbedingungen einer Geldökonomie widersprechen würde.

Die Rolle des Lohnniveaus für die ökonomische Entwicklung wird von keynesianisch geprägten Ökonomen gänzlich anders eingeschätzt als von Vertretern der Neoklassik. Während für den Keynesianismus die Ri-gidität des Geldlohnniveaus eine Voraussetzung für eine stabile Ökono-mie ist, ist sie für die Neoklassik eine Hürde für hohe Beschäftigung. Denn das Kredo der neoklassischen Ökonomie lautet Flexibilisierung und letztlich Absenkung der Löhne auf dem Arbeitsmarkt zur Erzielung von Vollbeschäftigung.

Die verschiedenen keynesianischen Strömungen
Es gibt nicht den Keynesianismus. Vielmehr haben sich im Gefolge der keynesianischen Werke verschiedene Strömungen herausgebildet (vgl. Herr 2001). Die bekannteste dieser Strömungen nach dem Zweiten Weltkrieg war die neoklassische Synthese. Hicks (1936) präsentierte eine „suggested inter-pretation" der Allgemeinen Theorie von Keynes in Form des so genannten IS-LM-Modells. Trotz schon deutlicher Unterschiede zum Originalwerk von Keynes kann das IS-LM-Modell in gewisser Weise noch dem keynesiani-schen Paradigma zugehörig gelten. Das Hickssche Modell ließ den Arbeits-markt unberücksichtigt und unterstellte ein gegebenes Preisniveau. Es waren Modigliani (1944), Klein (1947), Samuelson (1947 und 1948), Hansen (1953) und einige andere, vor allem amerikanische Ökonomen, welche dann die so genannte Neoklassische Synthese kreierten. In diesem Modell wird ein traditioneller neoklassischer Arbeitsmarkt dem IS-LM-Modell aufgepfropft, und das Preisniveau wird durch die Quantitätstheorie des Geldes erklärt. Die Neoklassische Synthese (von Joan Robinson wenig freundlich als Bastard-Keynesianismus bezeichnet) vertritt vier Grundaussagen:

– Bei flexiblen Preisen und Löhnen führt das Modell immer zu neoklassischen Ergebnissen, und der keynesianische Teil des Modells verschwindet.

– Das langfristige Gleichgewicht wird durch die neoklassische Seite des Modells präsentiert. Langfristig findet der Markt auch zu seinem langfristigen Gleichgewicht. Die Zeitdauer kann jedoch zu lange sein, um dem Markt den Prozess alleine zu überlassen. Langfristig ist Geld neutral.

– Als kurzfristige Störfaktoren, die ein schnelles Erreichen des langfristigen Gleichgewichts verhindern, werden Rigiditäten von Löhnen und Preisen und ungünstige Verhaltensweisen (Elastizitäten) genannt. Die wichtigste Rigidität ist die Starrheit der Löhne, die wichtigsten ungünstigen Verhaltensweisen sind die Liquiditätsfalle (die Zentralbank kann den Zinssatz nicht senken) und die Investitionsfalle (die Investitionen steigen nicht bei sinkenden Zinssätzen).

– Eine Erhöhung der Inflation senkt bei starren Geldlöhnen die Reallöhne und erhöht die Beschäftigung. Hier taucht die Annahme einer stabilen Phillips-Kurve auf, die von Friedman und anderen Monetaristen hart angegriffen wurde. Denn bei der Neoquantitätstheorie war die Phillips-Kurve nicht stabil, und bei der Neuklassik gab es keinen Trade-Off zwischen Preisniveauentwicklung und Beschäftigung. Bei der Liquiditäts- und Investitionsfalle versagt Geldpolitik, und Fiskalpolitik wird zur geeigneten Wirtschaftspolitik. Auch an diesem Punkt sind die Monetaristen, die an die kurzfristige Wirkung der Geldpolitik glaubten, gegen die Fiskalisten der Neoklassischen Synthese „ins Feld gezogen".

Die Neoklassische Synthese wurde nach Angriffen des traditionellen Monetarismus und der Neuklassik ab den Siebzigerjahren des vergangenen Jahrhunderts in den Hintergrund gedrängt. In den Neunzigerjahren gab es eine Wiederbelebung der Neoklassischen Synthese auf geändertem methodischen Fundament in der Form des Neu-Keynesianismus (vgl. Heine/Herr 2003a). Ökonomen wie Gordon (1990), Mankiw (1990) oder Romer (1998) versuchten, die Preis- und Lohnrigiditäten, die in der Neoklassischen Synthese als evident und nicht weiter begründungsbedürftig angenommen wurden, mikroökonomisch aus dem Optimierungsverhalten der Wirtschaftssubjekte zu erklären. Rigiditäten sind somit keine schlechten Verhaltensweisen, sondern erlangen eine rationale Erklärung. Dies ist zweifellos ein Fortschritt. Die Anzahl der Begründungen für solche Rigiditäten ist verwirrend groß, sodass die Neu-Keynesianer in eine heterogene Gruppe zerfallen, die alle eine spezielle Rigidität betonen. Auch im Neu-Keynesianismus gilt für die meisten Anhänger das neoklassische Modell als langfristige Referenz.
Insgesamt sind die Neoklassische Synthese und weite Teile des Neu-Keynesianismus – so interessant einzelne mikroökonomische Begründungen für

Rigiditäten auch sind – Spielarten der Neoklassik. Wenn wir in diesem Buch den Begriff Keynesianismus benutzen, dann meinen wir eine Strömung, die sich direkt auf Keynes bezieht und den monetären Charakter des keynesianischen Ansatzes betont. In den USA gruppiert sich eine solche Strömung um das Journal of Post-Keynesian Economics. In Deutschland ist ein Vorreiter für eine solche Strömung Riese (2001). Für einen ausgearbeiteten Entwurf eines solchen Ansatzes (vgl. auch Heine/Herr 2003 oder Betz 1993 und 2001).

3.3 Die Rolle des Wechselkurses im keynesianischen Ansatz

3.3.1 Außenwirtschaftliche Komponenten von Preisniveauänderungen

Außenwirtschaftliche Einflussfaktoren können sowohl über eine Kosteninflation beziehungsweise -deflation als auch über eine Nachfrageinflation beziehungsweise -deflation auf das Preisniveau einwirken. Die Gleichung 6 zeigt die um außenwirtschaftliche Faktoren erweiterte Grundgleichung für den Wert des Geldes.[59]

$$P = z(e, P_A, Im_Q)(\frac{1}{\pi}(w + i\Psi)) + \frac{i + LBS - S_H}{Y_r} \tag{6}$$

In der Gleichung ist z ein dimensionsloser Koeffizient, der von drei Variablen abhängt und einen Wert von größer als null aufweist. Er drückt die Stärke der außenwirtschaftlichen Kostenfaktoren aus. Ist z größer als Eins, dann wirkt die Außenwirtschaft inflationär auf die inländischen Kosten ein. Ist z dagegen kleiner als Eins, gibt es einen deflationären Einfluss auf die inländischen Kosten. Im Falle eines inflationären Einflusses ist der Koeffizient umso größer, je stärker der Wechselkurs e steigt (ein steigender Wechselkurs bedeutet eine Abwertung der inländischen Währung),[60] je stärker das ausländische Preisniveau P_A steigt und je größer die Importquote Im_Q (Importe am Nettoinlandsprodukt) eines Landes ist. Eine Abwertung der eigenen Währung und steigende ausländische Preise erhöhen die Importpreise und führen so zu einem Kosten-

---

[59] Zur Ableitung vgl. Heine/Herr (2003), Kap. 7.6.3.

[60] Der Wechselkurs e ist definiert als Anzahl inländischer Währungseinheiten pro ausländische Währungseinheit.

schub. Je größer die Handelsverflechtung mit dem Ausland ist, umso stärker wirken diese Effekte. Deflationseffekte ergeben sich, wenn die eigene Währung aufwertet und die Preise im Ausland sinken. Auch hier hängt die Stärke der Wirkung von der Importquote ab.

LBS drückt den Leistungsbilanzsaldo eines Landes aus, und er ist positiv bei einem Überschuss. Erhöht sich bei ansonsten unveränderten Bedingungen der Leistungsbilanzsaldo, so ist dies identisch mit einer Zunahme der aggregierten Nachfrage. Erhöht sich das reale Produktionsvolumen nicht, dann steigt das Preisniveau auf Grund einer Überschussnachfrage. Gibt es unausgelastete Kapazitäten, dann erhöht sich mit dem Leistungsbilanzüberschuss das inländische Produktionsvolumen. Es kommt zu exportgetragenem Wachstum, das in Deutschland seit dem Zweiten Weltkrieg immer wieder eine große Rolle gespielt hat. Ein Leistungsbilanzdefizit wirkt jeweils umgekehrt.

Wechselkurse werden vor allem durch internationale Kapitalströme beeinflusst, die ihrerseits durch Portfolioentscheidungen der Wirtschaftssubjekte gesteuert werden (vgl. hierzu Kapitel 4.4). Allerdings zeigen Wechselkursveränderungen Wirkungen auf den Gütermärkten, da sie die internationale preisliche Wettbewerbsfähigkeit eines Landes und damit Export- und Importströme verändern. Steigen beispielsweise die Kapitalströme in die USA, wie Anfang bis Mitte der achtziger und während der Neunzigerjahre des letzten Jahrhunderts, stark an, dann wertet der US-Dollar auf und die USA realisieren ein (steigendes) Leistungsbilanzdefizit.

Von besonderer Relevanz für unsere Fragestellung ist die Interaktion zwischen Abwertung, Lohnentwicklung und Preisniveau. Kommt es nämlich zur Abwertung der eigenen Währung, so ist ein inländischer Preisniveauschub unvermeidlich, da die importierten Güter teurer werden. Dadurch sinken die Reallöhne. Dieser Effekt kann dann eine Lohn-Preis-Spirale anstoßen.

Welche binnenwirtschaftlichen Prozesse durch eine Abwertung ausgelöst werden, hängt von der spezifischen Situation eines Landes ab. Steigen die Nominallöhne nach einer Abwertung nicht, so wird der Preisniveauschub begrenzt sein und die internationale preisliche Wettbewerbsfähigkeit des Landes hat sich erhöht. Erfolgreiche Abwertungen, die nicht in eine Inflation geführt, sondern eine binnenwirtschaftliche Wachstumsdynamik angestoßen haben, sind beispielsweise die Abwertung des britischen Pfundes nach dessen Ausstieg aus dem Europäischen

Währungssystem im Jahre 1992 oder die massive Abwertung des US-Dollar nach 1985 (vgl. Blinder/Yellen 2001).

Erhöhen sich jedoch die Löhne nach einer Abwertung, dann wird eine Abwertungs-Lohn-Preis-Spirale initiiert, die typischerweise in einen Teufelskreis von weiterer Abwertung und Inflation führt. Jede Abwertung wird dann über den inländischen Inflationseffekt eine weitere Abwertung nach sich ziehen (vgl. Bilson 1979). In großer Klarheit hat Robinson (1938) anhand der Hyperinflation im Deutschen Reich im Jahre 1923 gezeigt, dass die massive Abwertung der Reichsmark den Prozess hoher Inflationsraten angestoßen hat. Die Reichsbank hat dann mehr oder weniger passiv die sich immer schneller drehende Abwertungs-Lohn-Preis-Spirale durch Geldmengenerhöhungen alimentiert.

Zentralbanken können somit einer Abwertung ihrer Währung nicht tatenlos gegenüberstehen. Sie müssen zumindest sehr genau beobachten, in welchem Umfang die Abwertung das binnenwirtschaftliche Preisniveau beeinflusst. Zudem kann es leicht passieren, dass selbst während eines moderaten Abwertungsprozesses das Vertrauen in die inländische Währung zusammenbricht. In diesem Fall kommt es zu massiven Kapitalexporten (Kapitalflucht), die in eine kumulative Abwertungs-Inflations-Spirale führen, wenn nicht gegengesteuert wird. Daher ist die Geschichte von Abwertungen, welche die Geldpolitik mit restriktiver Geldpolitik bekämpfen musste, lang.

In diesem Sinne ist ein stabiler Wechselkurs ein wichtiges Stabilitätskriterium für die Geldpolitik. Denn misstrauen die Wirtschaftssubjekte der Geldpolitik, dann werden sie mit Kapitalflucht antworten und die Zentralbank zum „Primat externer Stabilisierung" zwingen (vgl. Riese 1986). Stützel (1978) hat nicht zu Unrecht die internationalen Kapitalströme als die Hunde charakterisiert, die eine Zentralbank in diese Politik zwingen. Beispiele hierfür liefern die USA Ende der 1970er oder Frankreich Anfang der 1980er Jahre oder die zahlreichen Finanzkrisen in Ländern des Südens mit schwachen Währungen (vgl. Herr/Spahn 1989).

Aus Gleichung 6 wird ersichtlich, dass eine Aufwertung der nationalen Währung dämpfend auf die inländische Preisniveauentwicklung wirkt. So konnten die USA in der ersten Hälfte der 1980er Jahre ihre Inflationsrate relativ schnell auf Grund der starken Aufwertung des US-Dollar reduzieren. Dass dieser Prozess nicht frei von Risiken ist, belegen Japan und Deutschland. Die Aufwertung des Yen und des Euro nach 2002 erhöhten vor dem Hintergrund allemal sehr niedriger Inflationsraten in Deutschland und einer bereits existierenden Deflation in Japan deutlich die Gefahren eines kumulativen Deflationsprozesses (vgl. IMF 2003).

Bei der außenwirtschaftlichen Komponente des Preisniveaus spielt die Wechselkursentwicklung die zentrale Rolle. Im Folgenden soll kurz geklärt werden, welche Faktoren den Wechselkurs bestimmen.

Geldvermögensbesitzer werden unter den Bedingungen international liberal strukturierter Kapitalmärkte bei ihren Geldanlagen nicht allein auf den Zinssatz achten.[61] Denn sie sind insbesondere unter den Bedingungen flexibler Wechselkurse gut beraten, ihr Geld in Währungen anzulegen, die nicht nur eine hohe Verzinsung erwarten lassen, sondern auch als sicher eingeschätzt werden können. Der Sicherheitsaspekt umfasst zwei Elemente. Erstens muss sich ein Vermögensbesitzer Erwartungen darüber bilden, wie stark die Auf- oder Abwertung einer Währung sein mag. Zweitens wird ein Vermögensbesitzer selbst bei gleichen Auf- oder Abwertungserwartungen und Verzinsungen von zwei Währungen die Vermögenshaltung in den entsprechenden Währungen unterschiedlich bewerten. Es macht für ihn, unabhängig von der Wechselkurserwartung, einen Unterschied, ob er US-Dollar, chinesische Yuan oder mexikanische Peseten hält. Der subjektive Nutzen, der sich aus der Vermögenshaltung in einer spezifischen Währung ergibt, kann als Währungsprämie bezeichnet werden.[62]

Unterschiedliche Länder weisen unterschiedliche Währungsprämien auf, sodass es eine diesbezügliche Hierarchie der Währungen gibt. An der Spitze steht die Leitwährung der jeweiligen historischen Phase und den Abschluss bilden ökonomisch und politisch höchst instabile Länder mit instabilen Währungen. Die jeweils konkreten Währungsprämien hängen von einem Strauß von Faktoren ab, die auch institutionelle Regelungen (z.B. wie unabhängig ist die Zentralbank, existieren Kapitalverkehrskontrollen etc.), politische Stabilitäten oder die internationale ökonomische, politische und militärische Bedeutung eines Landes einschließen. Länder mit einer niedrigen Währungsprämie müssen den Vermögensbesitzern diesen Nachteil kompensieren, indem sie höhere Zinsen anbieten.

---

[61] Der Zinssatz stehe zur Vereinfachung für die Verwertungsrate aller Anlagen in einem Land, also auch für die Verwertung von Produktivvermögen.

[62] Handlungsrelevant ist die marginale Währungsprämie. Sie wird in Form eines Prozentsatzes ausgedrückt, der den subjektiven Nutzen des Haltens der Währung ausdrückt. Sie sinkt, wenn die Vermögenshaltung in einer Währung zunimmt.

Formal lassen sich diese Überlegungen als Gleichgewichtsbestimmung für den Wechselkurs zusammenfassen. Wird mit i_A die Verzinsung im Ausland und mit i_I diejenige im Inland, mit l_A die marginale Währungsprämie des Auslandes und mit l_I diejenige des Inlandes, mit e der nominale Wechselkurs in der Gegenwart und mit e^e der erwartete nominale Wechselkurs bezeichnet, so ergibt sich als Gleichgewichtsbedingung der Verwertung von Geldvermögen zwischen zwei Ländern (vgl. Heine/ Herr 2003, S. 613ff.):[63]

$$e = \frac{(1+i_A)(1+l_A)}{(1+i_I)(1+l_I)} \cdot e^e \tag{7}$$

Der Wechselkurs steigt, das heißt die inländische Währung wertet ab, wenn der ausländische Zinssatz steigt, der inländische sinkt, die ausländische marginale Währungsprämie steigt, die inländische sinkt oder der erwartete Wechselkurs steigt. Die Gleichung 7 zeigt, dass der Wechselkurs ein Vermögensmarktpreis ist und von Kalkülen internationaler Anleger bestimmt wird. Selbstverständlich werden Vermögende Prozesse auf Gütermärkten mit in ihr Kalkül einbeziehen, aber nicht in einer genau prognostizierbaren Art und Weise.

Die Währungsprämien und Wechselkurserwartungen hängen von vielfältigen Faktoren ab, die nicht ausschließlich ökonomischer Natur sind. Und es sind gerade diese Einflüsse, welche immer wieder zu starken Verschiebungen der Wechselkurse führen. Ökonomen haben die verschiedensten Variablen getestet, die die Wechselkursentwicklung erklären könnten. Das Ergebnis ist, dass die Volkswirtschaftslehre über kein Modell verfügt, das die Entwicklung der Wechselkurse beispielsweise zwischen dem US-Dollar und der D-Mark beziehungsweise dem Euro überzeugend empirisch erklären könnte. Insbesondere gibt es keine Fundamentalfaktoren wie etwa unterschiedliche Inflationsraten, unterschiedliche Wachstumsraten, Leistungsbilanzsalden, Zinssatzunterschiede etc., die in irgendeiner eindeutigen Art zur Bestimmung des Wechselkurses

---

[63] Wir unterstellen, dass die Währungsprämien und die Wechselkurserwartungen den Durchschnitt der individuellen Einschätzungen der Vermögensbesitzer widerspiegeln. Sind die Erwartungen unterschiedlich, dann können sie sich auch kompensieren. Erwartet ein Teil der Vermögensbesitzer beispielsweise eine Abwertung und ein anderer Teil eine Aufwertung, dann kann der Wechselkurs theoretisch unverändert bleiben. Typisch sind jedoch Übereinkünfte oder Stimmungslagen, bei denen die Einschätzungen der Wirtschaftssubjekte in die gleiche Richtung laufen.

herangezogen werden können. In einem Land führt beispielsweise ein Leistungsbilanzdefizit von drei Prozent am BIP zu einem Vertrauenseinbruch, in einem anderen Land nicht. Dahinter stehen umfassende Ländereinschätzungen ökonomischer Agenten, die sich nicht auf eine einzelne Variable reduzieren lassen. Dies ist wenig verwunderlich, denn subjektive Erwartungen, die sich in Bewertungen von Währungen widerspiegeln, können nicht modellendogen erklärt werden (vgl. beispielsweise Dornbusch/Frankel 1988, oder Isard 1995). Vielmehr achten Vermögensbesitzer auf Grund von Unsicherheiten sensibel auf Veränderungen. Der Ausgang einer Wahl, außenpolitische Spannungen, Veränderungen in der Konjunktureinschätzung, nachlassende Exporte und dergleichen mehr *können* Erwartungsumschwünge und starke Wechselkursreaktionen auslösen.

Wechselkurserwartungen und Währungsprämien können sich unter den Bedingungen flexibler Wechselkurse schnell ändern, mit den entsprechenden Konsequenzen für die Binnenökonomie. Daher beachten realiter alle Zentralbanken der Welt die Entwicklung des Außenwertes ihrer Währung. Sie müssen den Wechselkurs berücksichtigen, selbst wenn das Preisniveau stabil ist und sie ihre Zielinflationsrate realisieren. Denn nicht unterschiedliche Preisniveauentwicklungen, beispielsweise zwischen der Eurozone und den USA, bestimmen den Wechselkurs des Euro zum US-Dollar, sondern Kapitalbewegungen, die – wie gezeigt wurde – einer anderen ökonomischen Logik folgen. So kann nicht ausgeschlossen werden, dass auch auf Grund nicht-ökonomischer, also z.B. politischer oder militärischer Begebenheit das Vertrauen in eine Währung zusammenbricht und es zu massiven Portfolioumschichtungen zu Lasten eben dieser Währung kommt.

Will ein Land seinen Wechselkurs stabilisieren, dann müssen zunehmende Abwertungserwartungen und eine abnehmende marginale Währungsprämie durch steigende inländische Zinssätze kompensiert werden. Erhöht sich bei gleichen Erwartungen und Währungsprämien der ausländische Zinssatz, dann kann ebenfalls nur eine inländische Zinssatzerhöhung eine Abwertung verhindern. Substanzielle und teilweise extreme Zinssatzerhöhungen haben oftmals ihre Ursache in einer Geldpolitik der Zentralbank, die starken Abwertungserwartungen und einem Fall der Währungsprämie entgegentritt.

Hinzu kommt, dass ökonomische Prozesse nicht-linear verlaufen, sodass beim Erreichen spezifischer Schwellenwerte, die von Ökonomen

ebenso wenig prognostiziert werden können wie Erdbeben von Geolo-
gen, kumulative, sich selbst verstärkende Entwicklungen möglich sind
(vgl. Eichengreen 1999). Dass solche Prozesse selbst in hoch entwickelten Leitwährungsökonomien nicht auszuschließen sind, zeigen beispielsweise die gravierenden Dollarkrisen in den Jahren 1978/79 und 1986/87
oder die Währungskrisen in Großbritannien und in Italien in den 1970er
Jahren oder auch die Krise des EWS 1992/1993. Insofern müssen Zentralbanken die Kapitalmärkte unmittelbar im Auge behalten, um notfalls
rechtzeitig zinspolitisch eingreifen zu können. Denn die Zinspolitik ist
das einzige Instrument, das den Zentralbanken bei liberalisierten internationalen Kapitalmärkten zur Verfügung steht, um die Wechselkurse zu
stabilisieren. Und es gibt zahlreiche Beispiele, bei denen auf Grund mas-
siver Abwertungserwartungen und einem Fall der Währungsprämie das
Zinsinstrument der Zentralbank wirkungslos geworden ist. Freilich greifen derartige Prozesse in unterentwickelten Ökonomien und Schwellenländern eher um sich als in den hoch entwickelten. Dies zeigt sich anschaulich an den Finanzkrisen in Südostasien im Jahre 1997, in Mexiko
1994 oder in Argentinien 2002, um nur drei Beispiele zu nennen.

Gleichung 7 kann auch zur Erklärung herangezogen werden, warum in
Ländern, die Währungen mit einer geringen Währungsprämie emittieren
und latent von Abwertungserwartungen betroffen sind, in Relation zu den
hoch entwickelten Ökonomien sehr hohe Zinssätze existieren.

3.3.2 Die Illusion der Kaufkraftparitätentheorie

Im Kontext der neoklassischen Inflationstheorie tauchte der Wechselkurs
nicht auf. Dies liegt daran, dass die Quantitätstheorie des Geldes außen-
wirtschaftlich durch die Kaufkraftparitätentheorie des Geldes erweitert
wird (vgl. Heine/Herr 2003, Kap. 7.5). Danach spiegelt der Wechselkurs
lediglich die unterschiedliche Entwicklung des Preisniveaus zwischen In-
und Ausland wider. Der Wechselkurs wird somit über Prozesse auf Gütermärkten abgeleitet. Verdoppelt Land A unter ansonsten unveränderten
Bedingungen im Unterschied zum Land B die Geldmenge, dann verdoppelt sich im Land A auch das Preisniveau. Die Exporte gehen zurück und
die Importe steigen. Der Prozess kommt erst dann zum Stillstand, wenn
die Währung des Landes A nominal um 50 Prozent abgewertet hat. Real
wurden über die Abwertung die alten Konstellationen wieder hergestellt

und die Neutralität des Geldes bleibt letztlich gewahrt. Rückwirkungen der Wechselkursveränderungen auf die nationalen Preisniveaus etwa in Form einer „importierten Inflation" werden nicht berücksichtigt. Kurzfristig kann es, wenn Märkte nicht perfekt arbeiten und sich daher beispielsweise die Güterpreise erst langsam anpassen, im Rahmen der Kaufkraftparitätentheorie zu überschießenden Wechselkursbewegungen kommen, die sich jedoch langfristig dem Gleichgewicht anpassen (vgl. Kasten zur Kaufkraftparitätentheorie).

Die Kaufkraftparitätentheorie
Wird mit P_A das Preisniveau des Auslands, mit P_I das Preisniveau des Inlands, mit e der nominale und mit e_r der reale Wechselkurs gekennzeichnet, so lässt sich der reale Wechselkurs durch

$$e_1 = e \cdot \frac{P_A}{P_1}$$

bestimmen. Wird diese Gleichung nach e umgestellt und dann die neoklassische quantitätstheoretische Bestimmung des Preisniveaus (vgl. Kapitel 3) für das In- und das Ausland eingesetzt, so ergibt sich:

$$e = e_r \cdot \frac{\dfrac{M_1 \cdot v_1}{Y_{r1}}}{\dfrac{M_A \cdot v_A}{Y_{rA}}}$$

Die Umlaufgeschwindigkeit des Geldes und das reale Sozialprodukt werden, wie gezeigt wurde, gleichsam als Datum gesetzt. Der reale Wechselkurs spiegelt Prozesse der Realsphäre wider, wie etwa technologische Begebenheiten oder Präferenzstrukturen der Haushalte. Unter diesen Bedingungen erlangen Veränderungen der Geldmengen im In- und Ausland den entscheidenden Einfluss auf den nominalen Wechselkurs. Denn unter sonst gleichen Bedingungen führt eine Geldmengenerhöhung im Inland zu einer Erhöhung des nominalen Wechselkurses beziehungsweise einer nominalen Abwertung in dem Umfang, der den realen Wechselkurs unverändert lässt.
Die skizzierte absolute Kaufkraftparitätentheorie kann weiter ausdifferenziert werden. So kann zwischen den Preisen von handelbaren und nicht-handelbaren Gütern unterschieden werden. Bei der relativen Kaufkraftparitätentheorie werden Wechselkursänderungen an der unterschiedlichen Entwicklung der Preisniveaus beziehungsweise der Geldmengen festgemacht, und die absolute Kaufkraftparität muss nicht unbedingt gelten.
Kurzfristig kann es bei der Kaufkraftparitätentheorie zu überschießenden

Wechselkursen im Rahmen der Zinssatzparität (in der einfachsten Variante dem Arbitragegleichgewicht bei der Existenz von Devisenterminmärkten zwischen inländischen und ausländischen Finanzanlagen) kommen. In diesem Fall wird unterstellt, dass alle Wirtschaftssubjekte auf Grund neoklassischer rationaler Erwartungen einen Wechselkurs entsprechend des Modells der Kaufkraftparitätentheorie erwarten. Normalerweise würde der Wechselkurs in diesem Fall bei jeder Geldmengenerhöhung sofort in sein neues Gleichgewicht springen. Wird jedoch – bei rationalen Erwartungen etwas unbefriedigend – in das Modell eingebaut, dass die Gütermärkte auf Geldmengenveränderungen träge reagieren, die Finanzmärkte im Rahmen der Zinssatzparitätentheorie jedoch schnell, dann kann es zu überschießenden Wechselkursen kommen (vgl. Dornbusch 1976).

Im Kern wird die Argumentation der Kaufkraftparitätentheorie jedoch durch diese Erweiterungen nicht in Frage gestellt.

Allerdings lassen sich die empirischen Befunde zur Entwicklung von Wechselkursen keinesfalls überzeugend mit Hilfe der Kaufkraftparitätentheorie interpretieren.[64] Dies zeigt sich beispielsweise, wenn die Wechselkursentwicklung zwischen dem US-Dollar und der D-Mark beziehungsweise dem Euro auf dieser theoretischen Grundlage interpretiert werden soll. Denn die Abbildung 3.6 zeigt, dass es während annähernd der gesamten Periode milde Abwertungen des US-Dollar gegenüber der D-Mark hätte geben müssen, da die Inflationsrate in den USA fast immer oberhalb der in Deutschland lag. Jedoch wertete der US-Dollar in der ersten Hälfte der Achtzigerjahre trotz vergleichsweise hoher Inflationsraten in den USA heftig auf. 1985 brach der US-Dollar dann ein, ohne dass dies durch Differenzen in den Inflationsraten erklärbar wäre. Dieser Befund gilt auch für die erneute deutliche Aufwertung des US-Dollar über einen mittelfristigen Zeitraum.

---

[64] Diese Kritik wird breit akzeptiert. „How well does PPP theory (Kaufkraftparitätentheorie, die Verfasser) explain actual data on exchange rates and national price levels? A brief answer is that all versions of the PPP theory do badly in explaining the facts. In particular, changes in national price levels often tell us little or nothing about exchange rate movements". (Krugman/Obstfeld 2000, S. 406). Ähnlich argumentieren beispielsweise Dornbusch/Frankel (1988) oder Isard (1995).

Abbildung 3.6: Inflationsratendifferenzen zwischen Deutschland und USA und prozentuale Wechselkursveränderungen zwischen D-Mark beziehungsweise Euro und US-Dollar

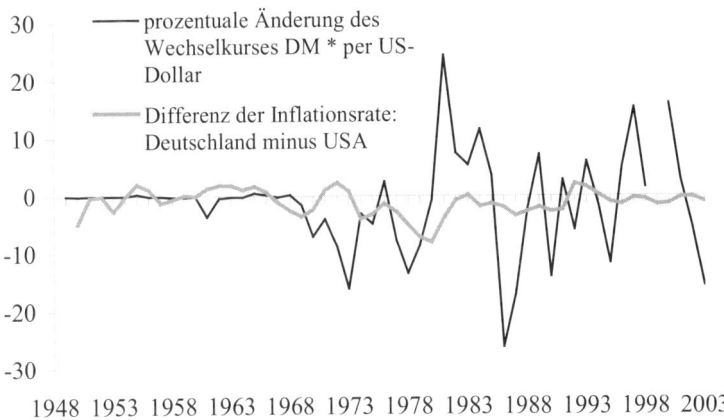

* ab 1999 Euro per US-Dollar
Quelle: Zeitreiheninformationen der Deutschen Bundesbank und der Federal Reserve of St. Louis

Überraschen können diese Befunde nicht. Denn die Wechselkursentwicklungen resultieren aus zum Teil abrupten Erwartungsänderungen der Marktteilnehmer und den sich dann ergebenden internationalen Kapitalbewegungen. In theoretischer Hinsicht besteht der Hauptmangel der Kaufkraftparitätentheorie demnach darin, letztlich Gütermarktprozesse ins Zentrum der Erklärung von Wechselkursentwicklungen zu rücken, obwohl der Wechselkurs als Vermögenspreis dem Verwertungskalkül internationaler Anleger unterliegt. Insofern sind die Kapital- beziehungsweise Vermögensmärkte die adäquate Analyseebene und nicht die Gütermärkte.

3.4 Nicht-Neutralität des Geldes und Ökonomie
als gesellschaftlicher Prozess

Nachdem die Grundzüge der beiden zentralen geldtheoretischen Entwürfe dargestellt wurden, soll nun eine erste kritische Würdigung erfolgen. Ohne Zweifel existieren in entwickelten Ökonomien keine Märkte,
auf denen Geld keine Rolle spielt. Im Gegenteil: Sowohl auf einzelnen
Märkten als auch auf makroökonomischer Ebene liefert Geld die monetäre Budgetrestriktion. Auf einzelwirtschaftlicher Ebene wird bei jeder
Investitionstätigkeit und auch bei der Durchführung von Produktion Geld
vorgeschossen, das dann früher oder später zurückfließt (zumindest zurückfließen soll). Das wertmäßige Investitionsvolumen eines Unternehmens wird durch die Verfügbarkeit finanzieller Mittel begrenzt. Dies ist
immer dann der Fall, wenn ein Unternehmen expandieren will, es sich
jedoch nur begrenzte Mittel über Bankkredite und Emission von Schuldverschreibungen und Aktien besorgen kann. Ist die Beschaffung finanzieller Mittel eher problemlos und haben die Unternehmen und Haushalte
positive Zukunftserwartungen, so wird der Expansionsprozess früher
oder später die inflationären Gefahren erhöhen. Ab einem gewissen
Punkt wird die Zentralbank dann mittels restriktiver Geldpolitik eine Stabilisierungskrise einleiten, um den Inflationsprozess zu stoppen. Sie wird
durch eine Anhebung der Refinanzierungskosten die monetäre makroökonomische Budgetrestriktion verschärfen und so die Funktionsbedingungen ihres Geldes und der Ökonomie insgesamt verteidigen. Bereits
dieser Sachverhalt will sich nicht so recht ins Bild der Neutralität von
Geld einfügen. Daher wird die von der Neoklassik vorgenommene Trennung in eine Real- und in eine neutrale Geldsphäre von keynesianischer
Seite nicht geteilt.[65]

Des Weiteren bestimmt der Zinssatz, der der Sache nach ein monetäres Phänomen ist, die Mindestverwertung von Produktivvermögen. Der
Geldzinssatz ist somit die Verwertungsrate, die den Maßstab für die
Verwertung aller nichtmonetären Vermögensarten liefert. Denn werden
Produktionsprozesse kreditfinanziert, dann müssen die Überschüsse mindestens ausreichen, um den Schuldendienst bedienen zu können. Ansonsten droht der Konkurs. Damit entsteht eine spezifische Hierarchie.

---

[65] „Die Einteilung der Wirtschaftslehre in eine Theorie des Wertes und der Verteilung einerseits und der Theorie des Geldes andererseits ist nach meiner Meinung
eine falsche Einteilung." (Keynes 1936, S. 247)

Die Verwertungsrate des Produktivvermögens muss mindestens so hoch sein wie der (vorgegebene) Geldzinssatz. Ist sie in diesem Sinne vorbestimmt, ergibt sich, welchen Teil des Einkommens die Lohnempfänger erhalten.[66] Damit determiniert der Geldzinssatz die Verteilung des Einkommens. Dies ist der tiefere Grund für den empirischen Befund, wonach in schwachen Ökonomien, die sich regelmäßig durch extrem hohe Zinssätze auszeichnen, die Einkommensverteilung so ungleich ist.

Aber auch in allen sonstigen Fällen einer Geldanlage liefert der Zinssatz die Mindestverwertungsrate. Denn wer wird sein Geld für drei Prozent anlegen, wenn er bei einer risikofreien Bankeinlage fünf Prozent erhalten kann. Alle diese Befunde passen nicht zur These über die Neutralität des Geldes.

Geldpolitik beeinflusst die kurzfristigen Zinssätze direkt und hat indirekten Einfluss auf die langfristigen Zinssätze. Damit hat sie einen doppelten Einfluss. Erstens beeinflusst eine Zentralbank das Aktivitätsniveau der Ökonomie, da die Höhe des Zinssatzes auf die Investitionsnachfrage und auch auf andere Nachfragekomponenten einwirkt. Jede geldpolitisch induzierte Stabilisierungskrise zeigt dies. Zweitens beeinflusst die Zentralbank über das Zinssatzniveau die Verteilung zwischen Löhnen und den anderen Einkommensarten.

Wir haben bei der Analyse der Quantitätstheorie des Geldes betont, dass der Monetarismus implizit von der Stabilität des Privatsektors ausgeht, also von dem Glauben, dass unregulierte Märkte ein Gleichgewicht mit Vollbeschäftigung finden. Das Postulat der Stabilität von Marktprozessen kann theoretisch allerdings so wenig bewiesen werden wie das der Instabilität (vgl. Jäger 1981). Historische Betrachtungen erscheinen uns jedoch eindeutig. Denn die Geschichte geldgesteuerter Ökonomien ist auch die Geschichte von Krisen – in entwickelten wie in Entwicklungsökonomien. Es erscheint nicht plausibel, diese permanente Krisenhaftigkeit als Resultat ständiger exogener Schocks und verfehlter Wirtschaftspolitiken anzusehen. In der Tat ist das Projekt des Liberalismus, das in der Frühphase des Kapitalismus in die Tat umgesetzt werden sollte, schnell einer Einbettung der Ökonomie in unterschiedlichste Regularien gewichen. Denn es gibt schlüssige ökonomische Hinweise für die „allgemeine ‚kollektivistische' Reaktion gegen die Expansion der Marktwirtschaften in der zweiten Hälfte des 19. Jahrhunderts" um die Gefahren zu

---

[66] Diesen Punkt hat Sraffa sehr deutlich herausgearbeitet (vgl. Sraffa 1960).

bannen, „die der Gesellschaft aus dem utopischen Prinzip eines selbst-regulierten Marktes drohen" (Polanyi 1978, S. 208).[67] Polanyi folgend gehen wir davon aus, dass Marktwirtschaften in institutionelle Rahmen-bedingungen eingebettet sein müssen, um reproduktionsfähig zu sein. Zu den Rahmenbedingungen einer Marktwirtschaft gehören Regularien, die vor allem den Arbeitsmarkt, die natürlichen Reproduktionsbedingungen oder auch rechtliche Sicherheiten betreffen. Selbstverständlich beziehen sich diese Regularien auch auf die Geldpolitik.

Die Instabilitäten von Geldwirtschaften ergeben sich aus den unter-schiedlichsten Gründen. Beispielsweise können Marktprozesse aus sich heraus zu inflationären oder deflationären Prozessen führen (siehe oben). Ebenso wichtig sind Veränderungen bei den Erwartungen. Bekanntlich ist die Zukunft unbekannt. Die Verwertung von Investitionen erfolgt aber erst in der Zukunft. Daher erfolgen Investitionen unter der Bedingung von Unsicherheit. Erhöht sich die Unsicherheit, was ja grundsätzlich nicht auszuschließen ist, dann werden weniger Investitionen getätigt. Die ökonomische Entwicklung gerät ins Stocken, was die Unsicherheit erneut erhöht. Insbesondere gibt es keine Marktkräfte, die von sich aus Vollbe-schäftigung erzeugen könnten. Langfristige Stagnationen können durch-aus auch das Resultat der Marktkräfte sein.

Auf die jeweiligen Veränderungen der ökonomischen Rahmenbedin-gungen muss Geldpolitik reagieren, indem sie ihre Refinanzierungsbe-dingungen den konkreten historischen Umständen anpasst. Auf diesen Aspekt hat bereits Knut Wicksell (1898) vor mehr als einhundert Jahren deutlich hingewiesen, und Ökonomen wie Keynes oder Schumpeter haben daran angeknüpft. Danach sind Marktwirtschaften „Sequenzöko-nomien", da sich entlang der historischen Zeitachse verschiedene Se-quenzen ökonomischer Entwicklung ergeben. Die Entwicklung innerhalb einer Sequenz hängt ab von der ökonomischen Situation am Ende der vorherigen Sequenz und von den ererbten Institutionen. In besonderem Maße hängt sie jedoch von den Erwartungen der Wirtschaftssubjekte, der Lohnentwicklung und anderen Faktoren wie der Wechselkursentwick-

---

[67] Polanyi (1978) verdeutlicht in seiner breiten Studie, dass das Projekt des wirt-schaftlichen Liberalismus und des Laissez-faire, die sich am Anfang des 19. Jahr-hunderts durchzusetzen begannen, die Gesellschaften Europas so destabilisiert hat, dass es in faktisch allen Ländern und unter den verschiedensten politischen Bedin-gungen zur breiten Re-Regulierung der Ökonomie gekommen ist, freilich zu einer marktgerechten Regulierung und nicht zurück zu mittelalterlichen Regulierungen.

lung oder der Fiskalpolitik ab. All diese Faktoren liefern die Vorgaben für die Geldpolitik. Nicht zuletzt hängt die Entwicklung auch davon ab, wie Geldpolitik ihrerseits betrieben wird, also an welches ökonomische Modell die führenden Personen in der Zentralbank glauben und welche Strategie sie verfolgen. Dieser Punkt verdeutlicht, dass ökonomische Entwicklung eng mit Wirtschaftspolitik und gesellschaftlichen Vorstellungen generell verbunden ist. Die Ökonomie ist kein in sich abgeschlossener Automat, sondern ein offenes System und ein Teil des gesellschaftlichen Prozesses (vgl. Chick 2001).

Angesichts der ökonomischen Folgen, die aus den individuellen Dispositionen der Wirtschaftssubjekte über Geld und den Wirkungen der Geldpolitik auf die Ökonomie insgesamt resultieren, erscheint uns die Idee einer kurzfristigen oder auch langfristigen Neutralität von Geld nicht vereinbar mit unserer Wahrnehmung der Strukturen und Prozessabläufe in real existierenden Marktwirtschaften. Vor diesem Hintergrund erlangen die jeweiligen Orientierungen der Geldpolitik einen zentralen Stellenwert. Dieser Aspekt bildet den Inhalt des folgenden Kapitels.

4 Kapitel
Grundlegende Orientierungen
der Geldpolitik

4.1 Die Geldmengensteuerung

4.1.1 Die Geldmengenregel

In diesem Kapitel wollen wir der Frage nachgehen, mit welchen strategischen und taktischen Ausrichtungen Zentralbanken versuchen, die von ihnen anvisierten Ziele zu erreichen. Während die EZB Preisniveaustabilität als ihr Ziel definiert, verfolgen andere, etwa die US-amerikanische, weitere explizite Ziele, wie beispielsweise die konjunkturelle Entwicklung. Wieder andere Zentralbanken versuchen, den Wechselkurs zu stabilisieren.

Bei einer Reihe von geldpolitischen Konzeptionen spielen Zwischenziele eine Rolle. In diesem Fall steuert eine Zentralbank ihr Zwischenziel an, um ihr eigentliches Endziel effizienter erreichen zu können. Die EZB beispielsweise verfolgt bei ihrer ersten Säule der Geldpolitik eine solche Linie (vgl. Kapitel 2.6). Wir beginnen hier mit der geldpolitischen Orientierung, die der ersten Säule zu Grunde liegt.

Aus der neoklassischen Quantitätstheorie des Geldes, die im Kapitel 3.1 ausführlich dargestellt wurde, ergibt sich eine eindeutige Präferenz für eine regelgebundene Geldpolitik in der Form einer Geldmengenregel. Abbildung 4.1 verdeutlicht die Logik der Geldmengenregel. Zunächst wird zwischen dem Zwischenziel (der Entwicklung eines monetären Aggregats) und dem Ziel (einer konstanten Inflationsrate) ein stabiler Zusammenhang angenommen. Das Zwischenziel wird mit dem Instrument des Geldmarktzinssatzes zu erreichen versucht, denn unmittelbar können Zentralbanken nur diesen steuern. Dabei muss eine hohe Instabilität der kurzfristigen Zinssätze in Kauf genommen werden, denn nur so lässt sich überhaupt eine Geldmengenentwicklung stabilisieren. Steigt z.B. die Geldnachfrage, obwohl die Zentralbank im Interesse der Erreichung des

Geldmengenziels das Geldangebot nicht ausdehnt, so führt dies zu steigenden Geldmarktzinssätzen (vgl. auch Abbildung 4.2).

Abbildung 4.1 Geldpolitik mit Hilfe von Zwischenzielen

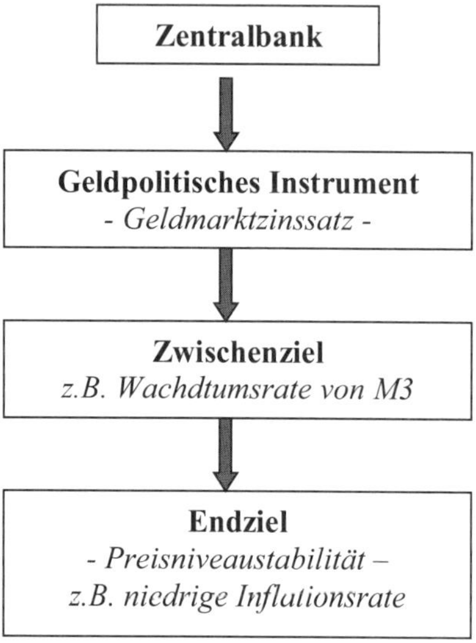

```
┌─────────────────────────────┐
│        Zentralbank          │
└─────────────────────────────┘
              │
              ▼
┌─────────────────────────────┐
│  Geldpolitisches Instrument │
│     - Geldmarktzinssatz -   │
└─────────────────────────────┘
              │
              ▼
┌─────────────────────────────┐
│        Zwischenziel         │
│    z.B. Wachdtumsrate von M3│
└─────────────────────────────┘
              │
              ▼
┌─────────────────────────────┐
│          Endziel            │
│    - Preisniveaustabilität –│
│   z.B. niedrige Inflationsrate│
└─────────────────────────────┘
```

Da seit den 1970er Jahren wirtschaftspolitische Vorstellungen neoklassischer Provenienz dominieren, sollte man erwarten, dass sich die Mehrzahl der Zentralbanken an einer Politik der Geldmengensteuerung orientiert. Tatsächlich aber wurde in keinem ökonomisch hoch entwickelten Land über einen längeren Zeitraum eine strikte Geldmengensteuerung betrieben. Zwar wurde von einigen wenigen Zentralbanken offiziell ein Geldmengenziel proklamiert – die Deutsche Bundesbank sowie die EZB sind hierfür Beispiele – jedoch war die *faktische Geldpolitik* auch dieser Zentralbanken nur sehr begrenzt von der Logik der Geldmengenregel bestimmt.

Nach dem Zweiten Weltkrieg bis zum Ende des Bretton-Woods-Systems im Jahr 1973 war an eine Geldmengensteuerung allemal nicht zu denken. Denn bis dahin existierte ein System fester Wechselkurse. Sollen festgelegte Wechselkurse verteidigt werden, so ist die Zinspolitik der Stabilisierung des Wechselkurses zu unterwerfen, und sie ist nicht für die Steuerung eines monetären Aggregats frei. Zudem sind bei festen Wechselkursen Devisenmarktinterventionen mit ihren Geldmengeneffekten unvermeidlich. Erwarteten beispielsweise US-amerikanische Vermögensbesitzer eine Abwertung des US-Dollar und kauften folglich mit ihren Dollar D-Mark auf, so musste die Deutsche Bundesbank ihrerseits mit D-Mark so lange US-Dollar aufkaufen, bis die Abwertungsgefahr des Dollar gebannt war. So sahen es die Regularien des Bretton Woods-Systems vor.[68] Unter solchen Bedingungen ist die Kontrolle der Geldmenge faktisch unmöglich (vgl. Emminger 1986). Erst mit dem Zusammenbruch des Bretton-Woods-Systems und der Herausbildung eines Systems flexibler Wechselkurse kam es in mehreren Ländern zu einem geldpolitischen Regime der Geldmengensteuerung.

Insgesamt war diese geldpolitische Variante – sieht man einmal von der Deutschen Bundesbank und der Schweizerischen Nationalbank ab – nur ein kurzes Intermezzo.[69] Denn schon Ende der 1970er Jahre traten zahlreiche westeuropäische Länder dem Europäischen Währungssystem bei, das, ähnlich wie das System von Bretton Woods, ein System fester Wechselkurse war.[70] Damit war eine Politik der Geldmengensteuerung für alle Teilnehmerländer außer der Bundesrepublik Deutschland, die mit der D-Mark die Leitwährung im Europäischen Währungssystem bereitstellte, passe. Denn die Nicht-Leitwährungsländer mussten ihre Geldpolitik der der Deutschen Bundesbank unterwerfen. England orientierte sich bis 1990 an einem Geldmengenziel, konnte aber in mehr als 50 Prozent

---

[68] Marktmäßig und normalerweise auch in Systemen mit institutionell festen Wechselkursen muss das Land mit der schwachen Währung für die Stabilität des Wechselkurses sorgen. Im Bretton-Woods-System war dies nicht so. Die Regularien des Systems können nur aus der absoluten ökonomischen und politischen Vormachtstellung der USA nach dem Zweiten Weltkrieg erklärt werden. Bei so genannten fundamentalen Ungleichgewichten konnte im System von Bretton Woods der Wechselkurs nach einer politischen Entscheidung angepasst werden.

[69] Zu den folgenden Ausführungen vergleiche ausführlich Bofinger u. a. (1996), S. 269ff.

[70] Der entscheidende Unterschied des Europäischen Währungssystems zum System vom Bretton Woods war, dass sich die Leitwährung ihre Stärke marktmäßig verdienen musste und nicht institutionell festgeschrieben wurde. Die D-Mark nahm innerhalb des Systems sofort die Stellung der Leitwährung an (vgl. Herr 1992).

der Fälle das gesteckte Ziel nicht erreichen. In Extremfällen beliefen sich die Abweichungen auf rund zehn Prozent zwischen dem offiziellen Ziel des Geldmengenwachstums und der tatsächlichen Wachstumsrate. Anfang der 1990er Jahre wurde die Geldmengensteuerung in Großbritannien offiziell aufgegeben.

Auch die USA vollzogen Mitte der 1970er Jahre den Strategiewechsel hin zu einer Geldmengensteuerung, da die US-Notenbank, die FED, durch den amerikanischen Kongress hierzu gezwungen wurde. Allerdings widersetzte sich die FED bis Ende der 1970er Jahre erfolgreich dieser Anforderung, indem sie beispielsweise immer wieder das zu messende Geldaggregat neu definierte. Im Oktober 1979 kam es dann allerdings – vor dem Hintergrund einer starken inflationären Entwicklung in den USA und einer massiven Abwertung des US-Dollar – unter dem neuen Vorsitzenden der FED, Paul Volcker, zu dem Versuch einer rigiden Geldmengensteuerung. Jedoch scheiterte die Geldmengensteuerung eindeutig und wurde bereits 1982 wieder aufgegeben. Die geplanten Wachstumskorridore von M1, M2 und M3 konnten in keiner Phase eingehalten werden.

Diese Episode der Geldpolitik in den USA ist von besonderem Interesse, da die FED mit allen Mitteln versuchte, das anvisierte Geldmengenziel zu realisieren. Die Abbildung 4.2 zeigt deutlich die Folgen einer strikt versuchten Geldmengensteuerung, nämlich die massive Destabilisierung des Geldmarktzinssatzes und damit aller kurzfristigen Zinssätze (vgl. auch Bryant 1983). In keiner Phase seit 1954 waren die kurzfristigen Zinssätze so hoch und zeigten so gewaltige Schwankungen innerhalb kürzester Zeit wie im Zeitraum der versuchten Geldmengensteuerung. Erst nachdem die sie wieder aufgegeben worden war, ließ die extreme Volatilität nach. Noch unter Paul Volcker und später unter seinem Nachfolger, Alan Greenspan, ging man in den USA durchaus erfolgreich zu einer Geldpolitik über, die mehr oder weniger identisch ist mit der zweiten Säule der geldpolitischen Strategie der EZB.

Unbestritten war die Geldpolitik der Deutschen Bundesbank, gemessen am Ziel der Preisniveaustabilität, im internationalen Maßstab äußerst erfolgreich. Nicht ohne Grund hat sie eine hohe Reputation genossen und galt als Vorbild für den Aufbau der EZB. Diese Reputation hat sie sich allerdings nicht dank der Einhaltung der jeweils verkündeten Geldmengenziele erarbeitet.

Abbildung 4.2: Die Destabilisierung der US-Geldmarktzinssätze während der Phase der Geldmengensteuerung

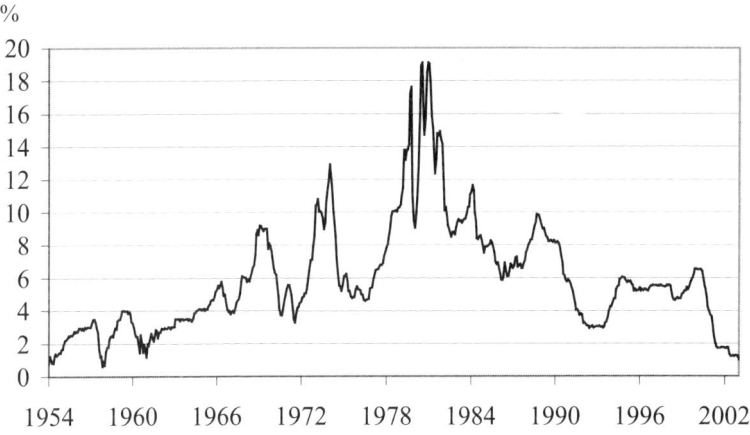

Quelle: Board of Governors of the Federal Reserve System, 2003

Denn die seit 1975 verfolgten und zuvor bekannt gegebenen jährlichen Geldmengenziele wurden bis zur Schaffung der EWU im Jahre 1999 in nur etwa fünfzig Prozent der Fälle erreicht, zum Teil wurden die Ziele sogar erheblich verfehlt (vgl. Bofinger 1996, S. 269ff.). Das gleiche Ergebnis ergibt sich für die Schweizerische Nationalbank. Diese beiden Länder waren offensichtlich nicht bereit, für den Versuch der Einhaltung der Geldmengenziele eine schockartige Zinspolitik wie in den USA zu betreiben. Gerade diese beiden Länder zeigen, dass das Ziel der Preisniveaustabilität offensichtlich auch ohne Einhaltung von Geldmengenzielen erreicht werden kann.

Die empirischen Befunde werfen die theoretische Frage auf, warum sich Zentralbanken so schwer tun, die Geldmenge zu steuern. Dieser Aspekt soll nun näher beleuchtet werden.

Soll auf der Grundlage der Quantitätsgleichung (vgl. Gleichung 1 im 3. Kapitel) die Geldmenge beziehungsweise das Geldangebot so gesteuert werden, dass das Preisniveau stabil bleibt, dann muss natürlich bekannt sein, was die Geldmenge ist. Es mag überraschend sein, aber was die zu steuernde Geldmenge sein soll, ist umstritten.[71] In der Logik der Quantitätstheorie wäre es nahe liegend, die Banknoten und Münzen der Zentralbank als das zu steuernde Geld zu definieren. Diesem Ansatz wird jedoch nicht gefolgt. Vielmehr wird untersucht, welches monetäre Aggregat sich möglichst stabil entwickelt und zudem eine möglichst starke Korrelation mit Preisniveauerhöhungen aufweist. Dieses Aggregat wird dann ausgewählt. Als die Deutsche Bundesbank 1975 zur Geldmengensteuerung überging, wählte sie zunächst die Zentralbankgeldmenge als monetäres Aggregat, wobei die von den Geschäftsbanken bei der Zentralbank hinterlegten Mindestreserven mitgezählt wurden. Es lässt sich allerdings bezweifeln, ob diese Mindestreserven als exogenes Geldangebot interpretiert werden können, da die Mindestreserven ja definitionsgemäß nicht dem Publikum zur Verfügung gestellt werden können. Wie dem auch sei, die Bundesbank ging später nach einigen Experimenten von der Zentralbankgeldmenge zu M3 über, da die Umlaufgeschwindigkeit der Zentralbankgeldmenge als zu instabil angesehen wurde.[72] Aber auch das Aggregat M3 entwickelte sich nicht befriedigend stabil, sodass die Bundesbank – wie gesagt – auch nach dem Übergang zu M3 ihr Geldmengenziel häufig verfehlte (vgl. Deutsche Bundesbank, Monatsbericht Juli 1995, S. 82, oder Bofinger 2001).

Das Konzept einer exogen durch die Zentralbank gesetzten Geldmenge hat mehrere Mängel, die folgend analysiert werden.

---

[71] Tobin (1974, S. 105) schrieb treffend über E.S. Shaw: „Ein hervorragender Geldtheoretiker, aufrichtiger als viele seiner Kollegen, gibt z.B. zu, dass wir nicht wirklich wissen, was Geld ist, aber fährt fort zu argumentieren, dass, was immer es sei, sein Angebot regelmäßig mit einer Rate in der Größenordnung von 3 bis 4 % pro Jahr wachsen solle."

[72] Hören wir die Deutsche Bundesbank (Monatsbericht Juli 1995, S. 84): „Da der Bargeldumlauf in Deutschland ausgeprägt auf extreme ‚Ausreißer' in der Zins- und der Wechselkursentwicklung reagiert, hat dessen hohes Gewicht dazu geführt, dass die Zentralbankgeldmenge die Grundtendenzen der monetären Expansion nicht nur nicht kurzfristig, sondern für ein ganzes Jahr und länger über- oder auch unterzeichnet hat."

4.1.2 Die Zentralbank als Marktteilnehmerin

Es wurde im zweiten Kapitel ausgeführt, dass Zentralbanken nur den Geldmarktzinssatz steuern können. Der Umfang der emittierten Geldmenge hängt dann von der Nachfrage der Geschäftsbanken ab. Das Bild des Hubschraubers, der Geld abwirft, ist somit irreführend. Vielmehr ist die Zentralbank eine Marktteilnehmerin, welche den Zinssatz setzt, jedoch die Mengenlösung dem Geldmarkt überlassen muss.[73] Je konsequenter nun eine Zentralbank mittels der Zinssatzpolitik ihr Geldmengenziel zu erreichen sucht, umso unstetiger wird die Zinssatzentwicklung. Als beispielsweise die Deutsche Bundesbank Mitte 1973 eine scharfe Politik der Geldmengenverknappung durchsetzte, stieg der Geldmarktzinssatz auf bis zu knapp 40 Prozent (vgl. Emminger 1986, S. 263)! Ganz ähnliche Erfahrungen mussten die USA Anfang der Achtzigerjahre des letzten Jahrhunderts machen (vgl. Abbildung 4.2).

Wie gezeigt wurde, entsteht Geld durch die Vergabe eines Kredits der Zentralbanken an die Geschäftsbanken. Die Geschäftsbanken ihrerseits finanzieren mit diesem Geld (plus den Einlagen der Sparer) die Kreditnachfrage vor allem des Staates und der Unternehmen. Insbesondere die Kreditnachfrage der Unternehmen zur Finanzierung von Investitionsvorhaben hängt von dem Verhältnis der erwarteten Verzinsung des eingesetzten Kapitals zum Zinssatz ab. Sind die Erwartungen, warum auch immer, „im Keller", sinkt die Investitionsneigung und die Kreditnachfrage geht zurück. Zwar kann die Zentralbank versuchen, dieser Entwicklung entgegen zu wirken, indem sie ihre Zinssätze senkt. Ob ihr Vorhaben gelingt, hängt dann aber nicht mehr von ihr selbst ab. Dies zeigt sich besonders anschaulich an der wirtschaftlichen Entwicklung Japans seit

---

[73] Für die Deutsche Bundesbank, die immerhin eine strikte Vertreterin der Geldmengensteuerung war, war dieser Punkt klar: „Es wäre ... verfehlt anzunehmen, die Bundesbank könnte ihr Monopol über die Schaffung von Zentralbankgeld unmittelbar dazu benutzen, das Wachstum der Geldmenge auf kurze Sicht – also etwa von Woche zu Woche oder von Monat zu Monat – genau auf dem vom Geldmengenziel vorgezeichneten Pfad zu halten. Die Bundesbank kann weder die Expansion der Geldmenge in beliebiger Weise unmittelbar beschränken, indem sie überschießende Nachfrage der Banken nach Zentralbankguthaben einfach unbefriedigt lässt, noch ist sie in der Lage, eine zu schwache Nachfrage nach Zentralbankgeld durch die Schaffung von Überschussguthaben der Kreditinstitute so nahtlos auszugleichen, dass die Ausweitung der Geldmenge zu keinem Zeitpunkt hinter den gestreckten Zielen zurückbleibt." (Deutsche Bundesbank, Monatsbericht Juli 1995, S. 92)

Beginn der 1990er Jahre, da die Wirtschaft trotz Zentralbankzinssätze von nahezu null nicht Tritt gefasst hat. Zentralbanken können noch nicht einmal verhindern, dass sich Geschäftsbanken bei ihnen entschulden und damit die Geldmenge verkleinern. Die Zentralbank ist Marktteilnehmerin: Sie kann die Pferde zur Tränke führen, saufen müssen sie freilich allein.

Im umgekehrten Fall einer expansiven Kreditnachfrage durch die privaten Wirtschaftssubjekte scheint die Macht der Zentralbank größer zu sein. Da sie über die Geldmenge entscheidet, die den Geschäftsbanken im Rahmen der Offenmarktgeschäfte zugeteilt werden, könnte der Eindruck entstehen, dass sie in diesem Fall die Geldmenge exakt kontrollieren kann. Dem ist allerdings nicht so. Denn erstens können die Geschäftsbanken initiativ werden, sofern sie Liquiditätsengpässe haben und sich im Rahmen der Spitzenrefinanzierungsfazilität jederzeit Zentralbankgeld besorgen. Begrenzt wird diese Möglichkeit lediglich durch die Sicherheiten, die die Banken bieten müssen. Zweitens müssen die Geschäftsbanken die Mindestreserveeinlagen nur im Durchschnitt der Erfüllungsperiode erfüllen, sodass sie bei Engpässen diese Einlagen herunterfahren können. Zugleich können sie sicher sein, dass die Zentralbank gegen Ende der Frist den Geschäftsbanken höhere Zuteilungen zukommen lässt, um es nicht zu gesamtwirtschaftlichen Liquiditätsengpässen kommen zu lassen. Eben aus diesem Grunde hatte es selbst Volcker nicht gewagt, seine jeweiligen Geldmengenziele rigoros durchzusetzen.

Eine unmittelbare Kontrolle der Geldmenge ist nur unter sehr spezifischen Annahmen denkbar, die in modernen Geldökonomien aber gerade nicht existieren. Nehmen wir an, das Bargeld einer Volkswirtschaft würde nicht über Kreditbeziehungen zwischen den Geschäftsbanken und der Zentralbank in Umlauf gebracht, sondern ausschließlich über Budgetdefizite der öffentlichen Haushalte. In einem solchen Fall kann die öffentliche Hand die Geldmenge in der Tat einseitig festlegen. Da aber, wie wir im zweiten Kapitel gezeigt haben, in allen entwickelten Volkswirtschaften Geld über Kredit zwischen der Zentralbank und den Geschäftsbanken entsteht und sich die Staaten im Regelfall nicht oder nur in sehr begrenztem Umfang bei den Zentralbanken verschulden dürfen, ist diese Form der exogenen Setzung der Geldmenge durch den Staat ausgeschlossen.

4.1.3 Portfolioumstrukturierungen der Haushalte

Zentralbanken haben auch Probleme mit der Geldmengensteuerung, weil sie das Portfolioverhalten der Haushalte und Unternehmen nicht steuern können. Wechselt das Publikum nämlich von langfristigen in kurzfristige Anlagen oder umgekehrt explodiert oder schrumpft M3. Ein anderes Beispiel der Erhöhung von M3 ist die Umstrukturierung von Anlagen bei sonstigen Finanzintermediären wie Investmentfonds zu Banken. Hier verlängert sich die Bilanz der Geschäftsbanken. Derartige Umschichtungen erfolgen üblicherweise nicht, um die Nachfrage nach Gütern zu erhöhen, sondern um die Sicherheit der Finanzanlage zu erhöhen oder um eine höhere Verzinsung zu erzielen. Dadurch erhöhen sich aber nicht die inflationären Gefahren.

Betrachten wir einige historische Beispiele, die zeigen, wie eine Steuerung der Geldmenge außer Kraft gesetzt wird. So stieg in Deutschland im Jahre 1993 das Aggregat M3 sprunghaft an, nachdem sich auf Grund der restriktiven Geldpolitik der Bundesbank eine inverse Zinsstruktur herausgebildet hatte, also kurzfristige Anlagen besser als langfristige verzinst wurden. Natürlich führt eine inverse Zinsstruktur dazu, dass frei werdende langfristige Anlagen nun kurzfristig angelegt werden. Denn Anleger genießen dann nicht nur den Vorteil der höheren pekuniären Verwertung, sondern auch den der höheren Liquidität. Aus einer solchen Umschichtung resultiert kein inflationärer Impuls, obwohl die Geldmenge M3 steigt.

Auch die Turbulenzen auf den Aktienmärkten seit Frühjahr 2001 haben das M3-Wachstum beeinflusst. „Das seit Mitte 2001 zu beobachtende hohe M3-Wachstum muss im Zusammenhang mit der großen Unsicherheit und den Turbulenzen an den Finanzmärkten und insbesondere mit dem anhaltenden und beispiellosen Verfall der Aktienkurse in den letzten beiden Jahren gesehen werden. Diese außergewöhnlichen Entwicklungen haben Nicht-MFIs (MFI = Monetäre Finanzinstitute, die Verf.) im Euro-Währungsgebiet veranlasst, ihre Bestände an relativ risikoreichen Vermögenswerten wie Aktien abzubauen und ihre Nachfrage nach relativ liquiden und risikoärmeren, in M3 enthaltenen Vermögenswerten zu erhöhen. Diese Erklärung wird durch die Analyse der Finanzierungsströme untermauert, aus der hervorgeht, dass es in diesem Zeitraum per saldo zu einem deutlichen Rückgang der Anlagen in Aktien und einem kräftigen Anstieg des Erwerbs von in M3 enthaltenen Vermögenswerten, insbesondere Geldmarktfondsanteilen, kam" (EZB, Monatsbericht November 2002, S. 12). Auch diese Umschichtung erhöht nicht die inflationären Gefahren, da sie nur eine andere Struktur der Vermögenshaltung ausdrückt, nicht aber den Wunsch, etwa Konsumgüter zu kaufen. Im Gegenteil: Durch die eingefahrenen Verluste bei den (ehemaligen) Aktienbesitzern besteht die Gefahr sinkender Nachfrage auf Grund der Reduzierung ihres Vermögens und schlechter Zukunftserwartungen. Vor diesem Hintergrund ist es gefährlich, die Geldpolitik am Wachstum der Geldmenge M3 auszurichten, selbst dann, wenn M3 im langfristigen Trend tatsächlich ein geeigneter Frühindikator sein sollte. Kurzfristig versagt der M3-Indikator, aber Geldpolitik muss kurzfristig agieren.

Bei zunehmend integrierten internationalen Kapitalmärkten unterliegt die Erfassung von beispielsweise M3 zudem der Problematik, dass unter Umständen Ausländer ihr Vermögen in kurzfristigen Anlagen in Euros im Eurowährungsgebiet „parken". Solche Anlagen können starken Schwankungen unterliegen. Sie sollen jedoch nicht in M3 enthalten sein. Das Problem trat beispielsweise Anfang 2001 in relevantem Umfang auf. „Darüber hinaus hat es, wie bereits in früheren Ausgaben des Monatsberichts und anderen Mitteilungen dargelegt, Anzeichen dafür gegeben, dass die Angaben zum Geldmengenwachstum nach oben verzerrt sind, was auf den Erwerb von in M3 enthaltenen marktfähigen Finanzinstrumenten durch Ansässige außerhalb des Euro-Währungsgebiets zurückzuführen ist. Es liegen nun eindeutige Belege dafür vor, dass das Ausmaß dieser Verzerrungen erheblich und höher als zuvor erwartet ist" (EZB, Monatsbericht Mai, S. 5; vgl. auch Deutsche Bundesbank, Monatsbericht Mai 2001, S. 18f.). Hätte die EZB in diesem Fall eine strikte Politik der Geldmengensteuerung verfolgt, hätte dieser internationale Portfolioeffekt zu einer unnötig restriktiven Geldpolitik geführt.

Diese Beispiele zeigen, dass M3 keinesfalls als das Geldangebot der Zentralbank interpretiert werden kann. Stattdessen erfasst dieses Geldmengenaggregat eben auch das Anlageverhalten der Geldvermögensbesitzer, also Komponenten der Geldnachfrage. Mit jeder Umstrukturierung der Portfolios verändert sich die M3-Geldmenge, auch wenn die Zentralbank „die Hände in der Hosentasche" gelassen hat.

Eine Politik der Geldmengensteuerung hat nicht nur Probleme mit der Bestimmung und Steuerung des Geldangebots, sondern auch mit der Beziehung zwischen Geldmenge und Preisniveau. Sie ist nur bei einer stabilen Umlaufgeschwindigkeit des Geldes beziehungsweise einer stabilen

Geldnachfrage gegeben. Sie ist für alle Varianten der Quantitätstheorie deshalb so wichtig, weil ansonsten die Proportionalität zwischen Geldmengen- und Preisniveauveränderungen zerstört wird. Betrachten wir im Folgenden die Umlaufgeschwindigkeit monetärer Aggregate etwas genauer.

4.1.4 Die Umlaufgeschwindigkeit des Geldes

Empirisch kann die Umlaufgeschwindigkeit des Geldes so dargestellt werden, dass eine Sozialproduktgröße ins Verhältnis zu einem monetären Aggregat gesetzt wird. Denn wird die Quantitätsgleichung $M \cdot v = P \cdot Y_r$ nach der Umlaufgeschwindigkeit des Geldes v umgestellt, so gilt mit $P \cdot Y_r$ als nominale Sozialproduktgröße und M als Geldmengenaggregat:

$$v = \frac{P \cdot Y_r}{M} \qquad (8)$$

In Abbildung 4.3 haben wir das Bruttoinlandsprodukt und das monetäre Aggregat M1, das die Bargeldhaltung und Sichtdepositen des Publikums umfasst, als Größen gewählt. M1 ist das Aggregat, das sofort verfügbares Finanzvermögen erfasst. Die Grafik zeigt, dass die Umlaufgeschwindigkeit von M1 nicht besonders stabil ist. Sie nahm nach 1973 deutlich ab, um dann ab Ende der Siebzigerjahre wieder anzusteigen. Ab Mitte der 1980er Jahre nahm die Umlaufgeschwindigkeit von M1 erneut deutlich ab, begleitet von nicht unerheblichen Schwankungen. Dies Ergebnis gilt auch, wenn man vom Strukturbruch der deutschen Vereinigung Anfang der 1990er Jahre absieht. Auch nach der Einführung des Euro ist die Umlaufgeschwindigkeit von M1 alles andere als stabil. In den Jahren 2000 bis 2001 sind starke Schwankungen der Umlaufgeschwindigkeit erkennbar. In den darauf folgenden Jahren ist ein trendmäßiger Rückgang der Umlaufgeschwindigkeit des Geldes zu beobachten. Die EZB (2000, S. 63) spricht in diesem Zusammenhang das Thema „elektronisches Geld" an, welches für effizientere Zahlungsstrukturen in einer Volkswirtschaft sorgen soll. Diesem Argument folgend hätte sich die Umlaufgeschwindigkeit von M1 beschleunigen müssen. Zweifellos wirkt dieser Effekt zur Beschleunigung der Umlaufgeschwindigkeit, jedoch gibt es andere Faktoren, welche die Umlaufgeschwindigkeit von M1 reduzieren. So steigt die Bargeldhaltung in den zentralen Währungen der Welt (vor allem in US-Dollar und in Euro, davor der D-Mark), da diese Währungen als Parallelwährungen in vielen Ländern mit schwachen Währungen benutzt werden und ein beachtlicher Teil krimineller Geschäfte mit Banknoten dieser Währungen abgewickelt wird. Die Instabilität der Umlaufgeschwindigkeit reflektiert auch, dass entsprechend der Erwartungen der Wirtschaftssubjekte die Liquiditätshaltung auch in M1 auf- und abgebaut wird. Deutlich wird, dass selbst das Aggregat M1 nicht ausschließlich für Transaktionszwecke von Waren gehalten wird, sondern auch andere Kalküle eine Rolle spielen.

Abbildung 4.3: Umlaufgeschwindigkeit von M1 in der Bundesrepublik Deutschland und ab 1999 in der EWU (BIP/M1)

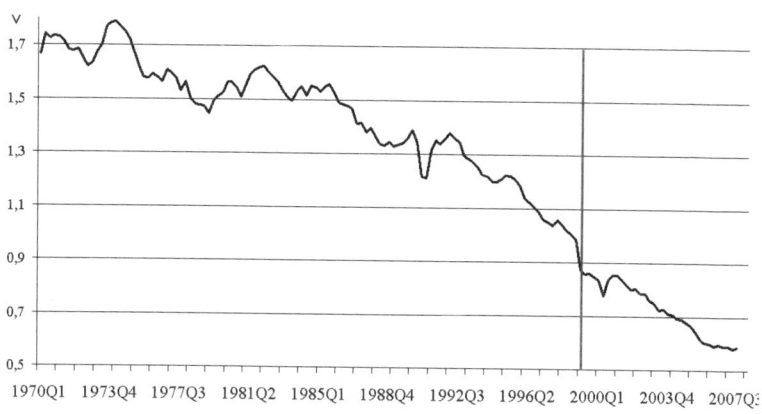

Quelle: Deutsche Bundesbank, Zeitreihendatenbank 2008

Abbildung 4.4 zeigt die Umlaufgeschwindigkeit von M3, die insgesamt geringer ist als die von M1, da M3 ein weitaus größeres Aggregat darstellt. Auch die Umlaufgeschwindigkeit von M3 zeigt die Brüche der deutschen Vereinigung und den Beginn der EWU. Die M3-Umlaufgeschwindigkeit fällt ebenfalls langfristig. Trotz größerer Stabilität als M1 ist sie nicht stabil genug, um als Basisgröße für eine jährliche Geldmengenregel fungieren zu können. Deutlich wird ihre Instabilität, wenn die prozentualen Veränderungen gegenüber dem Vorjahr dargestellt werden (vgl. Abbildung 4.5). Große Schwankungen gab es bereits in der Endphase des Systems von Bretton Woods Anfang der 1970er Jahre und dann vor allem in den 1990er Jahren. Seither kann von einem Strukturbruch hin zur stärkeren Destabilisierung der Umlaufgeschwindigkeit gesprochen werden, der sich auch unter dem Euro fortgesetzt hat.

Abbildung 4.4: Umlaufgeschwindigkeit von M3 in der Bundesrepublik Deutschland und ab 1999 in der EWU (BIP/M3)

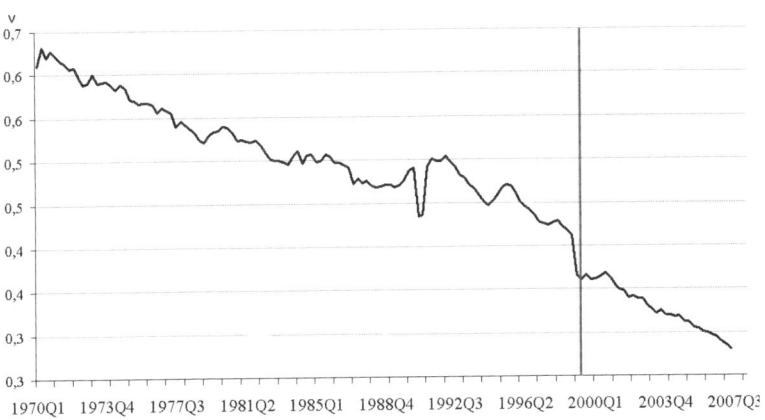

Quelle: Deutsche Bundesbank, Zeitreihendatenbank 2008

Die Instabilität der Umlaufgeschwindigkeit hat vielfältige Ursachen. Das Investitionsverhalten und die Kreditnachfrage der Unternehmen, die Portfolioentscheidungen der Haushalte, die Kreditvergabe der Geschäftsbanken oder die Wechselkursentwicklungen sind zu einem guten Teil von subjektiven Erwartungen abhängig, die unter Bedingungen von Unsicherheit entstehen. Hinzu kommen Störungen durch soziale und politische Ereignisse. Daher ist nicht zu erwarten, dass sich die Umlaufgeschwindigkeit des Geldes beziehungsweise die Geldnachfrage in der Zeit stabil entwickelt. Umstritten ist, ob die Umlaufgeschwindigkeit beziehungsweise die Geldnachfrage im mittel- oder langfristigen Trend relativ

stabil ist. Unterschiedliche empirische Studien kommen zu unterschiedlichen Ergebnissen (vgl. Bofinger, u. a. 1996, S. 471ff.).

*Abbildung 4.5: Veränderungen der Umlaufgeschwindigkeit (BIP/M3)
im Vergleich vom Vorjahr*

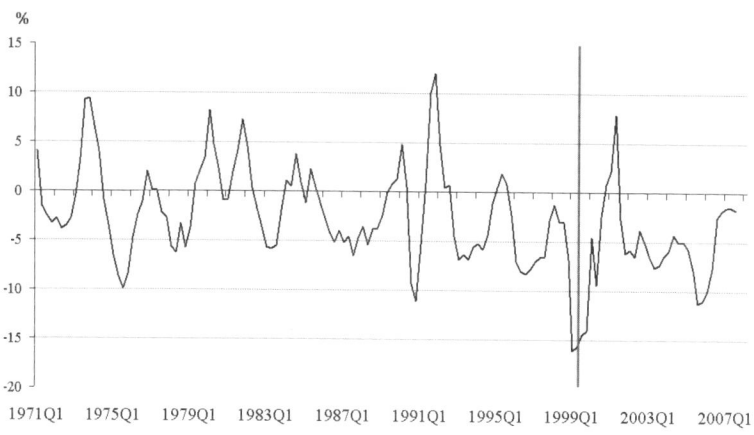

Quelle: Deutsche Bundesbank, Zeitreihendatenbank 2008

Auch die vorherigen Grafiken lassen sich ohne Zweifel unterschiedlich
interpretieren. Doch auch wenn angenommen wird, die Geldnachfrage
sei längerfristig stabil, so bleibt es für Zentralbanken problematisch, ihre
Geldpolitik an der trendmäßigen Geldmengenentwicklung auszurichten
und kurzfristige Abweichungen nicht ins geldpolitische Kalkül einzube-
ziehen. Nehmen wir als Beispiel das Jahr 1995. Hätte die Deutsche Bundesbank bei der Kalkulation der geplanten Zielgrößen des Geldmengenwachstums dem langfristigen Trend folgend eine fallende Umlaufgeschwindigkeit von einem Prozent unterstellt, während sie tatsächlich aber
um rund drei Prozent gestiegen ist, dann läge eine beachtliche Abweichung von vier Prozent vor. Was ist in diesem Fall zu tun? Nach der
Logik der Quantitätstheorie des Geldes führt die gestiegene Umlaufgeschwindigkeit bei gegebener Geldmenge nicht zu zusätzlicher Produktion, sondern zu einer deutlichen Preiserhöhung. Damit steht die Zentralbank vor einem Dilemma: Hält sie am Geldmengenziel fest, so muss sie

riskieren, dass sich das Preisniveau ständig ändert. Ein kurzfristiger Impuls folgt dem Nächsten. Volatile, also sehr unstetig verlaufende, Preisniveaus erhöhen allerdings die ökonomische Unsicherheit, was eigentlich nicht im Interesse einer Zentralbank liegen kann. Oder aber sie gibt das Geldmengenziel preis, um – in diesem Fall – mit Hilfe einer restriktiven Geldpolitik die gestiegenen Umlaufgeschwindigkeiten zu kompensieren. Dann läuft sie freilich Gefahr, Wachstum und Beschäftigung zu opfern. Hinzu kommt, dass sich nicht wissen kann, ob sie mit kurzfristigen Veränderungen bei der Umlaufgeschwindigkeit oder mit einem Strukturbruch konfrontiert ist. Ob eine Entwicklung kurzfristiger oder langfristiger Art ist, weiß man leider immer erst im Nachhinein. Gehandelt werden muss aber Hier und Heute. Man sieht die Geldmengenentwicklung ist ein problematischer Wegweiser für die Geldpolitik, wenn die Umlaufgeschwindigkeit in welcher Frist auch immer instabil ist. Dies zeigt sich auch an der Entwicklung seit 2000. Die Geldmenge M3 ist in der EWU seit der zweiten Jahreshälfte 2001 durch die oben skizzierte Flucht in Liquidität angestiegen, ohne dass sich das nominale Sozialprodukt entsprechend stark erhöht hat. Die Umlaufgeschwindigkeit des Geldes ist gesunken. Eine Politik der Geldmengensteuerung verliert in einem solchen ökonomischen Umfeld ihren Sinn.

4.1.5 Errechnung der geplanten Geldmengenerhöhung

Friedman (1976b) hatte seinerzeit argumentiert, dass sowohl das monetäre Aggregat, das die Zentralbank auswählt, als auch die Wachstumsrate des gewählten Aggregats zweitrangig seien im Vergleich zur stabilen prozentualen jährlichen Erhöhung. Allerdings haben Zentralbanken sich immer sehr viel Mühe gegeben, die „richtige" Wachstumsrate der Geldmenge zu berechnen. Auch die Art und Weise der Berechnung des Geldmengenwachstums lässt sich anhand der Quantitätsgleichung veranschaulichen. Wird $M \cdot v = P \cdot Y_r$ in Wachstumsraten transformiert und nach der Geldmenge aufgelöst, so erhält man:

$$\hat{M} = \hat{P} + \hat{Y}r - \hat{v} \qquad (9)$$

Die Veränderungsrate der Geldmenge entspricht danach der Veränderungsrate des Preisniveaus zuzüglich der Änderungsrate der realen

Wachstumsrate des Sozialprodukts abzüglich der Veränderungsrate der Umlaufgeschwindigkeit des Geldes. Liegen $\hat{M} = \hat{P} + \hat{Y}r - \hat{v}$ fest, dann ist die Wachstumsrate der Geldmenge bestimmt. Gerade so verfährt die EZB bei der Bestimmung des angestrebten Geldmengenwachstums. Die EZB ging Anfang 1999 von einem Wachstum des realen Sozialproduktes von 2 bis 2,5 Prozent aus, da angenommen wurde, dass sich auch das Produktionspotenzial im Trend um diesen Wert erhöht. Des Weiteren schätzte sie, dass sich die Umlaufgeschwindigkeit trendmäßig um 0,5 bis 1 Prozent verringert. Schließlich wurde die Zielinflationsrate mit maximal 2 Prozent festgelegt. Nimmt man alle drei Größen zusammen, so ergibt sich nach den Vorstellungen der EZB ein Referenzwert für das jährliche Wachstum von M3 in Höhe von 4,5 Prozent (vgl. EZB, Monatsbericht Januar 1999). Der Referenzwert wurde bis jetzt (2004) nicht geändert.[74]

Wie immer, so liegt auch bei der Berechnung der angestrebten Geldmengenerhöhung der Teufel im Detail. Denn es ist methodisch äußerst fragwürdig, das Wachstum des Produktionspotenzials zu schätzen, da es faktisch keine eindeutige physische Produktionsgrenze gibt. Letztlich ist unbekannt, ob die europäische Ökonomie jährlich potenziell um 2 oder 6 Prozent wachsen kann. Die methodischen Probleme äußern sich empirisch in unterschiedlichen Schätzwerten des Potenzialwachstums (vgl. EZB, Monatsbericht November 2000 und Jahresbericht 2000, S.17). Auch die EZB ist der Auffassung, „dass die Unsicherheiten, mit denen die Schätzungen über die mittelfristige Entwicklung des Produktionspotenzials im Euroraum behaftet sind, zugenommen" haben, sodass der EZB-Rat „die Hinweise auf eine mögliche Beschleunigung des Produktivitätswachstums im Euroraum sorgfältig überprüfen" werde (EZB Jahresbericht 2000, S. 17).[75]

Es wird häufig versucht, das Produktionspotenzial mit Hilfe einer makroökonomischen Produktionsfunktion zu schätzen, welche in allgemeiner Form durch BIPr = f (PV, H) mit BIPr als realem Bruttoinlands-

---

[74] Nimmt man mittlere Werte für das geschätzte Wachstum des Produktionspotenzials (2,25%) und der Abnahme der Umlaufgeschwindigkeit des Geldes (0,75%) sowie eine angestrebte Inflationsrate von 1,5% an, folgt: = 1,5% +2,25% -(-0,75%) = 4,5%. Die EZB lässt allerdings offen, welche Werte sie genau einsetzt, um zu 4.5% zu kommen.

[75] Eine Darstellung der verschiedenen Methoden zur Schätzung des Potenzialwachstums findet sich in EZB, Monatsbericht November 2000, S. 39ff.

produkt, PV als Produktivvermögen und H als Arbeitseinsatz ausgedrückt werden kann. Allerdings sind – bezogen auf unser Thema – unlösbare methodische Probleme mit einer solchen makroökonomischen Produktionsfunktion verbunden. Das jeweilige jährliche PV muss durch die jährlichen Bruttoinvestitionen minus der jährlichen Abschreibungen berechnet werden. Die wertmäßigen Abschreibungen werden buchhalterisch zwar verfasst, ob sie allerdings den physischen Verschleiß des Kapitalstocks adäquat widerspiegeln, ist äußerst fragwürdig. Des Weiteren stellt sich die Frage, wie sich voraussichtlich die Bruttoinvestitionen entwickeln werden. Auch dies ist schwer zu schätzen, da ihr Umfang von Jahr zu Jahr und zum Teil erheblich schwankt. Vor allem aber ist PV eine Wertgröße, die sich durch Preisveränderungen, die ihrerseits durch technologische Entwicklungen, veränderte Einkommensverteilungen etc. bedingt sind, ständig ändert. PV liefert somit nur äußerst vage Informationen über das technische Produktionspotenzial einer Volkswirtschaft.[76] Ähnliche Probleme ergeben sich bei der Berechnung des künftigen realen Bruttoinlandsproduktes. Schließlich: Bei Veränderungen der Produktivität ändert sich die Abbildungsregel f in der Funktion. Es ist wiederum unbekannt, wie sich die Produktivität verändert, was die EZB in dem obigen Zitat ja auch zu Recht betont.

Auf Grund der zahlreichen methodischen Probleme wird das Produktionspotenzial in aller Regel aus Daten der Vergangenheit errechnet. Wie immer diese Berechnungen im Einzelnen auch aussehen mögen, sind sie methodisch unbefriedigend und geldpolitisch gefährlich.

Erstens: Greift man auf das Trendwachstum des realen BIP zurück und interpretiert es als Zuwachsrate des Produktionspotenzials, so bleibt offen, ob nicht eventuell mit Hilfe beispielsweise einer effizienteren Geldpolitik (oder auch Lohn- und Fiskalpolitik) in der Vergangenheit ein höheres Trendwachstum möglich gewesen wäre. Wenn man diese Möglichkeit ausschließt, dann unterstellt man implizit eine Super-Neutralität

---

[76] Ein wohl nicht zu lösendes theoretisches Problem bei der Berechnung des Produktionspotenzials ergibt sich dadurch, dass unklar ist, wie künftige Veränderungen der Preisstruktur, also der relativen Preise, berücksichtigt werden sollen. Denn werden Produktionspotenziale wertmäßig bestimmt – anders geht es ja schwerlich in einer Welt mit vielen Gütern –, so verändert sich das wertmäßige Produktionspotenzial mit jeder Zinssatzvariation beziehungsweise Verteilungsänderung, da jede Verteilungskonstellation ein eigenständiges System relativer Preise bedingt (vgl. Heine/Herr 2003, Kap. 3.3).

des Geldes, da die vorangegangene Geldpolitik die „Realsphäre" der Ökonomie unberührt gelassen haben müsste.[77]

Zweitens: Selbst wenn Geldpolitik in der Vergangenheit keinen Einfluss auf die ökonomische Entwicklung gehabt haben sollte, ist nicht auszuschließen, dass positive Veränderungen heute, wie etwa technologischer Fortschritt oder grundsätzlich positivere Erwartungen, die Ökonomie auf einen höheren Wachstumspfad bringen. Diese Möglichkeit wird in Abbildung 4.6 durch die obige wellenförmig verlaufende Kurve als Trend 2 dargestellt. Angenommen, wir befinden uns im Zeitpunkt t_0. Eine Zentralbank, welche das Produktionspotenzial aus vergangenen Daten berechnet, wird eine Geldmengenerhöhung entsprechend des ersten Trends anstreben. Sie wird die Situation im Zeitpunkt t_0 als ausgesprochene Überhitzung der Ökonomie interpretieren und ihre Zinspolitik entsprechend restriktiv ausrichten. Anderenfalls kann sie ihr geplantes Geldmengenziel auch gar nicht erreichen. Sie wird somit durch ihre Geldpolitik die Ökonomie auf einen niedrigeren Wachstumspfad zwingen, der in der Abbildung gepunktet dargestellt ist. Sie fühlt sich später in ihrer Politik vollständig bestätigt, denn das Wachstum des Sozialproduktes hat sich genau entsprechend ihrer Erwartungen entwickelt. Nur bei einer Super-Neutralität des Geldes wäre die Geldpolitik der Zentralbank folgenlos. Realistischer dürfte sein, dass die Zentralbank die Ökonomie unterhalb ihrer Möglichkeiten hält und dadurch Wachstums- und Beschäftigungschancen auch langfristig verspielt.

Auch die Bewertung der Umlaufgeschwindigkeit des Geldes bereitet – wie zuvor gezeigt wurde – Schwierigkeiten, da sie zumindest kurzfristig deutlich vom langfristigen Trend abweichen kann. Daraus können beachtliche Fehleinschätzungen resultieren, die die Geldpolitik in die falsche Richtung lenken können.

Noch klärungsbedürftige bleibt die Festlegung der Zielinflationsrate in diesem Fall von unter 2 Prozent. Wie später gezeigt wird, ist auch diese Ausrichtung der Geldpolitik der EZB nicht unproblematisch. An dieser Stelle der Abhandlung wird sie als gegeben akzeptiert.

Im Ergebnis zeigt sich, dass die notwendigen Bedingungen für eine Geldmengensteuerung nicht gegeben sind. Eben aus diesem Grunde haben fast alle Zentralbanken Abschied von dieser Politikvariante genom-

---

[77] Die Super-Neutralität des Geldes wird von der Neuklassik mit dem Ansatz rationaler Erwartungen vertreten (vgl. Kapitel 3.1).

Abbildung 4.6: Trend und Entwicklung

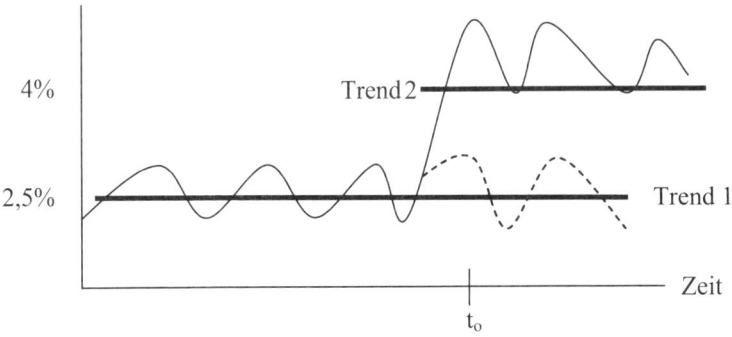

men. Selbst die Deutsche Bundesbank hat ihre geldpolitischen Entscheidungen faktisch nicht hart von der Entwicklung eines Geldmengenaggregats wie M3 abhängig gemacht. Zum einen hat sie regelmäßig Abweichungen vom jeweiligen Geldmengenziel toleriert und die Geldmengenregel als eine „conditional rule" (vgl. Issing 1996) ausgelegt, die im Zweifelsfall bereitwillig aufgegeben werden konnte. Zum anderen lässt sich zeigen, dass sie sich in einzelnen Fällen, wie z.B. Ende der Siebzigerjahre, eher von der Wechselkursentwicklung hat beeinflussen lassen als von der Geldmengenentwicklung (vgl. Bofinger, u. a. 1996, S. 272ff. sowie Spahn 1988, S. 95ff.). Es deutet einiges darauf hin, dass die EZB aus gutem Grund dieser Tradition folgt.

Es gibt weitere Regeln in der Tradition der Geldmengenregel. Eine davon soll knapp erwähnt werden, obwohl auch sie bislang keine Anwendung findet. So kann eine nominale BIP-Regel angestrebt werden. Die Zentralbank hat in diesem Fall ihre Geldpolitik so auszurichten, dass das nominale BIP möglichst mit einer konstanten Rate wächst (vgl. Weizsäcker 1988). Im Vergleich zur Geldmengenregel kann in diesem Fall die Umlaufgeschwindigkeit des Geldes instabil sein. Gleichgültig bei der BIP-Regel ist die Aufteilung in Mengen- und Preiseffekte. Daher kann eine solche Regel unter Umständen mit hohen Inflationsraten einhergehen oder – wenn das reale Wachstum stark ist – zu dysfunktional restriktiver Geldpolitik zwingen.

4.2 Inflation-Targeting

Seit dem Ende der 1980er Jahre suchte eine wachsende Anzahl von Zentralbanken nach neuen geldpolitischen Strategien. Diese Neuausrichtung der Geldpolitik wurde im Wesentlichen durch den Umstand erzwungen, dass die Orientierung an dem Zwischenziel der Geldmengenentwicklung keinen soliden Maßstab lieferte. Hohe Volatilitäten auf den Aktien- und Devisenmärkten sowie verschiedene Finanzinnovationen führten dazu, dass die Geldnachfrage zunehmend instabil und damit eine Geldmengenorientierung der Geldpolitik unmöglich wurde.[78] Zudem zeigte die Erfahrung, dass Zentralbanken nicht in der Lage waren, die Geldmenge nach der Vision des Friedman'schen Hubschraubers zu steuern. Schließlich wollten sich einige Zentralbanken nicht nach dem Zusammenbruch des Bretton-Woods-Systems erneut einer strikten Wechselkursorientierung unterwerfen. Dies zeigt sich am faktischen Zusammenbruch des Europäische Währungssystems 1992/93, indem unter anderem Großbritannien aus dem System ausscherte und die Bandbreiten für Auf- und Abwertungen erheblich ausgeweitet wurden. Damit stellte sich auch in Europa für verschiedene Länder die Frage nach der geldpolitischen Orientierung.

Die neue populär gewordene geldpolitische Strategie – das Inflation-Targeting – versucht die Geldpolitik unmittelbar an die Einhaltung eines Inflationsziels auszurichten. Gemeinsam ist den Zentralbanken, die dieser Strategie folgen, dass sie Preisniveaustabilität als das zentrale Ziel der Geldpolitik ansehen. Für Inflation-Targeting wird üblicherweise geltend gemacht, dass Zentralbanken so die Transparenz und Glaubwürdigkeit ihrer Politik und damit ihre Reputation erhöhen können. Hierauf werden wir noch zurückkommen.

Beim Inflation-Targeting kann entweder ein bestimmter Trend des Preisniveaus, oder eine bestimmte jährliche Inflationsrate als Ziel dienen. Wird ein längerfristiger Trend gewählt, so muss eine vom Ziel abweichende Preisniveauentwicklung im Folgejahr wieder ausgeglichen werden, um den gewählten Trend langfristig zu realisieren. Von dieser harten Form des Inflation-Targeting macht freilich keine Zentralbank Gebrauch. Stattdessen wählten sie alle eine bestimmte jährliche Inflationsrate als

---

[78] „Another situation favouring the use of inflation targeting is when money demand is unstable, and hence difficult to estimate – this has been a major reason why many central banks have moved to an inflation-targeting framework." (Scarlata 2002, p. 171)

Ziel. Daher müssen Verfehlungen in der Vergangenheit – so groß sie auch waren – in der laufenden Geldpolitik nicht kompensiert werden. Aber auch diese konkrete Variante des Inflation-Targeting lässt noch zahlreiche Variationsmöglichkeiten zu. Denn es müssen die Höhe der Zielinflationsrate und der Warenkorb zur Messung der Inflation bestimmt werden. Des Weiteren muss entschieden werden, ob die Zentralbank oder – wie im Falle Großbritanniens – die Regierung das Inflationsziel festlegt. Darüber hinaus gibt es die Möglichkeit, eine einzige Ziffer als Ziel zu definieren oder einen Zielkorridor. Im letzten Fall muss die Breite des Zielkorridors bestimmt werden. Schließlich kann das Inflationsziel als mittelfristiges Ziel angestrebt werden oder als ein Ziel, das mit allen Mitteln Jahr für Jahr erreicht werden soll. Nahezu alle Zentralbanken haben sich die Hintertür der mittelfristigen Realisierung des Ziels offen gehalten.

Vom theoretischen Ansatz her orientiert sich die Geldpolitik beim Inflation-Targeting an der *Inflationsprognose*. Kommt eine Zentralbank zu der Einschätzung, dass die erwartete Inflationsrate von der angestrebten Zielinflationsrate (nicht nur temporär) nach oben abweicht, so muss sie die geldpolitischen Zügel anziehen, im anderen Fall muss sie sie lockern. Ohne Zweifel wird sich die Beurteilung künftiger Inflationsgefahren im jeweils konkreten Einzelfall als schwierig erweisen. Denn wird eine Politik des Inflation-Targeting betrieben, so steht und fällt diese Konzeption mit der Möglichkeit von Zentralbanken, ein adäquates Bild von den aktuellen inflationären beziehungsweise deflationären Gefahren zu entwerfen und auf dieser Grundlage eine tragfähige Prognose zu erarbeiten. Ob solche Prognosen letztlich Bestand haben werden, ist innerhalb einer prinzipiell unsicheren Welt selbstverständlich ungewiss. Damit sind geldpolitische Entscheidungen immer mit dem Risiko möglicher Fehlentscheidungen behaftet. Das kann man bedauern, ändern kann man es nicht.

Fehlentscheidungen werden umso eher vermieden, je besser eine Zentralbank die Ursachen von Preisniveauveränderungen kennt und diese empirisch auch quantifizieren kann. Da die Politik des Inflation-Targeting der Geldmengenentwicklung keine nennenswerte Bedeutung mehr beimisst, muss sie sich nach anderen, empirisch erfassbaren Kandidaten für die Verursachung inflationärer beziehungsweise deflationärer Triebkräfte umsehen. Im Kapitel 3.2 haben wir gezeigt, dass vor allem der Entwicklung der Lohnstückkosten, die sich aus den nominalen Bruttolöhnen und der Arbeitsproduktivität errechnen, die zentrale Bedeutung für Preisniveauveränderungen zukommt. Steigende Lohnstückkosten (die nominalen Bruttolöhne steigen schneller als die Arbeitsproduktivität), die über die Zielinflationsrate hinausgehen, zeigen inflationäre Gefahren an, die Zentralbanken keinesfalls ignorieren können. Insbesondere wenn die Gefahr einer Lohn-Preis-Spirale entsteht, dürfen Zentralbanken nicht länger passiv bleiben. Werden Lohn-Preis-Spiralen zugelassen, so verfestigen sich Inflationserwartungen und es wird für die geldpolitischen Entscheidungsträger zunehmend schwer, diese „Inflationskultur" zu bekämpfen. Im Ergebnis entsteht die Gefahr eines kumulativen Inflationsprozesses. Transparenz und Glaubwürdigkeit bedeuten demnach, dass Zentralbanken in Wort und Tat eine produktivitätsorientierte Lohnpolitik, einschließlich der Berücksichtigung der Zielinflationsrate, einfordern. Dies schließt selbstverständlich ein, dass auch eine Entwicklung der Lohnstückkosten unterhalb der Zielinflationsrate oder gar sinkende Lohnstückkosten nicht im Interesse von Zentralbanken liegen können. Denn sie signalisieren deflationäre Gefahren, mit denen geldgesteuerte Ökonomien noch schlechter leben können als mit inflationären Prozessen.

Eine weitere Schlüsselgröße für die Einschätzung der künftigen Preisniveauänderung sind Wechselkursentwicklungen. Denn eine Abwertung der eigenen Währung führt, alle anderen Umstände einmal als gegeben unterstellt, zu einem Preisanstieg bei den importierten Gütern und damit zu einem Preisniveauschub (vgl. Kapitel 3). Ob dieser inflationäre Impuls tatsächlich zur Inflationsgefahr wird, lässt sich allgemein gültig nicht sagen. Zwei Konstellationen machen aus einem einmaligen Preisniveauanstieg einen kumulativen Prozess. Erstens ist es denkbar, dass die Arbeitnehmer einen Inflationsausgleich einfordern, der die Kosten der Unternehmen abermals erhöht und so eine Lohn-Preis-Spirale provoziert. Zweitens kann es sein, dass die Abwertung zu einem gleichsam dauerhaften und durch Kapitalflucht sich beschleunigenden Prozess wird. In beiden Fällen deutet die Inflationsprognose geldpolitischen Handlungsbedarf an. Sofern allerdings der aus einer Abwertung resultierende Inflationsimpuls zu keinen Rückkopplungseffekten der skizzierten Art führt, gibt es keinen Anlass, von weiter steigenden Inflationsraten auszugehen. Die Zentralbank kann ihre Pfeile im Köcher lassen.

Schließlich haben wir gezeigt, dass eine Überschussnachfrage bei ausgelasteten Kapazitäten auf zentralen oder gar auf allen Märkten den

Unternehmen die Möglichkeit eröffnet, die Preise anzuheben. Im Ergebnis würde es zu einer Nachfrage- beziehungsweise Gewinninflation kommen, die im Kontext einer Inflationsprognose berücksichtigt werden muss. Aber selbst bei einer solchen Konstellation sind Zentralbanken nicht gezwungen, umgehend restriktiv zu agieren. Überschussnachfragen ergeben sich vor allem daraus, dass die geplanten Investitionen der Unternehmen die Ersparnisse der Haushalte übersteigen. Allerdings führen heutige Investitionen dazu, dass den Unternehmen morgen größere Produktionskapazitäten zur Verfügung stehen, die zu einem potenziell größeren Angebot führen. Die Nachfrageinflation ist also unter den gegebenen Bedingungen temporärer Natur. Ob sie zu einem kumulativen Prozess wird, hängt auch hier vor allem von der Entwicklung der Lohnstückkosten ab. Verlangen die Arbeitnehmer vor dem Hintergrund steigender Preise und Gewinne einen Inflations- und „Gerechtigkeitsausgleich", so kann die Nachfrageinflation in eine Lohn-Preis-Spirale übergehen, die die Zentralbank zur Inflationsbekämpfung zwingt.

Selbstverständlich sollten und werden Zentralbanken auch andere Kenngrößen volkswirtschaftlicher Entwicklungen in die Prognosearbeit einbeziehen, um ein möglichst umfassendes und abgerundetes Bild zu erhalten. Beispielsweise werden sie die Preise jener Rohstoffe (z.B. Ölpreis) im Auge behalten, die für die Kostenstruktur der Ökonomie bedeutsam sind. Allerdings gilt in diesen Fällen das Gesagte: Erhöht sich beispielsweise der Ölpreis, ohne dass die Lohnpolitik den produktivitätsorientierten Pfad verlässt, sind die Gefahren für künftige unerwünschte Preisniveauveränderungen gering.

Damit sind die zentralen Parameter benannt, mit deren Hilfe Inflationsprognosen erstellt werden.

Nunmehr stellt sich die Frage, welche positiven Effekte ein explizites Inflation-Targeting hat. Die Beantwortung dieser Frage hängt eng mit dem bereits oben aufgeworfenen Aspekt einer Regelbindung der Geldpolitik zusammen. Denn ein explizites Inflation-Targeting kann Gemeinsamkeiten mit einer Regelbindung aufweisen. Daher sollen Vor- und Nachteile einer geldpolitischen Regelbindung nun erneut aufgegriffen werden.

Seit Anfang der 1980er Jahre wurde die Diskussion um eine Regelbindung der Geldpolitik erneut intensiviert. Als Begründung für eine Regelbindung werden vor allem zwei Argumente immer wieder vorgetragen. Erstens wird, anknüpfend an frühere Überlegungen von Milton

Friedman, die ohne weiteres einleuchtende Annahme getroffen, dass das Wissen auch der Notenbanker begrenzt ist. Auch sie vermögen nicht in die Zukunft zu schauen, sodass auch sie nicht wissen, wie sich etwa das Preisniveau oder die Konjunktur künftig entwickeln werden. Außerdem sind auch ihre theoretischen und empirischen Kenntnisse begrenzt. Aus diesem Grunde herrscht Unsicherheit darüber, mit welcher Geschwindigkeit und über welche genauen Wege sich eine geldpolitische Maßnahme der Zentralbank in der Volkswirtschaft durchsetzt. Im Ergebnis ist nicht auszuschließen, dass einzelne Entscheidungen Wirkungen erzielen, die so nicht beabsichtigt waren oder sich zu einem Zeitpunkt einstellen, der unerwünscht ist, weil beispielsweise aus dem konjunkturellen Hoch mittlerweile ein Abschwung geworden ist. Dann würde eine an sich antizyklisch gemeinte Maßnahme im Ergebnis prozyklisch wirken. Wenn also die Gefahr besteht, dass Zentralbanker trotz edelster Absichten mehr Schaden als Gutes anrichten können, dann sollten sie mit möglichst geringen Entscheidungsspielräumen ausgestattet werden.[79]

Zweitens wird in diesen Diskursen nicht ausgeschlossen, dass Zentralbanker auch andere als die offiziell proklamierten Ziele verfolgen können. Der Grund für die Diskrepanz zwischen Wort und Tat kann beispielsweise sein, dass die Zentralbanker ökonomisch und/oder politisch abhängig sind und von der Politik entsprechend genötigt werden. Da nahezu alle Zentralbanken zumindest aller entwickelten Ökonomien derartige Abhängigkeiten nicht kennen, kann diese Begründung vernachlässigt werden. Eine weitere Möglichkeit, von der angekündigten Linie abzuweichen, kann darin bestehen, dass die Zentralbanker zwei Wohlfahrtsziele verfolgen, die aber in einem Zielkonflikt zueinander stehen. So kann es sein, dass sie neben einer niedrigen Inflationsrate auch noch ein hohes Beschäftigungsziel anstreben und unter Umständen – trotz anders lautender Ankündigungen – eine Lohn-Preis-Spirale nicht bekämpfen. Dieser Aspekt wird seit dem Beginn der 1980er Jahre verstärkt unter dem Etikett der „Zeitinkonsistenz" diskutiert (vgl. z.B. Blackburg/Christensen 1989).

Unterstellen wir, eine Zentralbank steuert die Ziele einer niedrigen Inflationsrate und eines hohen Beschäftigungsniveaus an und glaubt an die

---

[79] „Wir wissen einfach nicht genug, um vorgegebene Ziele auf dem Wege feiner oder sogar ziemlich grober Änderungen in den Zusammensetzungen geld- und fiskalpolitischer Maßnahmen anstreben zu können. Speziell in diesen Dingen ist es wahrscheinlich am besten, ein Feind des Guten zu sein." (Friedman 1976, S. 152)

Logik der kurzfristigen Phillipskurve. Also wird sie zunächst die notwendigen Maßnahmen ergreifen, um die Marktteilnehmer davon zu überzeugen, dass sie Wert auf stabiles Geld legt. Unterstellen wir nun, dass sie dieses Ziel auch tatsächlich erreicht. In die Pläne der Marktteilnehmer gehen nun niedrige Inflationsraten ein. Beispielsweise kommt es zu relativ niedrigen Tariflohnerhöhungen, weil die Tarifparteien mit niedrigen Inflationsraten rechnen. Sind die Tarifverträge unter Dach und Fach kommt es zur Überraschung. Die Zentralbank schwenkt um und erreicht mit Hilfe einer lockeren Geldpolitik eine Inflationsrate, die oberhalb der bisherigen Erwartungen liegt. Durch diesen Trick sinken die Reallöhne und die Beschäftigung steigt. Da die optimale Strategie der Zentralbank zu Beginn der betrachteten Periode von derjenigen, die sie am Ende der Periode als optimal verfolgt, abweicht, spricht man von einem zeitinkonsistenten Plan.

Ohne Zweifel werden die Marktteilnehmer ihre Lehren aus diesem Vorgehen ziehen, mit dem Ergebnis, dass die Zentralbank an Vertrauen einbüßt. Daher wird sie es in Zukunft schwerer haben, die Marktteilnehmer von der Ernsthaftigkeit der Inflationsbekämpfung zu überzeugen. Da also in Zukunft die Geldpolitik restriktiver agieren muss, um Inflationserwartungen zu brechen, werden die Kosten der Inflationsbekämpfung steigen.

Eine Möglichkeit, zeitinkonsistente Pläne aus der Welt zu schaffen, besteht darin, die Zentralbank einer Regelbindung zu unterwerfen. Eine Variante, den Spielraum der Geldpolitik zu begrenzen, ohne auf die fragwürdige Geldmengensteuerung zurückgreifen zu müssen, bietet die Definition eines expliziten Inflationszieles der Zentralbank. Inflation-Targeting kann als ein Modell „begrenzter Diskretion" eingestuft werden.[80] Man gesteht Zentralbanken somit zu, dass sie entsprechend der jeweiligen historischen Situation Geldpolitik diskretionär betreiben sollen, jedoch will man gleichzeitig ihren Spielraum begrenzen. Im Kern werden dem Inflation-Targeting drei Vorteile eingeräumt (vgl. Scarlata 2002):

– Erstens wird den Wirtschaftssubjekten durch ein explizites Inflationsziel bei der Preis- und Lohnfestsetzung eine Orientierung geliefert. Inflation-Targeting soll somit stabile Inflationserwartungen schaffen.

---

[80] Bernanke/Mishkin (1997) sprechen beim Inflation-Targeting von „constraint discreation."

- Zweitens dient Inflation-Targeting als eine einfache Anleitung zur Geldpolitik. Die Geldpolitik hat ein klares Ziel, Zielkonflikte existieren nicht.

- Drittens ist es beim Inflation-Targeting für das Publikum einfach, den Erfolg der Zentralbank zu bewerten. Dies erhöht die Transparenz und zwingt Zentralbanken, sich beim Verfehlen des Ziels zu rechtfertigen.

Ist die Ankündigung der Zielinflationsrate unverbindlich, so ist im Falle zeitinkonsistenter Pläne nicht sehr viel gewonnen. Das Ziel muss somit für Zentralbanken bindenden Charakter haben. Hält man die Gefahr zeitinkonsistenter Pläne für groß, dann sollte die Erreichung der Zielinflationsrate vertraglich fixiert werden. Die verantwortlichen Zentralbanker sollten bei einer Zielverfehlung zur Rechenschaft gezogen werden. Zeitinkonsistente Pläne würden in diesem Fall negativ sanktioniert und damit zumindest perspektivisch unterbleiben.

Inflation-Targeting hat allerdings auch Nachteile. Drei Beispiele sollen dies illustrieren: Unterstellen wir erstens, dass die eigene Volkswirtschaft von einem „exogenen Schock" erfasst wird, weil die Erdöl exportierenden Länder eine drastische Preiserhöhung durchsetzen. Dies führt zu einem Preisniveauschub innerhalb der eigenen Ökonomie, sodass die Zielinflationsrate verfehlt wird. Nimmt man das explizite Inflation-Targeting ernst, so müsste die Zentralbank zu einer restriktiven Geldpolitik übergehen, selbst dann, wenn die Tarifpolitik den Preisniveauschub hinnimmt und keine Lohn-Preis-Spirale entsteht. Zwar kann eine Zentralbank argumentieren, dass sie die Zielinflationsrate mittelfristig anstrebt, eine solche Variante des Inflations-Targeting läuft jedoch der Philosophie des ganzen Ansatzes zuwider, da niemand weiss, welche Zeitperiode mittelfristig ist – ein Jahr oder sieben Jahre? – und dadurch die „begrenzte Diskretion" entgrenzt wird. Eine Missernte mit steigenden Lebensmittelpreisen hätte den gleichen Effekt wie der Anstieg der Ölpreise. Zweitens können Devisenspekulationen den Wechselkurs und folglich das Preisniveau verändern. Selbst wenn es sich um einen kurzfristigen Effekt handelt, wäre auch in diesem Fall die Zentralbank zum Handeln gezwungen. Drittens ist auch eine Konstellation denkbar, mit der Deutschland Ende der siebziger, Anfang der Achtzigerjahre des letzten Jahrhunderts konfrontiert war. Die eigene Währung wertet gegenüber wichtigen anderen Währungen ab, ohne dass dies bereits einen inflationären Impuls verursacht hätte. Schätzt die Zentralbank ein, dass dieser

Abwärtstrend nicht nur temporärer Natur ist, sondern außer Kontrolle geraten kann, so kann es sinnvoll sein, die Geldpolitik restriktiver auszugestalten, obwohl die bislang noch relativ niedrigen Inflationsraten an sich keinen Handlungsbedarf anzeigen.

Volkswirtschaften kennen selbstverständlich nicht nur drei, sondern zahlreiche Beispiele dieser Art. Eben aus diesem Grunde hat sich bislang keine Zentralbank auf ein explizites, vor allem verbindliches Inflation-Targeting mit harten Sanktionen beim Verfehlen des Ziels eingelassen. Im Regelfall sind die genannten Zielinflationsraten beziehungsweise -korridore unverbindlich oder, wie das Beispiel Neuseelands zeigt, es werden diverse Ausnahmen formuliert, unter denen ein Verfehlen der gesetzten Zielmarken zu entschuldigen ist (vgl. Görgens u. a., 1999, S. 85).

Ein Weg zur Lösung des angesprochenen Problems wäre es, Güter wie Rohstoffe und Lebensmittel aus dem Preisindex heraus zu nehmen, der zur Definition der Zielinflationsrate dient. In diesem Fall würde eine bestimmte „Kerninflationsrate" angestrebt. Bei den Ländern, die Inflations-Targeting betreiben, hat sich nur Thailand für ein solches Konzept entschieden (vgl. Carare/Stone 2003, S. 9). Die EZB lehnt es ab, da sie es als methodisch schwierig ansieht, einen Warenkorb zu definieren, der die Kerninflationsrate angeben soll. Außerdem würde die Transparenz der Geldpolitik leiden (vgl. EZB, Monatsbericht Juni 2003, S. 91).

Inflation-Targeting ist einer Geldmengensteuerung eindeutig vorzuziehen. Denn so können dysfunktionale Geldpolitiken, die durch Schwankungen bei der Nachfrage nach Geld beziehungsweise der Umlaufgeschwindigkeit des Geldes provoziert werden, vermieden werden. Aber auch striktes Inflation-Targeting hat seine negativen Seiten, da beispielsweise Schocks, die temporär das Preisniveau verschieben, ebenfalls zu dysfunktionaler Geldpolitik führen können. Vieles spricht dafür, dass dem Inflation-Targeting das gleiche Schicksal widerfährt wie der Geldmengenregel. Im Konfliktfall – erwartet eine Zentralbank beispielsweise bei einer schwachen Konjunktur einen temporären Anstieg der Inflationsrate auf Grund einer Erhöhung der Rohstoffpreise – wird die Verletzung des Inflationsziels hingenommen. Inflation-Targeting ist dann das Ziel, das Zentralbanken vor sich her tragen, jedoch im Zweifelsfall aufgeben. Durch die Einschränkung, dass das Inflationsziel nur in einer mittelfristigen Perspektive zu erreichen ist (vgl. EZB, Monatsbericht Januar 1999), hat sich auch die EZB ausreichend diskretionären Spielraum verschafft. Am Rande sei erwähnt, dass wir die der Zeitinkonsistenzthese zu

Grunde liegenden Verhaltenshypothese für wenig plausibel halten. Man dürfte zumindestens in den letzten 25 Jahren in den ökonomisch stabileren Ländern wohl kein Beispiel für gezielt geplante Überraschungsinflationen finden.

4.3 Die Taylor-Regel

Die bisherigen Ausführungen haben gezeigt, dass zahlreiche Ökonomen den Zentralbankern so recht nicht trauen und ihnen daher zu gern Fesseln anlegen würden. Vor diesem Hintergrund ist es nicht überraschend, dass im Verlauf der 1990er Jahre Untersuchungen von John Taylor (vgl. Taylor 1993, 1998 oder 1999) große Resonanz erzielen konnten. Denn ihm schien es zu gelingen, „zwei Fliegen mit einer Klappe zu schlagen". Zum einen wollte er zeigen, dass die Geldpolitik von Zentralbanken mit Hilfe einer von ihm entwickelten Regel adäquat erfasst und bewertet werden kann, und zum anderen sollte sein Konzept als Richtschnur für die geldpolitischen Entscheidungen von Zentralbanken im Allgemeinen genutzt werden. In diesem Fall wäre der Entscheidungsspielraum für die Zentralbanker äußerst begrenzt, da sie im Kern nur noch die Taylor-Regel anzuwenden hätten.

Taylor ließ sich von der Überlegung leiten, dass Zentralbanken ihre Zinspolitik in Abhängigkeit von der aktuellen Inflationsrate und von der konjunkturellen Situation festlegen. Dies entspricht der Gesetzeslage in den USA, da die FED die Preisniveau- und die konjunkturelle Entwicklung berücksichtigen muss. Aber auch ohne eine solche Festlegung müssen Zentralbanken die Konjunktur im Auge behalten. Daher lautet die Taylor-Gleichung zur Bestimmung der Geldpolitik beziehungsweise des von der Zentralbank gesetzten Zinssatzes:

Refinanzierungszinssatz der Zentralbank = realer Gleichgewichtszinssatz

$$+ \text{Zielinflationsrate}$$

$$+ a_1 \text{ Produktionslücke}$$

$$+ a_2 \text{ Inflationslücke}$$

Der reale Gleichgewichtszins wurde von Taylor mit der langfristigen Wachstumsrate gleichgesetzt. Die Zielinflationsrate ist jene, die eine Zentralbank mittelfristig anstrebt. In der Regel beträgt sie zwei bis drei Prozent. Die Produktionslücke ergibt sich als Differenz von Produktionspotenzial (das üblicherweise als Produktionsvolumen entsprechend der langfristigen Wachstumsrate definiert wird) und aktuellem Produktionsvolumen. Die Inflationslücke ist die Differenz zwischen der tatsächlichen Inflationsrate und der Zielinflationsrate. Die Gewichte a_1 und a_2 geben an, wie stark die Zentralbank Abweichungen vom Produktionspotenzial und Abweichungen bei der angestrebten Zielinflationsrate geldpolitisch bewertet. Je höher das Gewicht ist, umso stärker gehen Abweichungen in die Zinspolitik der Zentralbank ein. Taylor selbst bewertete beide Gewichte mit 0,5. Bei Gewichten von 0,5 bewertet eine Zentralbank Abweichungen vom Inflationsziel und Abweichungen vom Produktionspotenzial gleich stark.

Abbildung 4.7 vergleicht am Beispiel des Eurowährungsgebiets und der USA die tatsächliche Zinspolitik mit jener, die sich ergeben hätte, wenn die beiden Zentralbanken sich an die Taylor-Regel gehalten hätten. Der Taylor-Zins ist der Zinssatz, der sich aus der obigen Taylor-Gleichung ergibt. Aus der Abbildung ist ersichtlich, dass mit einer Taylor-Regel die tatsächliche Zinsentwicklung relativ gut abgebildet werden kann. Reaktionsfunktionen dieser Art sehen für sehr viele Zentralbanken ähnlich aus. Sie verdeutlichen, dass Zentralbanken trotz unterschiedlicher gesetzlich fixierter Ziele – viele haben nur ein Inflationsziel (wie die EZB), andere haben neben dem Inflationsziel ein Wachstumsziel (wie die FED) – letztlich auf inflationäre und konjunkturelle Entwicklungen Rücksicht nehmen müssen. Die gefundene Reaktionsfunktion von Taylor ist daher nicht besonders überraschend. Denn bei einer überschäumenden Konjunktur werden sich typischerweise inflationäre Effekte ergeben, die zu einer Zinssatzerhöhung führen – dies bildet die Taylor-Regel ab.

Und in einer konjunkturellen Krise ist mit einem Rückgang der Inflationsrate zu rechnen – auch dies bildet die Taylor-Regel ab. Der Taylor-Ansatz kann auch dazu benutzt werden, unterschiedliche Zielfunktionen von Zentralbanken zu verdeutlichen. So kann untersucht werden, ob bei Zentralbanken die Gewichte für die Abweichungen unterschiedlich ausgeprägt sind. Beispielsweise zeigte eine ökonometrische Untersuchung der geldpolitischen Reaktionen der FED einerseits sowie der Deutschen Bundesbank beziehungsweise ab 1999 der EZB andererseits, dass die FED der konjunkturellen Entwicklung ein größeres Gewicht einräumt und bei einem Anstieg des Preisniveaus vergleichsweise langsam und bei einem konjunkturellen Einbruch vergleichsweise schnell reagiert (vgl. Fritsche 2004).

Abbildung 4.7: Taylor-Zins und Geldmarktzinsen im Euro-Währungsgebiet und in den USA

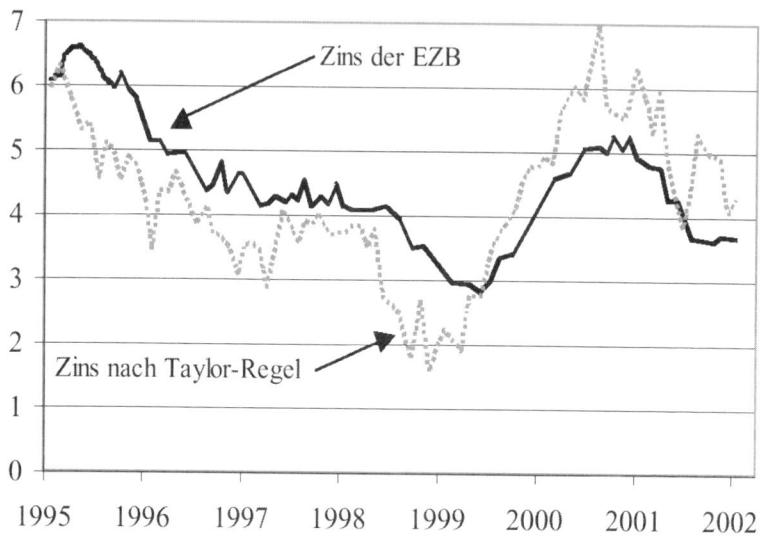

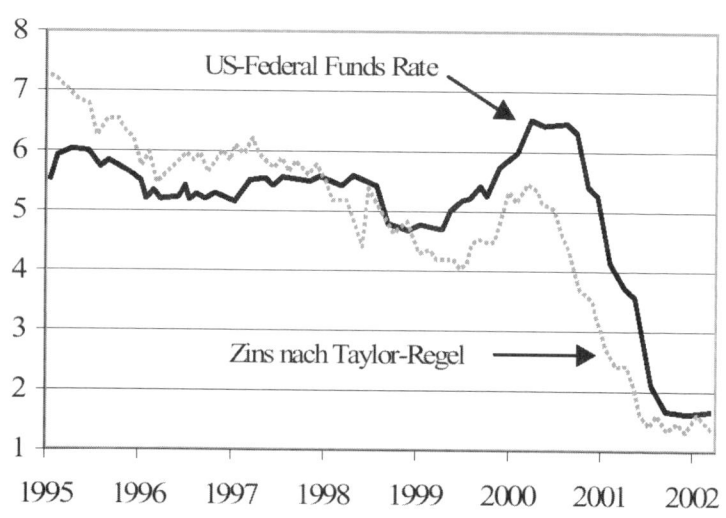

Vor 1999 Geldmarktzinssatz der Deutschen Bundesbank
Quelle: Ullrich (2003),Centre for European Economic Research (ZEW)

So sinnvoll die Taylor-Regel zur Beschreibung der zinspolitischen Reaktion von Zentralbanken eingesetzt werden kann, so fragwürdig ist sie als Leitlinie für die aktuelle Geldpolitik. Zwar spricht für die Taylor-Regel, dass sie nicht nur der Preisniveaustabilität, sondern auch der konjunkturellen Entwicklung Rechnung trägt. Positiv ist auch, dass die Geldmenge bei der Geldpolitik keine Rolle spielt. Die Zentralbank steuert, was sie steuern kann, nämlich den kurzfristigen Zinssatz. Geldpolitik nach der Taylor-Regel ist Zinspolitik und die Geldmenge ergibt sich endogen.

Gleichwohl hat sich bislang keine Zentralbank der Welt einer Taylor-Regel unterworfen. Dazu weist sie zu viele Schwachstellen auf. Eine Hilfe für die Geldpolitik kann die Taylor-Regel nur sein, wenn sie als Vergleichsmaßstab für die aktuelle Geldpolitik dient und die Zentralbank sich fragen muss, warum der aktuelle Zinssatz von dem der Taylor-Regel abweicht. Benutzt eine Zentralbank die Taylor-Regel in dieser Form, dann ist es allerdings keine Regel mehr, sondern ein Indikator unter vielen.

Dass Zentralbanken ihre Geldpolitik nicht der Taylor-Regel unterwerfen, hat mehrere Gründe. Zum einen ist unklar, was genau der reale Gleichgewichtszinssatz sein könnte. Bis in die erste Hälfte des 20. Jahrhunderts hinein hatten zahlreiche Ökonomen versucht, den Gleichgewichtszins über die physische (Grenz-) Produktivität von Kapitalgütern abzuleiten, sodass Länder mit einem sehr knappen Bestand an Kapital und/oder hohem technologischen Standard eine sehr hohe Verzinsung des Kapitals erzielen sollten, während es bei Länder mit einem hohen Bestand an Kapital und/oder niedrigem technologischen Standard gerade umgekehrt sein sollte (vgl. Dobb 1977). Dieser theoretische Ansatz hat sich freilich als Sackgasse erwiesen. Sobald es mehr als ein Kapitalgut in der ökonomischen Welt gibt, bricht der Zusammenhang zwischen Kapitalbestand und Verzinsung zusammen. Ein Gleichgewichtszinssatz lässt sich nicht mehr über physische Grenzproduktivitäten einer makroökonomischen Produktionsfunktion ermitteln. Hinter dem Scheitern der Grenzproduktivitätstheorie steht, dass physisch weder Birnen mit Äpfeln noch Computer mit Werkzeugbänken addiert werden können. Werden zur Aggregation jedoch Preise benutzt, so ändern sich diese bei jeder Verteilungsänderung. Dadurch ändert sich der Wert des Kapitalstocks, und Unternehmen werden neu entscheiden, welche Technologie sie verwenden. Im Kern handelt es sich um die gleiche Problematik, die uns bereits bei der Berechnung des Produktionspotenzials begegnet ist.[81]

Bezeichnenderweise hat Taylor als realen Gleichgewichtszinssatz dann auch die langfristige Wachstumsrate der US-Ökonomie eingesetzt. Aber die Wachstumsrate des BIP ist nun einmal kein Zinssatz. Es ist sogar so, dass beide Größen voneinander abhängig sind. Denn es ist keinesfalls ausgeschlossen, dass man mit Hilfe einer anderen Geldpolitik der Zentralbank eine andere Wachstumsrate geschaffen hätte. Im Ergebnis hätte dann die Zinspolitik der Zentralbank einen anderen realen Gleichgewichtszinssatz hervorgebracht. Der reale Gleichgewichtszinssatz ist dann aber keine aus der Realökonomie abgeleitete und von der Geldpolitik unbeeinflusste Größe, sondern selbst das Resultat geldpolitischer Entscheidungen. Damit aber verliert die Taylor-Regel den Anker der Zinsbestimmung und somit ihre handlungsanleitende Steuerungsfunktion.

Darüber hinaus ist strittig, welche Werte die Koeffizienten annehmen sollen, mit denen die Produktions- und die Inflationslücke gewichtet werden sollen. Eine Zentralbank, die sehr viel Wert auf eine strikte Inflationsbekämpfung legt, wird die Inflationslücke hoch und die Produktionslücke niedrig bewerten. Andere Zentralbanken setzen andere Gewichte. Welche Gewichtung die angemessene ist, lässt sich streng ökonomisch nicht beantworten. Sie ist abhängig von der „Inflationskultur" eines Landes, von den Arbeitsmarktkonstellationen sowie von der spezifischen Form der Einbindung in die internationale Arbeitsteilung. Dieses Problem könnte allerdings so gelöst werden, dass die Politik entscheidet, welche Gewichte eine Zentralbank zu befolgen hat.

Darüber hinaus gibt es noch weitere methodische Probleme, beispielsweise ob die Inflationslücke auf der Basis des Preisindex für Lebenshaltung oder des BIP-Deflators berechnet werden soll. Vor allem bei Wechselkursveränderungen ergeben sich je nach Wahl unterschiedlich große Inflationslücken. Auch in diesem Konzept ist schließlich unklar, wie das Produktionspotenzial bestimmt werden soll (vgl. Kapitel 4.1.4).[82]

---

[81] Diese Problematik löst sich allerdings auf, wenn der Zinssatz als monetär bestimmter angesehen wird. Entsprechend des für die Unternehmen gegebenen monetären Zinssatzes ergibt sich dann die Struktur der relativen Preise und die Technikwahl (vgl. Sraffa 1960 sowie Harcourt 1972). Eine ausführliche Darstellung der Problematik findet sich auch bei Heine/Herr 2003, Kapitel 3.3.

[82] Instruktive Übersichten über die verschiedenen technischen Probleme, die mit der Anwendung der Taylorregel verbunden sind, finden sich bei Deutsche Bundesbank,

Die Taylor-Regel kann zu dysfunktional starken Schwankungen des kurzfristigen Zinssatzes führen. Eine Modellrechnung der Deutschen Bundesbank für den Zeitraum von 1979 bis 1998 zeigt, dass der Tagesgeldsatz unruhiger verlaufen wäre, wenn sie sich an die Taylor-Regel gehalten hätte. Da unnötige Schwankungen der Zinssätze eher Unsicherheiten fördern, spricht die höhere Volatilität nicht für die Taylor-Regel.

Nicht zuletzt ist es eine Schwäche der Taylor-Regel, dass sie die Dynamik der Zinsentwicklung nur durch die Inflations- und die Produktionslücke erfasst. Wie weiter unten gezeigt wird, stellt der Wechselkurs ebenfalls einen zentralen Indikator für die Geldpolitik dar. Bis eine Abwertung sich über einen Anstieg der Inflationsrate auf den Taylor-Zinssatz auswirkt, kann eine außenwirtschaftliche Zerrüttung schon so stark vorangeschritten sein, dass ein Abwertungsprozess schwer zu stoppen ist und das Vertrauen in die Währung Schaden genommen hat. Es ist in der beschriebenen Situation unter Umständen sinnvoll, schon den ersten Zeichen eines unkontrollierten Abwertungsprozesses entgegenzutreten. Nun sind die USA als ein Land mit einer international bedeutsamen Währung und einer internationalen Verschuldung in eigener Währung weitaus weniger gezwungen, auf den Wechselkurs zu achten als andere Länder. Insofern erfasst die Taylor-Regel eher die spezifische Situation der USA. Doch selbst sie können nicht unter allen Bedingungen den Wechselkurs vernachlässigen. Die meisten Zentralbanken der Welt hingegen beziehen Wechselkursentwicklungen immer in ihr geldpolitisches Kalkül ein. Die Taylor-Regel kann ein solches Verhalten nicht einfangen.

Der Umstand, dass sich bislang keine Zentralbank an die Taylorregel bindet, liegt in erster Linie daran, dass Zentralbanken in einer Welt ökonomischer Unsicherheiten agieren. In dieser Welt sind abrupte Veränderungen zentraler ökonomischer Größen wie Wechsel- oder Aktienkurse, Rohstoffpreise, Löhne etc. üblich, die ihrerseits zu veränderten Verhaltensmustern bei den Wirtschaftssubjekten führen. In einer solchen Welt müssen Zentralbanken flexibel – nicht willkürlich – reagieren können. Geldpolitische Regeln, auch wenn sie weniger starr sind als beispielsweise die Friedman-Regel, drohen mehr Schaden anzurichten als sie Nutzen stiften.

Monatsbericht April 1999, S. 48ff. sowie bei Hetzel 2000.

4.4 Die Wechselkursorientierung

Es mag angesichts der breiten Debatte über Preisniveaustabilität überraschen, dass nicht in allen Ländern dies das (einzige) geldpolitische Ziel von Zentralbanken ist. Tatsächlich aber galt bis zum Ersten Weltkrieg in nahezu allen Ländern die Stabilisierung des Wechselkurses als vorrangiges Ziel, und Preisniveauveränderungen wurden mehr oder weniger als gottgewollt hingenommen. Auch in der Phase der Existenz des Bretton-Woods-Systems richtete sich das Augenmerk auf stabile Wechselkurse. Selbst heute noch versuchen zahlreiche Zentralbanken vor allem den Wechselkurs zu festigen.

Verteidigt eine Zentralbank den nominalen Wechselkurs, so hat dies im Kern die gleiche Wirkung wie ein Inflationsziel. Denn in beiden Fällen ist die Zentralbank in ihrem diskretionären Spielraum eingeschränkt. Wie beim Inflationsziel existieren auch hier eine Reihe von Fragen, die es zu beantworten gilt. Unter anderem muss geklärt werden, ob eine einzige (und welche) Ankerwährung oder ein Währungskorb (mit welchen Währungen und welchen Gewichten) als Orientierungspunkt gewählt wird. Des Weiteren muss nicht nur der Leitkurs festgelegt werden, sondern auch die Bandbreite der möglichen Schwankungen um den Leitkurs. Darüber hinaus muss entschieden werden, ob eine einseitige Ankopplung oder ein Währungssystem im Rahmen von multinationalen Verträgen angestrebt wird. Schließlich muss geklärt werden, ob der Wechselkurs unter spezifischen Bedingungen geändert werden darf oder nicht. Darf er grundsätzlich geändert werden, müssen die Bedingungen, unter denen dies möglich ist, spezifiziert werden. Eine Möglichkeit besteht beispielsweise darin, entstandene strukturelle Ungleichgewichte durch einmalige Wechselkursveränderungen abzubauen. Solche diskretionären Änderungen erlaubte etwa das Regelwerk des Bretton-Woods-Systems. Es kann aber auch eine spezifische monatliche Auf- oder Abwertung festgelegt werden (crawling peg).

Warum werden Wechselkurse als Ziel gewählt? Erstens führt eine Abwertung der eigenen Währung dazu, dass alle importierten Güter teurer werden. Zwar wird die Nachfrage nach Importgütern zurückgehen, aber die Güter, die dennoch eingeführt werden, heben das Preisniveau an. Die Volkswirtschaft erfährt einen inflationären Impuls, der umso stärker ausfällt, je weniger Importgüter substituiert werden können. Zugleich erhöht sich die Gefahr, dass so eine Preis-Lohn-Preis-Spirale angestoßen wird (vgl. Kapitel 3.3).

Zweitens führen bereits Abwertungserwartungen und allemal Abwertungen, die die Erwartung weiterer Abwertungen erzeugen, unter international liberalisierten Kapitalmärkten dazu, dass Geldvermögensbesitzer versuchen, ihre in Inlandswährung gehaltenen Geldvermögen in harte Währungen umzutauschen. Diese Kapitalflucht verstärkt massiv den Abwertungstrend und kann zu kumulativen Prozessen führen. Sofern die Zentralbank diese verhängnisvollen Prozesse stoppen möchte, kann sie auf dem Devisenmarkt intervenieren, indem sie die eigene Währung mit ausländischen Devisen aufkauft. Da Devisen nicht beliebig verfügbar sind, läuft sie bei anhaltenden Interventionen Gefahr, in ausländischem Geld zahlungsunfähig zu werden. Letztlich bleibt einer Zentralbank bei anhaltenden Abwertungen in der Regel keine andere Wahl, als den Außenwert ihrer Währung zinspolitisch zu verteidigen. Dies gilt selbst dann, wenn formal ein System flexibler Wechselkurse existiert. Nun zeigen die Erfahrungen, dass Zinspolitik und Devisenmarktinterventionen in spezifischen Situationen versagen können, um den Wechselkurs zu stabilisieren. Dann kann es zu sehr starken Wechselkursschwankungen kommen, die für die inländische Ökonomie destabilisierend wirken. Die Währungskrisen zahlreicher Schwellenländer in der jüngeren Vergangenheit belegen diese Gefahr eindrucksvoll.

Aber auch entwickelte Länder, die führende Währungen der Welt emittieren, unterliegen Risiken. Denn die internationale Vermögenshaltung in diesen Währungen ist so groß, dass schon kleine Portfolioumschichtungen internationaler Anleger zu destabilisierenden Wechselkursveränderungen führen können. Eine Leitwährung kann bei Abwertung in Gefahr geraten, ihre dominante internationale Rolle einzubüßen. Ein Beispiel hierfür ist die Abwertung des US-Dollar Ende der 1970er Jahre, welche die Bedeutung des US-Dollar als Leitwährung reduzierte. Daher werden Zentralbanken versuchen, den Wechselkurs zu stabilisieren, bevor es zur Kapitalflucht und kumulativen Entwicklungen kommt. Die Idee, wonach sich die Geldpolitik unter den Bedingungen flexibler Wechselkurse nicht länger um den Außenwert der eigenen Währung kümmern muss, hat sich vor dem Hintergrund der tatsächlich gemachten Erfahrungen als hoffnungslos illusionär erwiesen. Bei festen und bei flexiblen Wechselkursen gilt für Zentralbanken letztlich das Primat der externen Stabilisierung ihrer Währung (vgl. Riese 1986).

Drittens führen Abwertungen dazu, dass die zuvor im Ausland aufgenommenen Kredite nun schwerer zu bedienen sind. Denn abgesehen von den wenigen Ländern, die die führenden Währungen emittieren, unterliegen die restlichen Länder der Welt der unverschuldeten „Erbsünde", sich nicht in inländischer Währung verschulden zu können (Eichengreen/ Hausmann/Panizza 2002). Diese Erbsünde ergibt sich als Marktergebnis, da Gläubiger bei internationalen Krediten auf Grund des Vermögenssicherungsmotivs nur die führenden Währungen der Welt akzeptieren. Ist aber ein Land in ausländischer Währung verschuldet, dann erhöht sich für Schuldner, die ihre Einnahmen in inländischer Währung erzielen, die reale Schuldenlast. Eine über dreißigprozentige Abwertung führt dann zu einem um über dreißig Prozent ansteigenden Schuldendienst. Aus diesem Grunde führt eine solche Abwertung dann zur Zerstörung des inländischen Finanzsystems. Währungskrisen sind dann immer mit Bankenkrisen verbunden (Kaminsky/Reinhart 1999). Erschreckende Beispiele unter vielen sind die Asienkrise 1997, die Russlandkrise 1998 oder die Argentinienkrise 2001/02. Derzeit sind es nur die USA, die international hoch in inländischer Währung verschuldet sind.

Viertens führen Abwertungen zur Verschlechterung der Terms of Trade, sodass für eine Einheit importierter Güter eine wachsende Menge inländischer Güter geliefert werden muss. Bei starken Abwertungen können die negativen Wohlfahrtseffekte sehr groß werden, sodass in weniger reichen Ländern Teile der Bevölkerung unter die Armutsgrenze fallen oder auch in entwickelten Ländern die negativen Auswirkungen auf die Realeinkommen politisch schwer zu verkraften sind.

Demnach existieren relevante Gründe, warum Zentralbanken dem Wechselkurs hohe Beachtung schenken müssen und Abwertungen über ein bestimmtes Maß hinaus nicht hinnehmen können. Selbst in den Fällen, in denen sich Zentralbanken nicht offen zu einer Wechselkursorientierung bekennen und formal flexible Wechselkurse haben, verlieren sie den Außenwert der Währung nicht aus den Augen. Ein Teil der Länder mit formal flexiblen Wechselkursen betreibt mittels Zinspolitik und Devisenmarktinterventionen faktisch eine Politik der kontrollierten Flexibilität, die eng an ein System fester Wechselkurse heranreichen kann. Und selbst Länder mit weitgehend flexiblen Wechselkursen achten in spezifischen Konstellationen sehr genau auf den Außenwert ihrer Währung. So ist beispielsweise die harte Geldpolitik der Deutschen Bundesbank ab Ende der 1970er, Anfang der 1980er Jahre nur vor dem Hintergrund der Abwertungstendenzen der D-Mark nicht nur gegenüber dem US-Dollar, sondern auch gegenüber wichtigen Währungen von EWS-Teilnehmern zu verstehen (vgl. Spahn 1988, S.99 ff). Auch die Geldpolitik der EZB ab Mitte 1999, einschließlich ihrer Interventionen auf dem Devisenmarkt, spiegelt die Euroschwäche vor allem gegenüber dem US-Dollar wider (vgl. Kapitel 5 sowie Heine/Herr 2002).

Der Goldstandard vor dem Ersten Weltkrieg und das System von Bretton Woods waren hegemoniale Währungssysteme mit eindeutig dominierenden Leitwährungen, die unter anderem die Funktion der Weltreservewährung wahrnahmen (vgl. Herr 1992). Beide Währungssysteme waren durch institutionell fixierte Wechselkurssysteme gekennzeichnet, die der Geldpolitik der beteiligten Länder eine generelle Orientierung gaben. In diesem Fall ist es für Länder einfach, die geeignete Ankerwährung für ihre nationalen Währungen zu finden. Alle Währungen der Welt können sich an die Leitwährung ankoppeln und schaffen so auch untereinander feste Währungsbeziehungen. Das Leitwährungsland ist in einer komfortableren Position. Die internationale Nachfrage nach der Leitwährung, verbunden mit einer hohen Währungsprämie, erlaubt es ausschließlich diesem Land, eine binnenmarktorientierte Geldpolitik zu betreiben.

Gibt es keine eindeutige Leitwährung oder wechseln die Positionen an der Spitze der Währungshierarchie schnell, existiert ein bipolares Währungssystem oder gar ein Multiwährungsstandard. Fehlt eine eindeutige Leitwährung, dann sind Länder, die die zweite oder dritte Position einnehmen, unter Umständen nicht bereit, sich geldpolitisch unterzuordnen oder streben sogar selbst die Leitwährungsposition an, die ja verschiedene Vorteile bietet. Vor allem aber besitzen Vermögende unter diesen Bedingungen gute Anlagealternativen. Sie können und werden verschiedene Reservewährungen halten und schon bei leichten Erwartungsänderungen Vermögen von einer Reservewährung in die andere umschichten. Kleine Umschichtungen können so zu großen Wechselkursverschiebungen führen, die das abwertende Land dann ab einem gewissen Punkte nicht mehr hinnehmen kann. Die verschiedenen Währungen an der Spitze der Währungshierarchie werden somit von Vermögenden in die Währungskonkurrenz gezwungen (vgl. Herr 1997).

Für die restlichen Währungen wird es dann schwierig, sich eine Ankerwährung auszusuchen. Typischerweise entstehen bei einem bipolaren Währungssystem oder einem Multiwährungsstandard Währungsblöcke

mit festen Wechselkursen innerhalb der Blöcke und flexiblen Wechselkursen zwischen den Blöcken. Ein hegemoniales Währungssystem erhöht
insgesamt die Wahrscheinlichkeit eines weltweiten Systems fester Wechselkurse.

Wechselkurssysteme
Vor dem Hintergrund der skizzierten Abwertungsgefahren kann es nicht ver-
wundern, dass bis zum Ersten Weltkrieg faktisch alle Länder ihre Geldpolitik
strikt an der Verteidigung des Wechselkurses ausgerichtet haben (vgl. Spahn
2001 oder Thomasberger/Voy 1996). Da das Pfund Sterling internationale
Geldfunktionen wie die eines internationalen Wertaufbewahrungsmittels und
eines internationalen Kreditmittels übernahm, gab es eine rege Nachfrage
nach Pfund Sterling. Dies wirkte sich stabilisierend auf den Außenwert des
englischen Pfundes aus und erhöhte so den Spielraum für die nationale Geldpolitik in England. Die restlichen Länder der Welt verteidigten den Wechselkurs gegenüber dem Pfund. Auf eine Binnenmarktorientierung der Geldpolitik, beispielsweise um das Beschäftigungsniveau zu erhöhen, musste so
natürlich verzichtet werden. Selbst die Stabilität des Preisniveaus war sekun-
där gegenüber der Aufrechterhaltung der Konvertibilität der Noten in Gold
und Pfundsterling und damit fester Wechselkurse. Damit waren die Spiel-
regeln dieses Systems (ebenso wie die des späteren Bretton-Woods-Systems)
eindeutig: n-1 Länder hatten sich der Geldpolitik des n-ten Landes, eben des
Leitwährungslandes, anzupassen.
Allerdings konnte auch das Leitwährungsland keine beliebige Geldpolitik betreiben, sondern musste darauf achten, dass die Akzeptanz seines Geldes
durch eine vergleichsweise geringe Inflationsrate erhalten blieb. Im anderen
Fall hätten auch damals schon die Vermögensmärkte die Bank of England
unter Druck gesetzt. Denn unter dem damaligen Goldstandard war es für das
Publikum möglich, ihre Noten der Bank of England zu präsentieren und zu
einem festen Verhältnis in Gold umzutauschen. Goldverluste der Bank of
England ergaben sich auch über Abwertungstendenzen des Pfundes. Nahm
die Abwertung nämlich einen gewissen Punkt an – man spricht von „Gold-
punkten" –, war es für Personen, die Auslandsverpflichtungen zu erfüllen
hatten, günstiger, sich die benötigten Devisen nicht auf Devisenmärkten zu
besorgen, sondern Banknoten bei der Bank of England in Gold umzutauschen
und dieses ins Ausland zu verschiffen. In dem Land der Zahlungsverpflichtung konnte dann das Gold bei der Zentralbank wieder in die jeweilige
nationale Währung umgetauscht werden. Schwächetendenzen des Pfundes
führten somit nach innen und nach außen zu Goldverlusten der Bank of
England, welche zu geldpolitischer Disziplin zwangen. Faktisch aber hat die
Bank of England eine Zinspolitik betrieben, welche Goldbewegungen zu

minimieren suchte. Von einem Goldmengen-Geldmengen-Preisniveau-Mechanismus, der Goldbewegungen als Ausgleichsmechanismus im Goldstandard unterstellt, konnte keine Rede sein. Vielmehr war es die Zinspolitik der Zentralbanken, die das System stabil hielt.

Der Goldstandard zerbrach während des Ersten Weltkrieges. Zwar wurde versucht, das System nach 1918 wieder zu etablieren, jedoch war der Versuch unkoordiniert und durch die Konkurrenz zwischen Pfund und US-Dollar und dem Problem der untragbaren Reparationszahlungen Deutschlands charakterisiert. Die Zeit zwischen den beiden Weltkriegen war geprägt durch geld- und währungspolitische Wirren, die sich etwa in Hyperinflationen, Abschottungspolitiken oder Abwertungswettläufen zeigten.

Aus diesen unheilvollen Instabilitäten wurde nach dem Zweiten Weltkrieg als Konsequenz das Bretton-Woods-System etabliert und damit eine Rückkehr zu im Prinzip festen Wechselkursen vollzogen. Im Vergleich zum Goldstandard waren in dem System jedoch bei fundamentalen Ungleichgewichten und nach politischen Entscheidungen diskretionäre Wechselkursanpassungen – so genannte Realignments – möglich, die jedoch letztlich sehr selten angewandt wurden. Der US-Dollar wurde institutionell als Leitwährung festgeschrieben. Darin spiegelte sich wider, dass die USA mittlerweile eindeutig zur ökonomisch und politisch dominanten Weltmacht aufgestiegen waren. Die Währungskurse aller anderen Währungen wurden in Relation zum US-Dollar festgelegt und damit indirekt auch untereinander fixiert. Bei Wechselkursschwankungen hatten die anderen Länder für die Stabilisierung des Wechselkurses zu sorgen. Der entscheidende Unterschied zum Goldstandard vor dem Ersten Weltkrieg bestand darin, dass die USA auch bei Schwächephasen ihrer Währung nicht zu geldpolitischer Disziplin gezwungen waren, sondern es den anderen Teilnehmern des Systems oblag, den Wechselkurs zu stabilisieren.

Dieses System konnte nur so lange funktionieren, wie die USA ihre dominante Stellung nicht zu stark ausnutzten, indem sie selbst eine zu lockere Geldpolitik verfolgten und die Anpassungslasten auf die übrigen Teilnehmer des Bretton-Woods-Systems verteilten. Als die USA die geldpolitischen Zügel zunehmend schleifen ließen, um sozialpolitische (Armut im eigenen Land) und militärpolitische (Vietnamkrieg) Ziele umsetzen zu können, geriet das System ab Ende der 1960er Jahre zunehmend aus dem Lot. Es kam zur Kapitalflucht aus dem US-Dollar. An diesem Punkt rächten sich nun die Regulierungen des Bretton-Woods-Systems, die den USA als einzigem Land das Recht einräumten, die Stabilisierung des Wechselkurses anderen Ländern zu überlassen. Als die Kapitalabflüsse aus den USA quantitativ untragbar wurden, stellten die anderen Zentralbanken des Systems ihre Interventionen ein. Das System zerbrach 1973 endgültig, und man ging zu flexiblen Wechselkursen über.

Doch selbst nach dem Zusammenbruch des Systems von Bretton Woods versuchten zahlreiche Länder entweder einseitig oder im Kontext regionaler Bündnisse den Außenwert der eigenen Währung zu stabilisieren. So entstand sofort nach dem Ende des Bretton-Woods-Systems die so genannte Europäische Währungsschlange, bei der sich zahlreiche europäische Länder an die D-Mark als den Kopf der Schlange einseitig ankoppelten. Beispielsweise haben Österreich und die Niederlande bis zur Überführung in die EWU Anfang 1999 niemals ihren Wechselkurs gegenüber der D-Mark geändert. Die Währungsschlange wich 1979 dem Europäischen Währungssystem (EWS), das in West-Europa wieder ein System fester Wechselkurse etablierte. Es war ähnlich wie das System von Bretton Woods strukturiert, jedoch mit dem entscheidenden Unterschied, dass formal keine Leitwährung festgeschrieben wurde und sich das Leitwährungsland seine Rolle durch eine entsprechende Geldpolitik verdienen musste. Von Beginn an übernahm die D-Mark weitgehend unangefochten die Stellung der Leitwährung innerhalb des EWS.

Bei Entwicklungs- und Schwellenländern gibt es eine Vielzahl von spezifischen Systemen, mit denen in der einen oder anderen Form versucht wird den Wechselkurs zu stabilisieren. Länder wie Argentinien, Estland oder Hongkong versuchten oder versuchen den Weg eines „Currency Boards". Bei diesem System wird der Wechselkurs nominal gegenüber einer Ankerwährung stabilisiert und gleichzeitig muss die von der Zentralbank ausgegebene Geldmenge vollständig durch Devisenreserven gedeckt sein. Andere Länder wählten ebenfalls den Weg eines nominalen Wechselkursankers (beispielsweise die Volksrepublik China), versprachen jedoch nicht, die inländische Geldmenge durch Devisenreserven zu decken und ließen sich die Option offen, gegebenenfalls den Wechselkurs diskretionär ändern zu können. Wieder andere Länder (beispielsweise Polen) haben sich für ein „Crawling Peg" entschieden, wonach die Abwertung der eigenen Währung nach einer zuvor öffentlich bekannt gegebenen Rate gegenüber einer anderen Währung oder eines Währungskorbes erfolgt.

Von allen Mitgliedsländern des Internationalen Währungsfonds folgten im Jahre 2001 faktisch rund 60 Prozent einer Politik der nominalen Wechselkursanbindung, etwa 25 Prozent in der Form einer harten Anbindung in der Form eines Currency Boards, einer Währungsunion oder der Übernahme einer ausländischen Währung als gesetzliches Zahlungsmittel. Zusätzlich folgten rund 23 Prozent einem System kontrollierter flexibler Wechselkurse, sodass nur rund ein Fünftel aller Länder durch ein System flexibler Wechselkurse gekennzeichnet war (Bubula/Ötker-Robe 2002, S.17). Und auch diese müssen, wie oben gezeigt, gegebenenfalls auf den Wechselkurs achten.

Derzeit gibt es keine Hegemonialmacht, die auf Grund ihrer Dominanz und einer entsprechenden Geldpolitik die Leitwährungsfunktion eindeutig beanspruchen könnte. Zwar werden internationale Kontrakte mehrheitlich in US-Dollar fakturiert und der US-Dollar wird von den meisten Zentralbanken als Reservewährung bevorzugt, allerdings musste der US-Dollar im Verlauf der Jahre auf diesen Feldern Positionsverluste hinnehmen. So gibt die EZB (EZB, Monatsbericht August 1999, S. 31ff.) an, dass Mitte 1999 bei internationalen Schuldverschreibungen (Schuldverschreibungen, bei denen Gläubiger und Schuldner in unterschiedlichen Ländern wohnen) der US-Dollar einen Anteil von unter 50 Prozent besaß (Euro: knapp 30 Prozent). Bei internationalen Bankeinlagen (Einlagen von Ausländern innerhalb des Währungsraumes) belief sich im März 1999 der Anteil des US-Dollar auf 40 Prozent (der Euro hatte etwa den gleichen Anteil). Und bei den offiziellen Reserven lag der Anteil des US-Dollar Ende 1997 bei etwas über 50 Prozent. Bei etwa 30 Währungen der Welt spielt der Euro bei der Wechselkursankopplung eine Rolle. Die Daten zeigen, dass der US-Dollar internationale Geldfunktionen nicht mehr auf sich monopolisieren kann.

Durch die Einführung des Euro sind die Herausforderungen für den US-Dollar noch gewachsen, denn der Euro-Währungsraum bietet ein ähnlich hohes Sozialprodukt, umfasst eine ähnlich große Bevölkerung, bietet ein ähnlich großes Pro-Kopf-Einkommen und hat einen ähnlich großen Kapitalmarkt wie der US-Dollar-Währungsraum. Unter den Bedingungen eines Zwei-Währungs-Standards oder gar eines Multiwährungs-Standards konkurrieren mehrere Währungen um die Privilegien des Leitwährungslandes. Sofern dieser Wettbewerb zinspolitisch in der Form eines „Zinskrieges" ausgetragen wird, vermag er die wirtschaftliche Entwicklung weltweit stark zu belasten. Insofern wäre eine engere geldpolitische Kooperation zwischen der EZB und der FED ohne Zweifel wünschenswert.

4.5 Die ewige Kontroverse: Regelgebundene versus diskretionäre Geldpolitik

Man sollte erwarten, dass sich die theoretische Ausrichtung einer Zentralbank eindeutig aus ihren Publikationen und Äußerungen ablesen lässt. Das stimmt so allerdings nicht. Bereits die in den vorherigen Kapiteln dargestellte Zwei-Säulen-Strategie der EZB macht deutlich, dass sich die erste Säule an neoklassischem Gedankengut ausrichtet, während sich die zweite Säule an keynesianischen Überlegungen orientiert. Auch bei der Beurteilung der faktischen Geldpolitik ist nicht immer eine klare Strategie einer Zentralbank zu erkennen. Angesichts dieser verwirrenden Lage wundert es nicht, dass Ökonomen eine eindeutige Geldpolitik einfordern und die Zentralbanken einer strikten Regel unterwerfen möchten. Allerdings gibt es wiederum eine breite Palette von Regeln, die sich teilweise widersprechen – die modernen Regeln einerseits und die Geldmengenregel andererseits oder die Festlegung einer Zielinflationsrate im Unterschied zur Taylor-Regel. Noch unübersichtlicher wird die Lage, wenn man bedenkt, dass bis zum Ersten Weltkrieg ausnahmslos alle ökonomisch bedeutsamen Zentralbanken vor allem den Wechselkurs zu stabilisieren suchten und Preisniveauveränderungen als nicht so relevant bewertet wurden. Auch heute richten noch zahlreiche, vor allem kleinere Länder ihre Geldpolitik vor allem am Wechselkurs aus.

Die bis heute letztlich unbeantwortete Frage, welche grundlegende geldpolitische Orientierung eine Zentralbank verfolgen sollte, ist so alt wie die Zentralbanken selbst. Im Kern stehen sich zwei Visionen gegenüber:

Bei der ersten Vision ist die letztendliche Ursache für inflationäre (deflationäre) Prozesse in einer zu starken (schwachen) Ausdehnung der Geldmenge durch die Zentralbank als Monopolistin für die Geldemission zu sehen. Gleichzeitig wird angenommen, dass die Zentralbank in der Lage ist, die Geldmenge sehr genau zu steuern. Schwankungen des Preisniveaus sind nach dieser Sicht zu einem guten Teil einem Politikversagen geschuldet: Der Zentralbanker ist entweder ein „dummer Junge", der beständig Fehler macht, oder ein „hintertriebener Kerl", der, kurzfristige Effekte anstrebend, die Geldmenge nicht so steuert, dass anhaltende Preisniveaustabilität erreicht wird. Sollte dies der Fall sein, dann liegt es nahe, den Zentralbankern die Hände zu binden, indem man ihnen die geldpolitischen Handlungsspielräume beschneidet. Regeln werden zum Kredo der Geldpolitik.

Ist man andererseits der Einschätzung, dass Inflationen oder Deflationen nicht das genuine Resultat einer falsch verstandenen Geldpolitik sind, sondern aus Marktprozessen selbst resultieren, dann stehen Zentralbanken vor der Aufgabe, den instabilen Marktprozessen permanent entgegenzuwirken. Zentralbanken stehen dann vor laufend neuen Herausforderungen, die sich aus der jeweiligen historisch spezifischen Situation ergeben. Die Kontroverse um eine regelgebundene oder diskretionäre Geldpolitik erfasst unseres Erachtens nach nicht den wirklichen Kern des Problems. Konkreter: Etwa vier Fünftel aller Mitgliedsländer des Internationalen Währungsfonds orientieren sich geldpolitisch am Wechselkurs (siehe Kasten zu Wechselkurssystemen). Damit unterliegen zumindest diese Länder einer starren Regel. Diese Regel unterscheidet sich von den zuvor diskutierten, da die zuvor diskutierten auf politischem Wege aus Zentralbanken geldemittierende Automaten machen wollen. Dieser Wunsch basiert auf der Idee, dass diskretionär handelnde Zentralbanker ökonomische Probleme nicht lösen, sondern verschärfen. Zumindest bei der Geldmengenregel wird zudem unterstellt, dass Märkte im Prinzip stabil sind.

Wird stattdessen davon ausgegangen, dass Märkte keinesfalls aus sich heraus zur Stabilität neigen und sich Krisen auch kumulativ verstärken können, dann müssen Zentralbanker – im Rahmen ihrer Möglichkeiten – einen Beitrag zur Stabilisierung der Ökonomie leisten. Das heißt selbstverständlich nicht, dass sie gleichsam beliebig agieren können. Die Restriktionen, denen sie unterliegen, werden hier allerdings nicht politisch, sondern von den Märkten – speziell vom Vermögensmarkt – gesetzt. Eine nicht marktkonforme Geldpolitik führt zu Kapitalexporten (Kapitalfluchten) und damit zu Abwertungsgefahren. Diese können, wie oben ausgeführt wurde, nicht ignoriert werden, sodass die Zentralbanken dergestalt sanktioniert werden. Der Vermögensmarkt zwingt sie in diese Form der Regelbindung, sodass für geldpolitische Willkür so lange kein Platz bleibt, wie massive Abwertungskrisen vermieden werden sollen.

Die sich so ergebende Bindung der Geldpolitik ist von Land zu Land unterschiedlich stark ausgeprägt. Vor allem kleinere, ökonomisch instabile Länder verfügen faktisch über keinen geldpolitischen Spielraum, bei relativ großen, ökonomisch stabilen Ländern ist der Spielraum größer und bei Ökonomien wie den USA, der EWU oder Japan, deren Währungen weltweit als Reserven gehalten und zum Teil als Parallelwährungen genutzt werden, kann er beachtlich sein. Bei den Ländern, die über Spielräume verfügen, schlagen sich erstens geldpolitische Maßnahmen nicht unmittelbar in Wechselkursveränderungen nieder. Zweitens besitzen diese Länder häufig Devisenreserven, die zu Devisenmarktinterventionen genutzt werden können. Diese Reserven können damit als Puffer für diskretionäre Maßnahmen dienen. Die Möglichkeiten einer diskretionären

Politik erweitern sich drittens bei Aufwertungstendenzen. Sofern allerdings relevante Abwertungsgefahren erkennbar werden, so müssen sich auch diese Zentralbanken der Logik der internationalen Vermögensmärkte unterwerfen und den Wert der eigenen Währung verteidigen.

Das Beispiel USA zeigt, dass Länder, die ganz oben in der Hierarchie von Währungen angesiedelt sind, selbst massive Abwertungen zumindest längere Zeit verkraften können, ohne binnenwirtschaftlich über Kapitalexporte und steigende Inflationsraten hart ausgebremst zu werden. Auch hier sind die Spielräume nicht beliebig, aber doch beachtlich, und sie werden im Interesse der eigenen ökonomischen Entwicklung zuweilen auch genutzt, wie die massiven Abwertungen der USA ab Mitte der 1980er Jahre oder seit 2002 zeigen. Derartige eruptive Veränderungen der Wechselkurse erhöhen allerdings weltweit und sprunghaft die ökonomischen Unsicherheiten. Beispielsweise werden ökonomisch schwache Länder, die sich einseitig an die nun aufwertenden Währungen angebunden haben, von der Aufwertung mit erfasst und büßen Exportchancen ein. Oder, um ein zweites Beispiel zu nennen, entziehen solche Prozesse ökonomischen Kalkulationen die tragfähige Basis, sodass die Unsicherheit steigt. Das wiederum erschwert Investitionsprozesse und erhöht die Transaktionskosten. Daher sind Abwertungsstrategien dieser drei Währungsräume eine Zeit lang möglich, allerdings sind die negativen externen Effekte erheblich. Daher sollten sie vermieden werden. Auf diesen Aspekt kommen wir im 6. Kapitel zurück.

Je nach Land existieren also unterschiedlich ausgeprägte Spielräume für diskretionäre geldpolitische Maßnahmen. Zentralbanken sind, wenn man so will, einer Regel unterworfen, die eine kontrollierte Diskretion ermöglicht und zugleich erzwingt. Wenn es diese Spielräume in einer grundsätzlich unsicheren Welt gibt und sie nicht für nationale Egoismen ausgebeutet werden, so ist dies kein Nachteil, sondern ein Vorteil. Viele Länder der ökonomischen Peripherie würden dies gewiss ohne Zögern bestätigen. Denn ihnen werden durch Kapitalexporte (Kapitalfluchten) extreme Restriktionen aufgebürdet, die häufig jede binnenwirtschaftliche Entwicklung blockieren. Versucht beispielsweise eine Zentralbank dieser Länder durch zinspolitische Maßnahmen dringend notwendige Investitionen anzuregen, so wird das so emittierte zusätzliche Geld von den Wirtschaftssubjekten umgehend genutzt, um wertstabilere Währungen einzutauschen. Dadurch werden diese Zentralbanken zu einer in Bezug auf die binnenwirtschaftlichen Erfordernisse völlig dysfunktionalen

Geldpolitik gezwungen. Zentralbanken, die wie Geldautomaten funktionieren (müssen), sind für die meisten Länder der Welt mit liberalisierten Finanzmärkten ein marktgesteuertes Erfordernis, aber kein Segen.

Kommen wir zurück zur Kontroverse um die Regelbindung gemäß der Logik der Geldmengenregel. Sie ist sehr eng mit der Herausbildung moderner Zentralbanken verbunden, und sie wird bis heute geführt. Üblicherweise gilt das Jahr 1844 als Geburtsjahr von Zentralbanken heutigen Typs, da seinerzeit mit der so genannten 2. Peel'sche Bankakte die Bank of England an die neuen ökonomischen Entwicklungen angepasst wurde.[83]

Vorangegangen war dieser Bankakte eine heftige Auseinandersetzung zwischen Anhängern der „Banking"-Schule einerseits und der „Currency"-Schule andererseits. Die „Banking" Schule vertrat einen kruden Ansatz, der zwar die Endogenität der Geldmenge betonte, jedoch behauptete, Zentralbanken könnten mit Hilfe der Zinspolitik überhaupt keine Effekte auf die Geldmenge ausüben. Die „Currency"-Schule vertrat eine quantitätstheoretische Argumentation. Historischer Hintergrund dieser Debatte war die 1797 kriegsbedingt beschlossene Abschaffung der Pflicht der Bank of England, ihre Banknoten in Gold einlösen zu müssen. In den Folgejahren setzte ein inflationärer Prozess ein. Im Ergebnis sank der Wert der Banknoten sowohl gegenüber dem Gold als auch gegenüber ausländischen Währungen. Diese inflationäre Entwicklung wurde 1814/15 jäh durch eine massive konjunkturelle Krise gestoppt, in deren Verlauf unter anderem zahlreiche Geschäftsbanken zusammenbrachen.

Die Vertreter der „Currency"-Schule sahen in einer zu starken Ausdehnung der Banknoten durch die Bank of England die entscheidende Krisenursache. Mit dieser Diagnose setzten sie sich gegen die Anhänger der „Banking"-Schule durch. Denn die 1. Peel'sche Bankakte von 1819 war ein erster Triumph der „Currency"-Schule, da das Pfund wieder vollständig in Gold eintauschbar wurde. Man erhoffte sich dadurch eine hinreichende Disziplinierung des Führungspersonals der Bank of England und folglich den Verzicht auf eine zu starke Expansion der Geldmenge. Allerdings wurde die Idee, alle Handlungsspielräume der Zentralbanker, also jegliche diskretionäre Politik zu unterbinden, noch nicht umgesetzt. Dies wäre beispielsweise dann der Fall gewesen, wenn eine hundertpro-

---

[83] Die folgenden Ausführungen beziehen sich auf Herr (1992), S. 281ff.

zentige Golddeckungspflicht für ausgegebene Noten eingeführt worden
wäre.

Die erhoffte Stabilität blieb allerdings aus. Vor allem 1825 und im
Zeitraum von 1836 bis 1839 kam es zu massiven Finanzkrisen. Was waren die Gründe? In konjunkturellen Aufschwüngen schien die Einlöse-
pflicht in Gold kein Problem zu sein. Die Unternehmen erzielten Gewinne und schienen kreditwürdig zu sein. Die Kreditvergabe beziehungsweise Notenschöpfung nicht nur durch die Bank of England, sondern
auch durch (damals noch existierende) private Notenbanken weitete sich
aus. Niemand dachte daran, Banknoten gegen Gold einzutauschen. Sobald jedoch ein Abschwung einsetzte, sah die Welt anders aus. Die Unternehmen erlitten Verluste, was ihre Kreditwürdigkeit untergrub. Damit
aber wurden zeitgleich die Forderungsbestände der Banken gegenüber
den Unternehmen entwertet. Ging das Vertrauen der Einleger in die Banken verloren, wurde von ihnen Gold verlangt, was in diesem Umfang auf
Grund der vorherigen starken Expansion des Notenumlaufs nicht zur
Verfügung stand. Der „run" auf die Banken führte zu deren Zusammenbruch. Die Bank of England konnte den Privatbanken nicht als Lender of
Last Resort helfen, da sie selbst ihren Goldbestand verteidigen musste.

Angesichts dieser instabilen Entwicklungen setzte erneut die Diskussion um eine funktionale Geldpolitik ein. Die „Currency"-Schule sah in
der diskretionären Politik der Banker der Bank of England die zentrale
Ursache für die Instabilitäten des monetären Systems und setzte sich mit
dieser Ansicht durch. Mit der 2. Peel'schen Bankakte 1844 sollte jeglicher Handlungsspielraum für die Geldpolitik beseitigt werden, indem
jede über den kleinen Betrag von 14 Millionen Pfund hinausgehende
Emission von Banknoten durch die Bank of England zu hundert Prozent
durch Goldbestände gedeckt sein mussten. Das Notenmonopol der Bank
of England war kurz davor schon eingeführt worden. Es wurde ein Notenausgabe-Department und ein Banking-Department geschaffen. Das
Notenausgabe-Department hatte, entsprechend den Aktionen des Publikums, die ausschließliche Funktion, mechanisch Noten in Gold und Gold
in Noten umzutauschen. Das Banking-Department betrieb Zinspolitik,
indem es Wechsel diskontierte, welche die Geschäftsbanken dem Banking-Department verkauften. Allerdings konnte die Instabilität des Geldsystems so nicht beseitigt werden, wie die Krisen 1847, 1857 und 1866
zeigten. In diesen Krisen musste der Bankakt jeweils zeitlich suspendiert
werden, um das finanzielle System nicht völlig einstürzen zu lassen.

Erst nach 1844 begann die Bank of England, die führende Zentralbank der damaligen Welt, zu begreifen, dass Geldpolitik über Zinspolitik durchgeführt werden muss. Das so genannte Banking-Department der Bank of England begann entgegen dem Geist des 2. Peel'schen Bankgesetztes diskretionäre Geldpolitik zu betreiben, damals im Rahmen der Diskontpolitik den Handel mit Wechseln. „Die Verwendung der Bankrate im Dienste der Verwaltung eines regulierten Geldes war eine große Erfindung und brachte etwas ganz Neues: wenige Jahre vorher hatte die Bank of England noch nicht die leiseste Ahnung davon, dass zwischen der Diskontpolitik und der Aufrechterhaltung des Standards irgendwelche Verbindungen bestehen könnten." (Keynes 1930, S. 14) Die Golddeckung wurde zwar noch lange beibehalten, doch bekam Gold immer mehr die Funktion eines Monarchen in einer institutionellen Monarchie, es hatte nur noch symbolische Bedeutung.

Diese faktische Ausgestaltung der Geldpolitik als Zinspolitik, die sich in allen entwickelten Ökonomien durchsetzte, hat freilich nicht zu einer einheitlichen Auffassung über die wünschenswerten grundlegenden Orientierungen der Geldpolitik geführt. Hier konkurrieren nach wie vor unterschiedliche Ideen miteinander, die in ihren Grundüberzeugungen alle schon im 19. Jahrhundert existierten.

Aus den obigen Ausführungen ergibt sich, dass wir für eine kontrollierte Diskretion bei der Geldpolitik plädieren und Regelbindungen nach der Logik von Geldautomaten ablehnen. Ein Kernargument gegen eine diskretionäre Politik ist, dass sie zu einem unakzeptablen Verlust an Vertrauen und Transparenz bei den Wirtschaftssubjekten führen muss. Schaut man sich die Reputation der Deutschen Bundesbank an, so sind Bedenken gegen eine solche Verhaltenshypothese angebracht. Die Bundesbank hat sich das große Vertrauen ganz sicher nicht dadurch erworben, dass sie ohne Wenn und Aber ihr vorab verkündetes Geldmengenziel durchgesetzt hätte. Stattdessen hat sie es in fünfzig Prozent der Fälle verfehlt. Auch ihre Inflationsziele, die sie nie ein für alle Mal in Prozentzahlen festgeschrieben hat, hat sie weder termingerecht noch punktgenau einzuhalten versucht. Vertrauen hat sie erworben, indem sie zu jeder Zeit und notfalls auch gegen nationalen und internationalen politischen Widerstand die Bedeutung einer stabilen Währung betont und – wenn es notwendig wurde – auch verteidigt hat.[84] Wichtig waren nicht Punktlandungen, sondern stetiges und konsequentes Agieren im jeweiligen historischen Kontext. Zugleich hat sie nie auch nur den geringsten Zweifel daran gelassen, dass sie ihre politische Unabhängigkeit in den Dienst einer stabilitätsorientierten Geldpolitik zu stellen gedenkt und den Außenwert der D-Markt zu verteidigen bereit ist. Dies hat völlig ausgereicht, um sich im Laufe der Jahre eine überaus hohe Reputation zu erwerben. Vor dem Hintergrund der Erfahrungen mit der Deutschen Bundesbank muten die Verhaltenshypothesen über eine mögliche Zeitinkonsistenz bei Zentralbankern und die Diskussionen über eine notwendige Regelbindung zur Gewinnung von Vertrauen recht gekünstelt an.

Auch die FED hat es verstanden, ohne Regelbindung während der vergangenen Jahrzehnte eine hohe Reputation zu verteidigen. Die inflationäre Entwicklung und die Dollarschwäche Ende der 1970er Jahre haben die Reputation der FED zwar geschwächt, doch hat sie nach der sich anschließenden (dysfunktional) harten Stabilisierungskrise ihre Reputation regeneriert und stabilisiert. Greenspan als Präsident der FED hat als „Maestro" eine andere geldpolitische Philosophie verfolgt als die der Deutschen Bundesbank und nun die der EZB. Im Vergleich zur EZB hat die FED, an diesem Punkt der Deutschen Bundesbank folgend, kein explizites Inflationsziel formuliert. Betrachtet man die faktische Politik der FED, dann ist sie mit einer Inflationsrate von etwa drei Prozent zufrieden, was bei der EZB mit ihrem Inflationsziel von unter zwei Prozent nicht der Fall wäre. Die FED hat inflationäre Entwicklungen vorsichtig zu bekämpfen versucht, und sie hat vor allem geldpolitische Spielräume schnell und konsequent ausgenutzt. Die Geldpolitik in den USA hat insbesondere in den 1990er Jahren erheblich dazu beigetragen, dass sich die USA ökonomisch besser entwickelt haben als Europa. Man sieht, diskretionäre Geldpolitik kann unterschiedlich betrieben werden. Und es gibt auch unterschiedliche Wege, die Reputation einer Zentralbank aufzubauen und zu verteidigen.

Es gibt keinen Masterplan und keine noch so ausgefeilte Regel, wie Geldpolitik betrieben werden sollte. Geldpolitik ist eine „Kunst", die eine Zentralbank gut beherrschen kann oder eben auch nicht. Kunst besteht

---

[84] Sehr anschaulich hat dies der langjährige Präsident der Deutschen Bundesbank, Otmar Emminger, beschrieben (vgl. Emminger 1986).

aus Wissen und Praxis und führt zur Intuition.[85] Zum Wissen kann die theoretische Debatte über eine richtige Geldpolitik beitragen. Zur Intuition gehört Erfahrung und Gespür für die jeweilige historische Situation.

---

[85] „The process of learning an art can be divided conveniently into two parts: one, the mastery of the theory; the other, the mastery of the practice. (…). I shall become a master ... only after a great deal of practice, until eventually the results of my theoretical knowledge and the result of my practice are blended into one – my intuition." (Fromm 2000, S. 5)

5 Kapitel
Die Geldpolitik der EZB

Wir haben mehrfach darauf hingewiesen, dass die EZB dem eigenen Bekunden nach eine Zwei-Säulen-Strategie verfolgt, um das Ziel der Preisniveaustabilität zu erreichen. Im Jahre 2003 wurde allerdings die Bedeutung der beiden Säulen umgedreht und die bis dahin erste Säule, welche ein jährliches Wachstum der Geldmenge M3 mit 4,5 Prozent vorsah, wurde zur zweiten Säule. Preisniveaustabilität hat sie zuletzt definiert als einen Anstieg des so genannten Harmonisierten Verbraucherpreisindex von etwas unter zwei Prozent gegenüber dem Vorjahr (vgl. EZB, Monatsbericht Juni 2003). Davor definierte sie ihr Inflationsziel zwischen null und zwei Prozent, wobei das Ziel mittelfristig realisiert werden sollte (vgl. EZB, Monatsbericht Januar 1999). Daher stellt sich die Frage, was für oder gegen ein solches Ziel spricht und ob die quantitative Festlegung des Ziels sinnvoll ist. Dies soll in einem ersten Schritt diskutiert werden.

Im Anschluss daran soll überprüft werden, ob sich die EZB in ihrer praktischen Geldpolitik tatsächlich von ihrer Zwei-Säulen-Strategie hat leiten lassen. Denn es ist nicht auszuschließen, dass sie (zeitweilig) Ziele verfolgt hat, die mit der Zwei-Säulen-Strategie nicht hinreichend umschrieben sind. Darüber hinaus wäre zu klären, wie sie sich entschieden hat, wenn die erste Säule eine von der zweiten abweichende geldpolitische Orientierung verlangt, wenn also beispielsweise die Geldmenge steigt, ohne dass die zweite Säule inflationäre Gefahren anzeigt. Diesen Fragen wollen wir in einem weiteren Schritt nachgehen.

5.1 Die Definition der Preisniveaustabilität

Zahlreiche Zentralbanken – wenn auch nicht alle, wie das Beispiel der US-Zentralbank zeigt, – legen ein quantitatives Inflationsziel fest. Insofern steht die EZB mit einem numerischen Inflationsziel keinesfalls alleine. Allerdings ist der von der EZB gesetzte Standard selbst bei den

Zentralbanken, die sich ein explizites Inflationsziel setzen, sehr hoch (vgl. Kapitel 2.4). Zu bedenken ist auch, dass Preisindizes durch Qualitätsverbesserungen alter und der Entwicklung neuer Produkte die Inflationsrate statistisch etwas zu hoch angeben (vgl. Görgens u. a. 1999, S. 75f.), sodass der faktische Standard der EZB bei einer Inflationsrate von nahe null Prozent liegen dürfte. Wie ehrgeizig das von der EZB gesetzte Ziel ist, zeigt sich auch daran, dass in der Bundesrepublik Deutschland die durchschnittliche Inflationsrate von 1950 bis 1998 knapp drei Prozent betrug.

Diese Einschätzung wird auch bestätigt, wenn man die Entwicklung der Inflationsraten verschiedener Länder ab 1985 (vgl. Abbildung 5.1) betrachtet. So konnten neben der Bundesrepublik Deutschland auch die USA und selbst Japan den EZB-Standard über längere Zeiträume nicht erfüllen. In den Neunzigerjahren lagen insbesondere die USA über längere Zeiträume oberhalb der Marke von zwei Prozent. Geschadet hat dies den USA nicht, denn sie konnten während dieser Phase eine vergleichsweise hohe reale Wachstumsrate ihres Sozialproduktes erzielen. Japan hatte ab Anfang der 1990er Jahren zwar sehr niedrige Inflationsraten und zeitweise sogar Deflationsraten, jedoch war das Wachstum in Japan schwach (vgl. Abbildung 5.2). Die EZB konnte ihr ehrgeiziges Inflationsziel bislang zwar nicht immer erreichen, die Abweichungen nach oben waren freilich relativ gering. Der Vorteil einer numerischen Festlegung des Inflationsziels wird erstens darin gesehen, dass die Geldpolitik an Glaubwürdigkeit gewinnt. Zweitens wird so für alle Wirtschaftssubjekte die Transparenz erhöht. Beispielsweise wissen die Tarifparteien, dass die Zentralbank einer Lohnpolitik, die mit der definierten Preisniveaustabilität nicht vereinbar ist, mit einer restriktiven Geldpolitik begegnen wird. Man darf vermuten, dass sich die Tarifparteien eher zu einer stabilitätsorientierten Lohnpolitik veranlasst sehen, wenn die Zentralbank „unsichtbar" mit am Tisch sitzt. Selbstverständlich werden auch die übrigen Marktteilnehmer die geldpolitischen Festlegungen der Zentralbank ins Kalkül einbeziehen. Ob allerdings Transparenz und Glaubwürdigkeit nur auf der Grundlage eines numerischen Inflationsziels gewonnen werden können, ist fraglich (vgl. hierzu die Ausführungen im Kapitel 4.2). An dieser Stelle gehen wir von der Existenz eines Inflationsziels als gegeben aus.

Abbildung 5.1: Inflationsraten ausgewählter Länder von 1985-2007

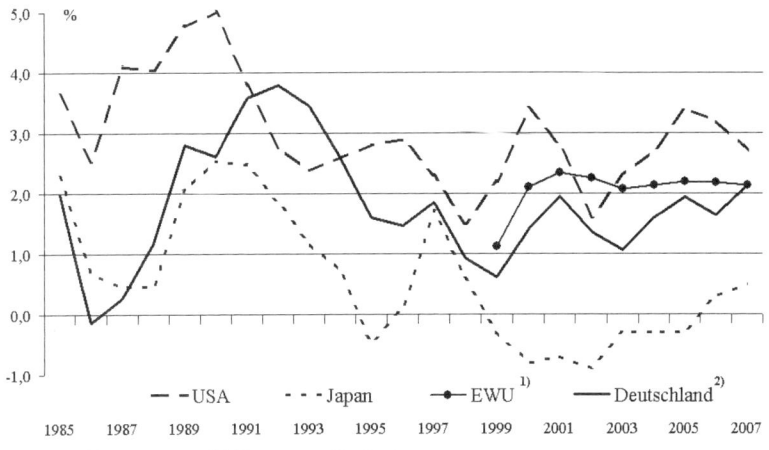

Quelle: IMF, World Economic Outlook;
    ECB, Statistical Data Warehouse 2008
[1] EWU-Länder wechselnde Zusammensetzung, HVPI
[2] Daten 1991 aufgrund der Deutschen Einigung geglättet

Will eine Zentralbank durch die Festlegung eines numerischen Inflationsziels ihre Glaubwürdigkeit und Transparenz erhöhen, dann muss sie
es auch verbindlich verteidigen. Zwar kann sie ihr Ziel auf Grund widri-
ger Umstände in dem einen oder anderen Jahr einmal verfehlen. Dies
darf aber erstens nicht zur Regelmäßigkeit werden und zweitens muss sie
bei einer Zielverfehlung geldpolitisch gegensteuern. Dadurch können
sich ernsthafte Risiken für die wirtschaftliche Entwicklung des Landes
ergeben. Dieses soll im Folgenden am Beispiel der EWU konkretisiert
werden.

Erstens gilt die Festlegung des Inflationsziels zwingend für den Euroraum insgesamt. Dies bedeutet aber auch, dass die Inflationsrate innerhalb der EWU von Land zu Land deutlich differieren kann. So belief sich
die Inflationsrate 2002 im Durchschnitt des Euroraums auf 2,3 Prozent.
Die Bundesrepublik Deutschland wies indes nur eine Rate von 1,3 Prozent auf, während sie sich in Irland auf 4,7 Prozent und in Griechenland,
Portugal sowie den Niederlanden auf knapp 4 Prozent belief (vgl. Deutsche Bundesbank, Monatsbericht Dezember 2003, S. 7). Insgesamt hat
die EWU nicht zu einer befriedigenden Konvergenz der Inflationsraten
geführt (vgl. Kapitel 6).

Abbildung 5.2: Wachstumsraten des realen BIP in
ausgewählten Ländern gegenüber dem Vorjahr

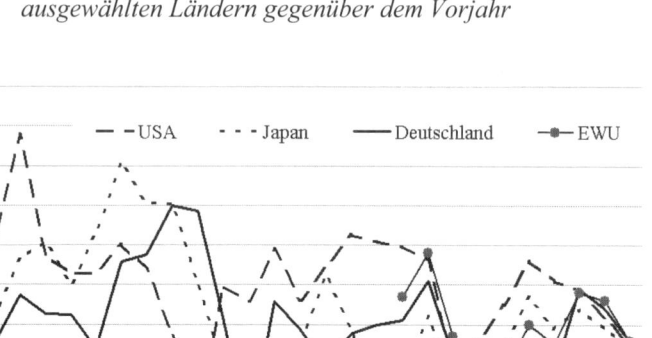

Quelle: Ameco Datenbank der EU-Kommission; IMF, World Economic
Outlook; Deutsche Bundesbank, Statistische Zeitreihen 2008
* IMF Schätzung Januar 2008

Eine solche Konstellation muss keine Inflationsrisiken für den gesamten Währungsraum aufweisen, solange ökonomisch dominante Länder wie die Bundesrepublik Deutschland oder Frankreich das Inflationsziel erreichen. Denn die Länder mit den (zu) hohen Inflationsraten büßen mittelfristig ihre preisliche Wettbewerbsfähigkeit ein und werden so über den Marktmechanismus diszipliniert. Eine Frage ist allerdings, wie schnell der Marktmechanismus zu einer Abnahme der Inflationsrate in Regionen mit einer zu hohen Inflationsrate führt und welche realökonomischen Kosten diese Regionen längerfristig zu tragen haben.

Einem Bonmot zufolge hat jener eine gesunde Durchschnitts-Körpertemperatur, der mit dem Oberkörper im offenen Feuer liegt und dessen unterer Körperteil tiefgefroren ist. Es sind ökonomische Konstellationen vorstellbar, die eine vergleichbare Logik aufweisen. So ist grundsätzlich nicht auszuschließen, dass einige Ökonomien sich im Grenzbereich zur Deflation bewegen, während andere Inflationsraten oberhalb des Inflationsziels aufweisen. Der statistische Durchschnitt kann diese Differenzierungen selbstverständlich nicht zum Ausdruck bringen. Eine solche Konstellation lag beispielsweise im ersten Halbjahr 2003 vor, denn die

Bundesrepublik Deutschland befand sich in dieser Phase in der Gefahr, in einen deflationären Prozess abzurutschen (vgl. Deutsche Bundesbank, Monatsbericht Dezember 2003, S.7). Pocht die EZB auf die Einhaltung ihres strikten Inflationsziels, dann läuft sie Gefahr, einzelne Regionen in der EWU in einen deflationären Prozess zu stürzen. Bei deflationären Prozessen in einem relativ großen Land in der EWU ist die „Ansteckungsgefahr" für den gesamten Währungsraum groß. Zwar erhöhen die Deflationsländer ihre preisliche Wettbewerbsfähigkeit dank der sinkenden Preise und bauen so Handelsbilanzüberschüsse auf (oder Handelsbilanzdefizite ab). Jedoch stehen den expansiven Effekten in dem Deflationsland restriktive Effekte in den inflationären Ländern gegenüber, sodass der gesamte Währungsraum in eine Deflation geraten kann. Die potenzielle Gefahr einer insgesamt deflationären Entwicklung steigt, je konsequenter eine Zentralbank ein (zu) niedriges Inflationsziel verfolgt.

Die EWU ist ein vergleichsweise disparater Währungsraum mit einem schwachen fiskalischen Zentrum zur Kompensation regionaler Disparitäten (vgl. Eichengreen 1990). Die geplanten Erweiterungen der EWU werden perspektivisch die Disparitäten noch verstärken. Solche Disparitäten können zu deutlich unterschiedlichen Inflationsraten zwischen verschiedenen Ländern führen. Die Wahrscheinlichkeit ist auch deshalb groß, da es innerhalb der EWU bisher keinen abgestimmten Lohnbildungsmechanismus gibt, der eine Angleichung der Entwicklung der Lohnstückkosten und damit auch der regionalen Inflationsraten garantieren könnte.[86] Angesichts dieser Lage ist eine durchschnittliche Inflationsrate in der EWU von unter zwei Prozent problematisch niedrig. Denn es wäre eine höchst dysfunktionale Situation, wenn größere Regionen in der EWU in eine Deflation getrieben würden, weil die Geldpolitik die durchschnittliche Inflationsrate auf sehr niedrigem Niveau halten will. Die EZB sieht das Problem, bewertet es jedoch als unproblematisch: „Eine solche Situation (eine Deflation, d. V.) in einem einzelnen Land oder ei-

---

[86] Oftmals wird hier die Balassa-Samuelson-Hypothese ins Feld geführt. Nach dieser These kann es zu dauerhaften Unterschieden der Inflationsraten zwischen zwei Regionen kommen, wenn die relativen Produktivitätssteigerungsraten für handelbare und nicht handelbare Güter zwischen unterschiedlich entwickelten Regionen unterschiedlich ansteigen (vgl. Balassa 1964, Samuelson 1964). Dieser Effekt ist jedoch nur einer von vielen, die zu unterschiedlichen Inflationsraten in Regionen führen können. Wir erachten unterschiedliche Entwicklungen der Lohnstückkosten als wichtiger.

ner einzelnen Region würde die Wettbewerbsfähigkeit dieses Landes oder dieser Region erheblich steigern. Die sich daraus ergebenden positiven Effekte auf die Nachfrage nach den Produkten dieses Landes oder dieser Region würden dann dem zeitgleichen Abwärtsdruck auf die Preise entgegenwirken und damit alle Erwartungen, dass diese Situation über länger Zeit anhalten würde, zerstören. Unter diesem Gesichtspunkt sollte eine Phase rückläufiger Preise in einem Land der Währungsunion vor allem als eine Anpassung der relativen Preise innerhalb dieser Währungsunion betrachtet werden." (EZB, Monatsbericht Juni 2003, S. 95)

Eine solche Sicht der Dinge erscheint fragwürdig. Sie dürfte lediglich für kleine Länder wie Luxemburg oder auch Griechenland plausibel sein. Falls jedoch große Länder betroffen sind, dann ist zu befürchten, dass der von der EZB beschriebene Mechanismus nicht wirkt und der gesamte Währungsraum in eine Deflation gezogen wird. Denn erstens werden die Exporterfolge dieser großen Länder in anderen europäischen Regionen das Wachstum senken. Und zweitens werden unter Umständen aus Wettbewerbsgründen in einigen der Regionen die Löhne der Lohnentwicklung in den großen Ländern angepasst. Die Kostendeflation würde sich dann verallgemeinern und den gesamten Währungsraum gefährden.

Zweitens sind konjunkturelle Aufschwünge sehr häufig mit dem Aufkommen einer Nachfrage- beziehungsweise Gewinninflation verbunden (vgl. Kapitel 3.2). In der Krise werden üblicherweise Produktionskapazitäten abgebaut, indem einzelne Unternehmen in Konkurs gehen, andere den Betrieb relativ unrentabler Anlagen einstellen und die Bruttoinvestitionen gering sind. Im Aufschwung kommt es dann zu einer Nachfragesteigerung zunächst nach Investitions- und später dann auch nach Konsumgütern. Die steigende Nachfrage kann so schnell an Kapazitätsgrenzen stoßen. Bezogen auf die Gleichung 3 im Kapitel 3.2 ergibt sich die Situation, dass $I > S_H$ wird. Die Unternehmen reagieren mit Preiserhöhungen, und es kommt zur Nachfrage- beziehungsweise Gewinninflation. Werden Aufschwünge auf Grund eines niedrig gesetzten Inflationsziels zu früh durch eine restriktive Geldpolitik abgebrochen, dann werden ohne Not Wachstums- und Beschäftigungseffekte geopfert. Die von der EZB angestrebte Zielinflationsrate von unter zwei Prozent erscheint vor diesem Hintergrund als zu gering, um kräftige Aufschwünge zu ermöglichen. Der Ökonomie droht, am „Atmen" gehindert zu werden und so in der von Keynes so genannten Halbstockung zu verharren (vgl. Keynes 1936 oder Schumpeter 1926). Geldpolitische Restriktionen bei einer

Nachfrageinflation, die auf einer hohen Investitionsnachfrage basiert, sind nicht notwendig, um Volkswirtschaften vor inflationären Entwicklungen zu schützen. Denn durch die Investitionen erhöhen sich die Produktionskapazitäten bei den Unternehmen. Dadurch sind sie nach einiger Zeit in der Lage, ein höheres Angebot auf den Markt zu bringen und so der Nachfrageinflation „die Spitze zu brechen". Der Gewinninflation fehlt dann die marktspezifische Eigendynamik, um einen temporären Preisniveauanstieg in einen kumulativen Prozess zu verwandeln. Temporäre Gewinninflationen als Ausdruck starker Investitionstätigkeit sollten somit von der Geldpolitik als unvermeidliche Begleiterscheinung von Wachstumsprozessen angesehen und akzeptiert werden.

Dessen ungeachtet erzeugen Nachfrageinflationen eine insgesamt fragile Situation, die in der Tat schnell in einen kumulativen Inflationsprozess münden kann. Denn eine Gewinninflation verändert die Einkommensverteilung zu Gunsten der Bezieher von Einkommen aus Unternehmertätigkeit. Dem entspricht, dass die Reallöhne der abhängig Beschäftigten auf Grund des steigenden Preisniveaus sinken bzw. weniger ansteigen als sich die Produktivität erhöht. Gleichzeitig steigt üblicherweise im Aufschwung das Beschäftigungsniveau, sodass sich die Verhandlungsposition der Arbeitnehmer verbessert. Mit zunehmender Länge der Gewinninflation wächst die Wahrscheinlichkeit, dass sich die abhängig Beschäftigten mit dieser Situation nicht abfinden und nominale Lohnerhöhungen fordern. Auch wenn diese Haltung gut nachvollziehbar ist, führt sie doch in aller Regel zur Lohn-Preis-Spirale. Denn die Unternehmen werden ihrerseits – und im Aufschwung besonders schnell – die Lohnerhöhungen auf die Preise abwälzen. Nicht die Verteilung, sondern das Preisniveau ändert sich dann. Da Lohn-Preis-Spiralen ein kumulatives Element aufweisen, muss die Zentralbank nun tatsächlich eingreifen. Sofern allerdings im Aufschwung selbst eine relativ hohe Inflationsrate nicht zu einer Preis-Lohn-Preis-Spirale führt, sei es auf Grund hoher Arbeitslosigkeit oder einer entsprechenden Einkommenspolitik, muss geldpolitisch nicht restriktiv eingegriffen werden. Ein Inflationsziel von unter zwei Prozent liefert keine Hilfestellung, da die Zentralbank einerseits Gefahr läuft, den Aufschwung ohne Not abzubrechen oder andererseits das Inflationsziel zu verletzen. Die EZB hat sich zwar durch die Einschränkung, ihr Zwei-Prozent-Ziel nur mittelfristig erreichen zu müssen, nicht eindeutig gebunden, jedoch wird die Zukunft zeigen, wie eng sie sich am eigenen Inflationsziel orientiert. Aus unserer Sicht wäre es auf jeden Fall günstiger, auf derartige enge Festlegungen beim Inflationsziel, die im Zweifelsfall die Handlungsspielräume unnötig einengen, zu verzichten.

Drittens: Der gleichen Logik unterliegen Preisniveauschocks, die sich aus einer Erhöhung der Preise importierter Güter, einer schlechten Ernte, einer Steuererhöhung etc. ergeben. Beispielsweise lag die Ursache des Preisauftriebs in der EWU im Jahre 2000 in erster Linie am Anstieg der Rohstoffpreise. Im Jahre 2007 konnte das gleiche Phänomen beobachtet werden. Solche exogenen Faktoren führen zu einem einmaligen Preisniveauschub und stellen für sich genommen keine inflationäre Gefahr dar. Bleiben die Lohnstückkosten in solch einem Fall stabil, dann wird die Inflationsrate mittelfristig wieder sinken und das Inflationsproblem verschwinden. Die Zentralbank kann passiv bleiben. Auch in diesem Fall ist eine zu enge Inflationsnorm dysfunktional.

Viertens eröffnet eine höhere Inflationsrate der Geldpolitik größere Spielräume für expansive Impulse. Bei einer Inflationsrate von beispielsweise drei Prozent gelingt es der Geldpolitik durch eine scharfe Absenkung der nominalen Zinssätze eher, zumindest im kurzfristigen Bereich, die Realzinsen sehr niedrig, eventuell sogar negativ zu machen und so einen kräftigen expansiven Impuls zu setzen. Ist die Inflationsrate bei einem Prozent oder darunter, sind die Spielräume für expansive geldpolitische Impulse sehr klein geworden oder existieren nicht mehr. Die amerikanische Zentralbank hat in den 1990er Jahren mit ihrem impliziten Inflationsziel von drei Prozent offensichtlich dieses Argument berücksichtigt (vgl. Summers 1991, Mankiw 2001). Zeitweise wurde in den USA in den 1990er Jahren eine Geldpolitik verfolgt, die über lange Phasen die kurzfristigen Realzinssätze bei null hielt (vgl. Blinder/Yellen 2001; Heine/Herr/Kaiser 2006).

Enge numerische Festlegungen liefern offenbar nur scheinbar eine Basis für Transparenz und Glaubwürdigkeit. Denn hält man sie strikt ein, so kann Geldpolitik unnötig restriktiv und starr werden und dadurch Wachstums- und Beschäftigungschancen verspielen. Dies kann letztlich auch nicht im Interesse einer Zentralbank liegen, da in einer langfristig stagnierenden Ökonomie auch das emittierte Geld Schaden nimmt. Hält man die Inflationsziele nicht ein, dann wäre nichts an Transparenz und Glaubwürdigkeit gewonnen. Daher sollte die EZB ihr striktes quantitatives Inflationsziel aufgeben und sich allgemein zur Preisniveaustabilität verpflichten. Diese Orientierung impliziert, dass sie die jeweiligen, historisch spezifischen Konstellationen, die zu dieser oder jener geldpolitischen Entscheidung geführt haben, kommuniziert. Damit würde sie in die Fußstapfen der US-amerikanischen Notenbank oder auch der Deutschen Bundesbank treten.

5.2 Das Scheitern der Geldmengensteuerung

Nunmehr soll der Frage nachgegangen werden, ob die geldpolitischen Entscheidungen der EZB mit Hilfe der Zwei-Säulen-Strategie erklärt werden können. Beginnen wir mit der Säule der Geldpolitik, welche die Geldmenge M3 mit einer Rate von 4,5 Prozent wachsen lassen will. Die „Geldmengensäule" war anfänglich die erste Säule, wurde allerdings im Jahre 2003 in den Hintergrund gerückt und zur zweiten Säule degradiert.

Abbildung 5.3: Zinssatz der EZB für Hauptrefinanzierungsgeschäfte (Pensionssatz) und Veränderung von M3 in Prozent gegenüber dem Vorjahr

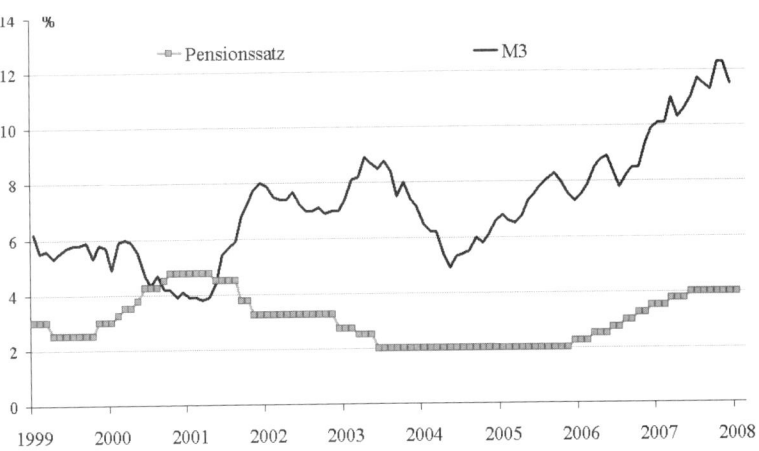

Quelle: Deutsche Bundesbank, Zeitreihendatenbank
Geldmenge M3: Veränderung saisonbereinigt, Jahresrate EWU
Pensionssatz: bis 28. Juni 2000 Mengentender, von da an Zinstender

Die Abbildung 5.3 zeigt zum einen die Entwicklung der Geldmenge M3 und zum anderen den Zinssatz für die Hauptrefinanzierungsgeschäfte der EZB.

Im Jahr 1999 lag das Wachstum von M3 regelmäßig oberhalb des Wertes von 4,5 Prozent. Trotzdem wurden die Zinssätze Mitte April von 3 Prozent auf 2,5 Prozent gesenkt, und dieses Zinsniveau wurde bis Anfang November auch beibehalten. Bis zur Mitte des Jahres 2000 sank das Geldmengenwachstum bis auf den Referenzwert von 4,5 Prozent und blieb bis Mitte 2001 sogar darunter. Trotzdem erhöhte die EZB von Ende 1999 bis Oktober 2000 ihre Zinssätze sieben Mal und ließ den Zinssatz für die Hauptfinanzierungsgeschäfte von schließlich 4,75 Prozent bis Mai 2001 unverändert. Bei einer großzügigen Interpretation lassen sich die Zinssatzerhöhungen bis Mitte 2000 noch mit dem marginal überhöhten Wachstum von M3 erklären. Als dann aber ab Mitte 2000 das Wachstum von M3 deutlich unterhalb der angestrebten Grenze fiel, erhöhte die EZB die Zinssätze erneut mehrfach. Mitte 2001 beschleunigte sich das Wachstum der Geldmenge und verließ die Grenzmarke wieder. An sich hätte die EZB nun die Zinssätze erneut anheben müssen. Tatsächlich aber senkte sie ab Mai die Zinssätze schrittweise. Ganz ausgeprägt kommt diese Variante erneut im Verlauf des Jahres 2003 zum Ausdruck. Obwohl M3 mit Wachstumsraten zwischen 7,2 und 8,7 Prozent stieg, senkte die EZB den Zinssatz für die Hauptfinanzierungsgeschäfte mehrmals. Im Jahre 2004 ging das Wachstum von M3 kurzfristig auf etwas über 4,5 Prozent zurück, begann dann allerdings danach in ungeahntem Ausmaß zu steigen und erreichte 2007 Wachstumsraten von über 10 Prozent. Die Geldpolitik der EZB hat in keiner ernsthaften Weise versucht, das Wachstum von M3 zu reduzieren. Ein solcher Versuch hätte auch zu einer dysfunktionalen Geldpolitik geführt. M3 spielt für die Geldpolitik der EZB keine Rolle mehr. Sie folgt damit den meisten anderen Zentralbanken in den entwickelten Industrieländern.

Die Auswertung der faktischen Geldpolitik der EZB zeigt somit, dass die Geldmengenentwicklung ganz offensichtlich keine Rolle für die geldpolitischen Entscheidungen der EZB gespielt hat. Es ist mehr als verwunderlich, warum die EZB den Zwei-Säulen-Ansatz nicht schon längst auch offiziell aufgegeben hat.

5.3 Die geldpolitische Strategie der EZB

Mit Hilfe der ursprünglich zweiten Säule, die dann im Jahre 2003 zur ersten Säule wurde, lässt sich die Geldpolitik der EZB besser interpretieren. Diese Säule fasst, wie bereits ausgeführt wurde, ein ganzes Bündel von Faktoren zusammen, welche die Geldpolitik berücksichtigen soll. Es stellt sich die Frage, welche ökonomische Variable die Geldpolitik der EZB plausibel erklären kann. Wir werden folgend die verschiedenen relevanten Variablen der Reihe nach durchgehen.

Einer der Indikatoren für die Geldpolitik ist die konjunkturelle Entwicklung. Lässt sich die Geldpolitik der EZB möglicherweise damit erklären, dass sie eine aktive Konjunktur- und Beschäftigungspolitik betrieben hat? Abbildung 5.4 zeigt den Zusammenhang zwischen dem Pensionssatz der EZB und dem realen BIP-Wachstum in der EWU.

Abbildung 5.4: Zinssatz der EZB für Hauptrefinanzierungsgeschäfte und BIP-Wachstumsrate in der EWU in Prozent gegenüber dem Vorjahr

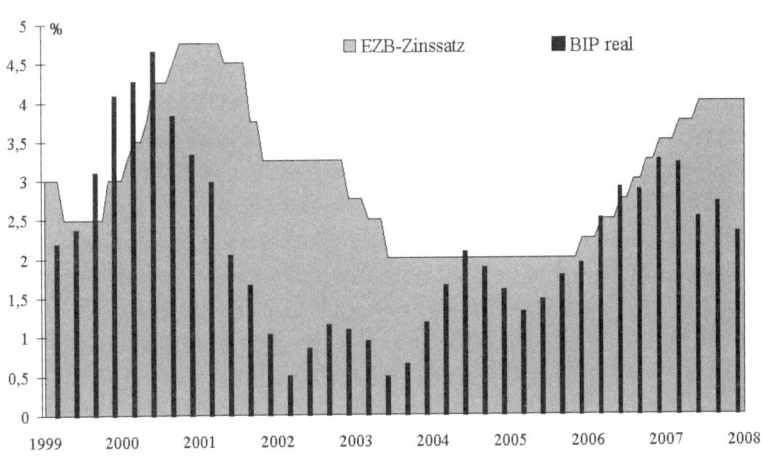

Quelle: Deutsche Bundesbank, Zeitreihendatenbank
* Zinssatz der EZB für Hauptrefinanzierungsgeschäfte, bis 28. Juni 2000
Mengentender, von da an Zinstender

Es zeigt sich, dass die EZB nach einer kurzen Phase der Zinssenkung im Jahre 1999 begann, die Zinssätze schrittweise zu erhöhen. Das Wachstum in der EWU war relativ hoch, so dass eine gewisse Zinssatzerhöhung verständlich war. Doch zeigt sich, dass die EZB die Zinsen noch erhöhte als das BIP-Wachstum schon deutlich abnahm. Die EZB hat somit den Aufschwung in der EWU nicht nur gekappt, sondern durch weiter steigende Zinssätze bei schon fallenden Wachstumsraten den Abschwung deutlich verstärkt. Eine auf die Konjunkturentwicklung hin orientierte Geldpolitik hätte die Zinssätze weitaus früher gesenkt. Der Vergleich mit der Zinssatzentwicklung in den USA verdeutlicht diesen Punkt ebenfalls. Die konjunkturelle Entwicklung in den USA verlief weitgehend parallel zu der in der EWU. Die FED folgte jedoch weitaus früher und auch drastischer einer Politik der Zinssatzsenkung und konnte den Wachstumseinbruch in den USA auch weitaus geringer und kürzer halten als die EZB in der EWU (vgl. Abbildung 5.2). Trotz mäßigen Wachstums in der EWU verglichen mit den USA und Japan nach 2002 senkte die EZB die Zinssätze nicht weiter ab; der Zinssatz beharrte über eine lange Zeitperiode auf einem Niveau von 2 Prozent. Im Jahre 2006 setzte die EZB die Zinssätze gleichzeitig mit einem Anziehen der Wachstumsraten in der EWU wieder schrittweise nach oben. Im Verlauf der Abkühlung der Konjunktur in der EWU ab 2007 reagierte die EZB wiederum sehr zögerlich und senkte nicht wie die FED schnell und deutlich die Zinssätze. Von einer aktiven Konjunkturpolitik, etwa verglichen mit der Geldpolitik in den USA, kann bei der EZB keine Rede sein.

Da eine aktive Steuerung der konjunkturellen Entwicklung keine überzeugende Erklärung für die Geldpolitik der EZB bietet, wollen wir uns nun der Inflationsentwicklung zuwenden. Die Frage ist, ob sich die EZB direkt an der Inflationsrate orientiert hat, was angesichts ihres expliziten Inflationsziels an sich plausibel wäre. Wie die Abbildung 5.5 zeigt, lag die Inflationsrate bis Mitte 2000 stets unterhalb der Zwei-Prozent-Grenze, sprang dann im Jahre 2001 kurzfristig auf über 3 Prozent. Danach pendelte die Inflationsrate bis 2007 meist um ein Niveau leicht über 2 Prozent, um dann Ende 2008 wieder über 3 Prozent anzusteigen. Im internationalen Vergleich ist die Informationsentwicklung in der EWU zwar ausgesprochen niedrig, dennoch ergibt sich insgesamt eine leichte Zielverfehlung gegenüber dem extrem anspruchsvollen Inflationsziel der EZB. Die Zinssatzerhöhungen insbesondere im Jahre 2000 und die zögerlichen Zinssenkungen danach können mit dem Inflationsziel der EZB erklärt werden, das nach dem Jahre 2000 in Gefahr zu geraten schien (vgl. unten). Die lange Phase unveränderter Zinssätze ab 2003 spiegelt die Ansicht der EZB wider, dass es für Zinssenkungen keinen Spielraum gab, da die Inflationsrate leicht über dem Inflationsziel lag. Mit dem Beginn der Erhöhung der BIP-Wachstumsraten im Jahre 2006 sah die EZB offensichtlich stärkere inflationäre Gefahren, so dass sie sich veranlasst sah, die Zinssätze wieder zu erhöhen. Insgesamt kann die Inflationsentwicklung in der EWU die Geldpolitik der EZB recht gut erklären. Es offenbart sich eine geldpolitische Strategie der EZB, die sich primär am Ziel der Preisniveaustabilität orientiert und der konjunkturellen Entwicklung ein geringes Gewicht bei ihrer Zinspolitik gibt.

Abbildung 5.5: Veränderung des Preisniveaus in Prozent und Zinssatz für Hauptrefinanzierungsgeschäft

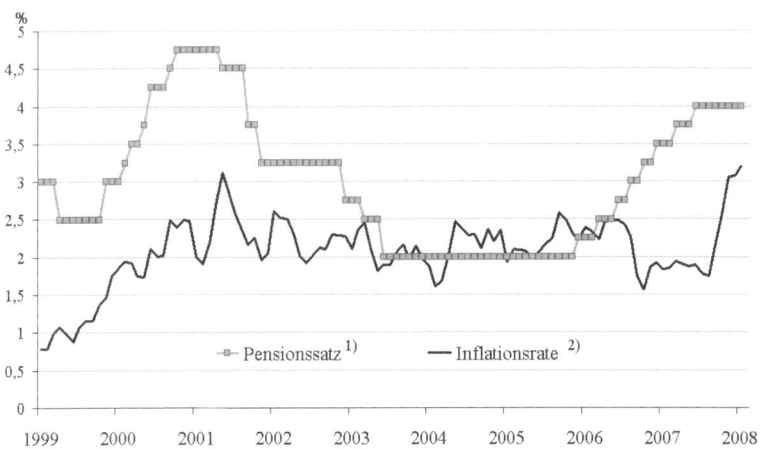

Quelle: Deutsche Bundesbank, Zeitreihendatenbank; ECB, Statistical Data Warehouse [1] *Hauptrefinanzierungssatz der EZB* [2] *HVPI, EWU-Länder wechselnde Zusammensetzung*

Wie wir bereits mehrfach ausgeführt haben, sollten Zentralbanken die Ursachen für Preisniveauveränderungen ins Kalkül einbeziehen, wenn sie eine adäquate Geldpolitik betreiben möchten. Sehen wir uns daher im Folgenden die Ursachen für die Perioden höherer Inflationsraten an genauer an.

Bekanntlich (vgl. Kapitel 3.2) sind Lohn-Preis-Spiralen die größte Gefahrenquelle für ein stabiles Preisniveau. Daher müssen Zentralbanken der Entwicklung der Lohnstückkosten große Aufmerksamkeit schenken. Wenn wir entsprechend der Situation in der EWU eine jährliche trendmäßige Zunahme der Arbeitsproduktivität von rund 0,8 Prozent und eine Zielinflationsrate von knapp 2 Prozent unterstellen, dann können die Löhne nominal jährlich um etwas weniger als 2,8 Prozent und die Lohnstückkosten um etwas weniger als 2 Prozent steigen, ohne die Preisniveaustabilität zu gefährden. Die Tabelle 5.1 zeigt, dass die Arbeitnehmerentgelte im Euroraum von 1999 bis 2007 äußerst moderat angestiegen sind.

Tabelle 5.1: Entwicklung der Lohnstückkosten, der Arbeitnehmerentgelte und der Arbeitsproduktivität im Eurowährungsgebiet (Veränderung in Prozent gegenüber dem Vorjahr)

Jahr	Arbeitnehmerentgelt je Arbeitnehmer	Arbeitsproduktivität	Lohnstückkosten
1999	2,0	1,0	1,0
2000	2,9	1,3	1,2
2001	2,6	0,2	2,5
2002	2,5	0,3	2,3
2003	2,4	0,4	1,9
2004	2,2	1,0	1,2
2005	1,8	0,7	1,0
2006	2,2	1,3	0,9
2007*	2,1	0,9	1,1

*Quelle: EZB, Monatsberichte, Februar 2008; * 3. Quartal*

Die durchschnittlichen Nominallohnerhöhungen in der EWU lagen unter der Lohnnorm von 2,6 Prozent und auch die Lohnstückkosten zeigten keinerlei Lohnkostendruck, der die Zielinflationsrate der EZB verletzten würde. Der etwas stärkere Anstieg der Lohnstückkosten in den Jahren 2001 und 2002 spiegelt die konjunkturelle Kreise wider und nicht eine

Lohninflation.[87] Vom Beginn einer Lohn-Preis-Spirale kann deshalb für die EWU insgesamt keine Rede sein. Im Gegenteil, die Arbeitnehmer haben lohnpolitische Vorleistungen erbracht, die die EZB zinspolitisch nicht genutzt hat oder aufgrund anderer Gründe nicht nutzen konnte. Die moderaten Verfehlungen des Inflationszieles der EZB insbesondere in den Jahren 2001 und 2002 sowie nach 2005 und dann vor allem in der zweiten Jahreshälfte 2007 liegen somit an Sonderfaktoren und nicht an einer inflationären Lohnentwicklung. Tatsächlich haben sich im Jahr 2000 die Energie- und Rohstoffpreise drastisch erhöht. Zudem stiegen in dieser Zeit die Lebensmittelpreise auf Grund der Rinderseuche BSE überproportional an. Aber bereits 2001 kam es zu einer deutlichen Beruhigung dieser Faktoren (vgl. EZB, Jahresbericht 2001, S. 34), sodass die EWU lediglich mit einem einmaligen Preisniveauanstieg konfrontiert wurde. Die Erhöhung der Inflationsraten im Jahre nach 2005, deren Reduzierung in der zweiten Hälfte 2006 und dann deren Anstieg Ende 2007 korreliert eng mit der Entwicklung der Energiepreise. Beispielhaft sei die EZB bei ihrer Interpretation für das Jahr 2007 zitiert: „Bereits im November war ein kräftiger kurzfristiger Inflationsdruck erkennbar; die jährliche Teuerungsrate nach dem HVPI insgesamt kletterte deutlich auf 3,1 % nach 2,6 % im Oktober. Dieser Anstieg, der vor allem den starken Preissteigerungen bei Energie und – in geringem Maße – bei verarbeiteten Nahrungsmitteln zuzuschreiben war, stellt das höchste seit Mai 2001 verzeichnete Wachstum der jährlichen HVPI-Inflation dar." (EZB, Monatsbericht Januar 2008, S. 39) Da diese Entwicklungen bisher nicht zu einer nennenswerten Erhöhung der konjunkturbereinigten Lohnstückkosten geführt haben, ist aufgrund dieser Faktoren kein Grund für eine restriktive Geldpolitik der EZB zu erkennen. Die EZB scheint hier Opfer ihrer sehr niedrigen Definition der Zielinflationsrate geworden zu sein. Bei einem Inflationsziel von beispielsweise 3 Prozent hätte sie den durch Sonderfaktoren bedingten Preisniveauschub ohne Probleme tolerieren können. Aber auch beim strikten Inflationsziel von unter 2 Prozent könnte die EZB Inflationswellen, die durch Rohstoffpreiserhöhungen oder

---

[87] In der Krise sinkt die Produktivität, da die Unternehmen die Beschäftigung nicht schnell genug der Verlangsamung oder gar Schrumpfung des Produktionsvolumens anpassen können. Dadurch sinkt statistisch die Produktivität und steigen die Lohnstückkosten.

ähnlicher Sonderfaktoren entstehen, ohne restriktive Geldpolitik akzeptieren, da sie ihr Ziel nur mittelfristig realisieren will.

Wir wollen zum Abschluss dieses Abschnitts auf die Frage eingehen, ob die EZB bei ihrer Geldpolitik auf außenwirtschaftliche Entwicklungen geachtet hat, also insbesondere auf die Entwicklung des Wechselkurses des Euro. Die Wechselkursentwicklung wird als einer der Indikatoren für die Geldpolitik von der EZB explizit genannt, jedoch als ein Indikator unter vielen (vgl. Kapitel 2.6). Wir bezweifeln diese „beiläufige" Bedeutung des Wechselkurses. Zentralbanken müssen die externe Stabilität ihres Geldes stets im Auge behalten. Dies gilt insbesondere für unbedeutende und schwache Währungen. Jedoch auch die EZB konnte die Wechselkursentwicklung nicht ignorieren, da zumindest beim Beginn der EWU der Euro eine neue und international noch nicht etablierte Währung darstellt. Denn der Wechselkurs drückt aus, ob Wirtschaftssubjekte in ausreichendem Umfang geneigt sind, Vermögen in inländischem Geld zu halten. Bricht diese Bereitschaft zusammen, kann es zu massiven Kapitalverlagerungen und Wechselkursreaktionen kommen.

Wie die Abbildung 5.6 zeigt, hat der Euro gegenüber dem US-Dollar 1999 bis Herbst 2000 massiv abgewertet. In den folgenden Monaten blieb der Trend unklar: Zunächst wertete der Euro kurzfristig stark auf, um dann aber wieder deutlich an Boden zu verlieren. Ab Mitte 2001 zeichnete sich dann ein unstetig verlaufender Stabilisierungs- und ab Anfang 2002 ein eindeutiger und anhaltender Aufwertungstrend ab, der 2006 nur kurz unterbrochen wurde. Insgesamt wertete der Euro gegenüber dem US-Dollar in den beiden ersten Jahren um über 30 Prozent ab, um dann bis Anfang 2008 um über 90 Prozent aufzuwerten. Dies sind gewaltige Wechselkursschwankungen, die für die Weltwirtschaft das Niveau der Unsicherheit erhöhen und Schocks auslösen (vgl. Herr/Hübner 2005).

Die deutliche Abwertung des Euro bis Herbst 2000 musste die EZB beunruhigen. Denn Abwertungsprozesse können auch bei bedeutenden Währungen zu drastischen Veränderungen von Erwartungen führen, die schließlich in einen kumulativen Fall der Währung einmünden können (vgl. hierzu die Kapitel 3.3 und 4.4). Dass solche Prozesse selbst in hoch entwickelten Ökonomien nicht auszuschließen sind, zeigen beispielsweise die gravierenden Dollarkrisen in den Jahren 1978/79 und 1986/87.

Abbildung 5.6: Wechselkurs des Euro gegenüber dem US-Dollar

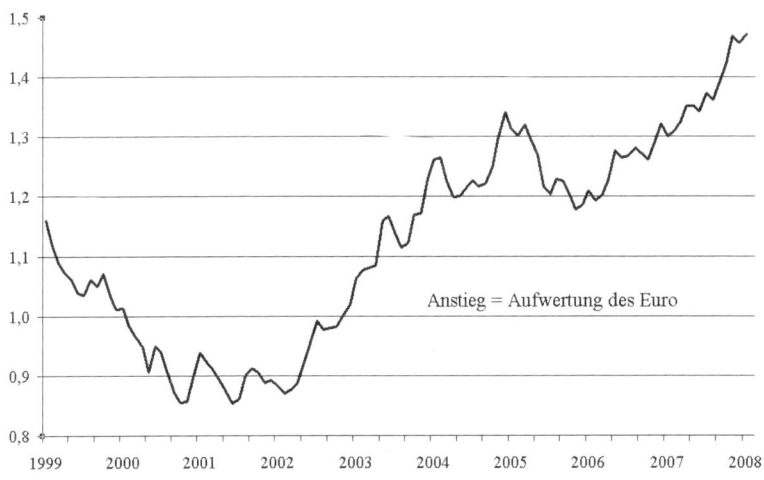

Quelle: Deutsche Bundesbank, Devisenkursstatistik, Januar 2008

Abbildung 5.7: Kurzfristige Zinssätze in der EWU und in den USA

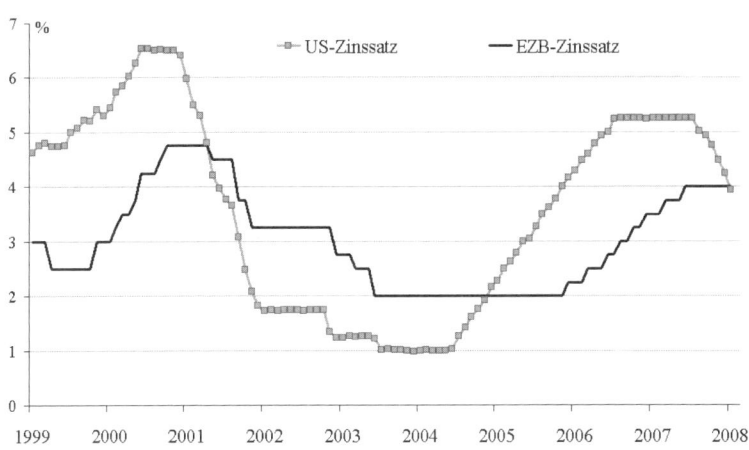

Quelle: Deutsche Bundesbank, Zeitreihendatenbank, 2008
Board of Governors of the Federal Reserve System, Feb 2008

Hinzu kommt, dass über Erwartungen und ihre Veränderungen in theoretisch allgemeiner Form nicht viel ausgesagt werden kann. Sie können nur im Rahmen eines spezifischen historischen Kontextes erklärt werden und unterliegen zum Teil heftigen Veränderungen (vgl. Palley 1986; Herr 2001). „Objektive" Indikatoren – beispielsweise Leistungsbilanzsalden, BIP-Wachstumsraten oder Inflationsratendifferenzen – führen in unterschiedlichen historischen Phasen und für unterschiedliche Länder zu unterschiedlichen Erwartungen. Beispielsweise haben die immensen Leistungsbilanzdefizite der USA in den Jahren 1999 und 2000 nicht etwa zu einem Vertrauensverlust geführt, sondern sind Zeichen der Stärke, da sie die hohen Kapitalflüsse in die USA zum Ausdruck bringen.

Wie kann die Schwäche des Euro in den Jahren kurz nach seiner Einführung erklärt werden? Wie im Kapitel 4.4 gezeigt wurde, hängen Wechselkursentwicklungen von drei Faktoren ab. Zum einen spielen Zinssatzdifferenzen zwischen dem Inland und dem Ausland eine zentrale Rolle. Sieht man einmal von allen anderen Faktoren ab, so führen höhere Zinssätze im inländischen Währungsraum zu Kapitalimporten und folglich zur Aufwertung der eigenen Währung. Im umgekehrten Fall ist es natürlich umgekehrt. Zweitens spielt die von uns so genannte Währungsprämie eine wichtige Rolle. Sie spiegelt das Vertrauen und die Wertschätzung der Wirtschaftssubjekte gegenüber jeweiligen Währungen wider. Fehlendes Vertrauen muss demnach durch höhere Zinssätze kompensiert werden. Daher weisen Länder mit stabilen und geschätzten Währungen regelmäßig niedrigere Zinsniveaus als Weichwährungsländer auf. Drittens sind Auf- beziehungsweise Abwertungserwartungen von Bedeutung. Wechselkurserwartungen können nicht durch Fundamentalfaktoren erklärt werden. Ein gutes Beispiel ist der Euro-Dollar-Wechselkurs. Die massiven Auf- und Abwertungen sind nicht mit Differenzen in den Inflationsraten, in den Produktivitätsentwicklungen, in den BIP-Wachstumsraten etc. erklärbar, sie hängen eher von der allgemeinen ökonomischen und politischen Einschätzung der USA und der EWU ab. Abwertungserwartungen müssen durch Zinssatzerhöhungen kompensiert werden, wenn es nicht zur Abwertung kommen soll, während Aufwertungserwartungen mit Zinssatzsenkungen beantwortet werden können, um den Wechselkurs zu stabilisieren.

Die EZB befand sich kurz nach der Einführung des Euro in einer unkomfortablen Lage. Zum einen lagen die Zinssätze in den USA von 1999 bis zum ersten Quartal 2001 zum Teil deutlich oberhalb der Zinssätze in der EWU (vgl. Abbildung 5.7). Für sich betrachtet deutet bereits diese Konstellation eine Abwertungsgefahr für den Euro an. Um sie nicht virulent werden zu lassen, hätte die Währungsprämie des Euro oberhalb jener des US-Dollar liegen müssen. Nun lassen sich Währungsprämien ex ante nicht quantifizieren. Aber immerhin handelt es sich beim US-Dollar um die bedeutendste Währung der Welt. Sie dient in vielen Ländern als Parallelwährung und zahlreiche Zentralbanken halten sie als Reservewährung. Im Unterschied dazu gab es keine Erfahrungen mit dem Euro. Geldanleger dürften sich abwartend verhalten haben, um besser einschätzen zu können, welchen Kurs die EZB künftig steuern wird. Wenn diese abwartende Haltung noch durch höhere Zinssätze in den USA belohnt wird, dann kann man sich über Kapitalflüsse in die USA kaum noch wundern. Folgerichtig setzte dieser Prozess auch ein und erzeugte eine Abwertung des Euro. Es ist davon auszugehen, dass dies zu Abwertungserwartungen des Euro gegenüber dem US-Dollar führte, sodass eine geringe Währungsprämie und Abwertungserwartungen gemeinsam zur Euro-Schwäche führten.

Vor dieser Entwicklung konnte die EZB die Augen nicht verschließen. Daher hat sie auf die ständigen Abwertungen des Euro seit seiner Einführung Anfang 1999 schließlich reagiert und auf die Erhöhung der Zinssätze in den USA, die ihren überschäumenden Boom abbremsen wollten, mit eigenen Zinssatzerhöhungen geantwortet. Denn die Entwicklung Ende 1999 war für die EZB kritisch. Der Euro wurde nach einer temporären Stabilisierung von einer neuen Abwertungswelle erfasst, während die schon höheren Zinssätze in den USA kontinuierlich weiter anstiegen. In dieser Situation war die Sorge der Eurobanker vor einer Flucht aus dem Euro verständlich. Es ist schwer vorstellbar, dass eine stabilitätsorientierte Zentralbank in einer Situation der Euroschwäche die Zinssatzdifferenz zum US-Dollar schlicht anwachsen lässt. Zu hoch sind in einer solchen Situation die Risiken, dass eine kumulative Abwertung mit negativen Inflations- und Vertrauenseffekten eingeleitet wird. Die EZB argumentierte so: „Der Euro-Wechselkurs, der seit Ende 1998 kontinuierlich zurückgegangen war, stand immer weniger im Einklang mit den soliden Fundamentaldaten des Euro-Währungsgebietes. Diese Entwicklung barg das Risiko erheblicher Verzerrungen mit negativen Folgen für die Weltwirtschaft und die Preisstabilität im Euroraum." (EZB 2004, S. 102) Zu dieser Interpretation passt auch, dass die EZB im Jahr 2000 mehrmals auf den Devisenmärkten interveniert hat, um den Euro zu stabilisieren (vgl. EZB, Jahresbericht 2000, S. 16).

Im ersten Quartal 2001 kehrte sich das Zinssatzdifferenzial zu den USA um, da die FED auf die Eintrübung der konjunkturellen Entwicklung mit massiven Zinssatzsenkungen reagierte. Außerdem deutete sich ab Herbst 2001 ein Ende der Talfahrt des Euro an. Allerdings war zu diesem Zeitpunkt ein eindeutiger Trend noch nicht zu erkennen. Beide Tendenzen dürften die EZB bewogen haben, im Mai 2001 vorsichtig ihre Zinssätze zu senken. Ab Mitte 2001 zeichnete sich der Stabilisierungstrend des Euro deutlicher ab und die FED senkte weiterhin ihre Zinssätze. Nun folgte die EZB den Zinssenkungen in den USA weniger zögerlich, ließ aber zu, dass sich das Zinssatzdifferenzial zu den USA vergrößerte. Ihre Geldpolitik ist damit restriktiver ausgefallen als die der US-Notenbank (vgl. DIW 2001, S. 107).

Alles spricht dafür, dass sich die EZB in dieser Phase stark am Wechselkurs orientiert hat. Zwar folgte sie 1999 trotz der Euroschwäche zunächst einer eher binnenwirtschaftlich ausgerichteten Politik und senkte die Zinssätze, denn 1999 gab es im Euroraum ein verhaltenes Wirtschaftswachstum bei hoher Preisniveaustabilität. Diese Konstellation ermöglicht aus binnenwirtschaftlicher Sicht eine eher expansiv ausgerichtete Geldpolitik. Allerdings wurde zunehmend deutlich, dass der Euro-Wechselkurs nicht nur kurzfristig nachgab. Daher hat sich die EZB spätestens ab Ende 1999 von der Wechselkursentwicklung leiten lassen.

Ab 2003 hat sich die Konstellation für die EWU und damit auch die EZB fundamental geändert. Der Euro begann seine lange Aufwertungsphase gegenüber dem US-Dollar. Gab es in den ersten zwei maximal drei Jahren nach der Einführung des Euro verständliche externe Restriktionen für die Geldpolitik, so gab es während der Aufwertungsphase des Euro große außenwirtschaftliche geldpolitischen Spielräume für die EZB. Diese hat sie zu keinem Zeitpunkt ausgenutzt.

Damit können wir die Geldpolitik der EZB charakterisieren: Sie orientiert sich in erster Linie an der Erreichung ihres selbst definierten Inflationszieles von unter zwei Prozent. In Phasen einer Währungsschwäche muss sie zur Erreichung dieses Zieles auf den Wechselkurs achten, so dass in solchen Phasen eine Wechselkursorientierung der Geldpolitik in den Vordergrund tritt. In Phasen eines stabilen Wechselkurses und in Aufwertungsphasen des Euro verliert der Wechselkurs seine Relevanz für die Geldpolitik. Dann tritt ausschließlich und direkt das Inflationsziel in den Vordergrund der Geldpolitik.

Die EZB ist somit eine Zentralbank, die bei der Formulierung ihrer Geldpolitik nur ein Auge hat, das auf das Ziel der Preisstabilität schaut und unter Umständen den Wechselkurs mit ins Kalkül nehmen muss. Denkbar ist auch eine Geldpolitik, die zwei Augen hat, wobei das eine Auge ohne Zweifel auf das Preisniveau (einschließlich des Wechselkurses) achten muss und das andere auf das BIP-Wachstum achten kann.

Die Geldpolitik von Zentralbanken ist nicht in Stein gemeißelt. Auch eine weitaus wachstumsorientiertere Geldpolitik ist möglich. Denn eine Zentralbank kann einer Geldpolitik folgen, die keiner Geldmengenregel unterworfen ist, sondern von der jeweils konkret-historischen Situation abhängt, die ihre Zielinflationsrate nicht zu niedrig wählt, die Refinanzierungszinssätze erst erhöht, wenn inflationäre Gefahren tatsächlich auftauchen, die ihre Refinanzierungszinssätze zur Dämpfung inflationärer Prozesse zunächst vorsichtig und in kleinen Schritten erhöht, die die Vorleistungen einer stabilitätsgerechten Lohnentwicklung oder Einkommenspolitik durch eine expansiv angelegte Geldpolitik honoriert, die expansive Spielräume der Geldpolitik ausnutzt, die einmalige Erhöhungen des Preisniveaus, die keine kumulativen Prozesse erzeugen, akzeptiert, die die Refinanzierungszinssätze schnell und deutlich senken, wenn eine konjunkturelle Krise droht, die allerdings zur Verhinderung inflationärer Prozesse die Refinanzierungszinssätze so deutlich anhebt, dass die Inflationsrate zurückgeführt wird. In der Tendenz hat beispielsweise die Geldpolitik der FED einer solchen wachstumsorientierten Politik weitaus mehr entsprochen als die Geldpolitik EZB (vgl. Heine/Herr/Kaiser 2006).

Einer zu expansiven Geldpolitik kann vorgeworfen werden, dass sie Vermögensmarktinflationen stimuliert oder gar verursacht. Vermögensmarktinflationen und Vermögensmarktdeflationen haben ab den 1980er Jahren an Bedeutung gewonnen – Beispiele dafür sind die Aktien- und Immobilienblase in Japan Ende der 1980er Jahre, die weltweite New-Economy-Aktien-Blase in den 1990er Jahren oder die Immobilienblase in den USA und in vielen anderen Ländern nach 2003.

Vermögensmarktinflationen sind äußerst gefährlich, da sie Vermögensmarktdeflationen mit der Gefahr des Zusammenbruchs des Finanzsystems und Krisen in der Realökonomie nahezu unvermeidlich machen (vgl. Fisher 1933; Kindleberger 1978; Minsky 1990). Insbesondere wurde argumentiert, dass die Niedrigzinspolitik in den USA nach dem

Platzen der New-Economy-Aktien-Blase die Immobilienblase nach 2003 in den USA verursacht hat, die dann die Immobilienkrise in den Jahren 2007/08 nach sich zog. Einem solchen Argument stimmen wir nicht bei. Die Immobilienblasen weltweit, die im Jahre 2003 oder schon früher begannen, sind nicht der Geldpolitik geschuldet, sondern der Deregulierung der binnenwirtschaftlichen Vermögens- einschließlich Immobilienmärkte sowie dem Versagen der Aufsichtsbehörden, die eine zu risikoreiche Kreditvergabe des Finanzsystems zugelassen haben (vgl. Herr/Stachuletz 2007).

Für die Geldpolitik haben Vermögensmarktinflationen und -deflationen neue Herausforderungen gebracht. Denn eine Vermögensmarktinflation geht nicht zwingend mit einer Gütermarktinflation und eine Vermögensmarktdeflation mit einer Gütermarktdeflationen einher. Damit können sich durch Entwicklungen auf den Gütermärkten und Vermögensmärkten widersprechende Anforderungen an die Geldpolitik ergeben. Die Zentralbank steckt dabei in einem Dilemma, da sie den Güter- und Vermögensmarkt stabilisieren muss, jedoch nur über ein Instrument verfügt, nämlich den Zinssatz. Damit Entwicklungen auf den Vermögensmärkten die Geldpolitik nicht zu destabilisierenden Politiken für die Realökonomie zwingen, beispielsweise das Abwürgen eines inflationsfreien realökonomischen Aufschwungs aufgrund einer gleichzeitigen Vermögensmarktinflation, bedarf es zusätzlicher administrativer Politiken und Instrumente zur Verhinderung von Vermögensmarktdeflationen.

5.4 Das Problem der Währungskonkurrenz zwischen dem US-Dollar und dem Euro

Die Tabelle 5.2 zeigt den weltweiten Bestand an grenzüberschreitenden Kreditverhältnissen Mitte 2007. Nur wenige Währungen übernahmen internationale Funktionen. Der US-Dollar liegt bei grenzüberschreitenden Forderungen von Banken, welche die gewaltige Summe von fast 30 Billiarden US-Dollar umfassen, mit etwas über 40 Prozent an erster Stelle, gefolgt vom Euro mit einem Anteil von rund 38 Prozent. Yen, Pfund Sterling und Schweizer Franken spielen eine insgesamt geringe Rolle. Bei grenzüberschreitenden Verbindlichkeiten von Banken, insbesondere Bankeinlagen ausländischer Investoren, ist das Gewicht des US-Dollars noch etwas stärker als bei der Kreditvergabe, die Rolle des Euros etwas schwächer. Das Pfund Sterling hat bei dieser Funktion einen Anteil von immerhin über 8 Prozent.

Tabelle 5.2: Währungsstruktur grenzüberschreitender Forderungen und Verbindlichkeiten

Stand Juni 2007	Gesamt-summe in Mrd. US-Dollar	In Prozent des Gesamtbestandes						
		US-Dollar	Euro	Yen	Pfund Sterling	Schweizer Franken	Andere Währungen	Nicht aufteilbare Kredite
Grenzüber-schreitende Forderungen von Banken	29980,5	40,6	37,7	3,3	3,8	1,5	5,8	4,9
Grenzüber-schreitende Verbindlich-keiten von Banken	27964,6	44,4	32	2,9	8,4	1,5	6,5	4,3
Internationale Wertpapiere mittlere und lange Laufzeit*	20743	35,4	40,1	2,3	8,2	1,4	12,6	-
Internationale Wertpapiere kurzfristige Laufzeit**	1143,5	34,7	42,9	2	13	2,1	5,3	-

** International Bonds and Notes, ** International Money Market Instruments
Quelle: Bank für Internationalen Zahlungsausgleich, Quarterly Review, Dezember 2007, Basel*

International wichtige Währungen werden, wie oben betont, auch bei Kreditbeziehungen zwischen Drittländern benutzt. Bei der grenzüberschreitenden Kreditvergabe in US-Dollar liegt der Anteil der Kreditvergabe von US-Banken an das Ausland bei rund 24 Prozent; also drei Viertel aller grenzüberschreitenden Kredite in US-Dollar finden zwischen Drittländern statt. Beim Euro liegt der Anteil der grenzüberschreitenden Eurokredite in Drittländern bei 31 Prozent (vgl. BIZ 2007, S.A16). Dies signalisiert, dass der US-Dollar eine größere internationale Rolle in Drittländern spielt. Bei verbrieften mittel- bis längerfristigen internationalen Kreditverhältnissen, die Mitte 2007 einen Umfang von etwas mehr als 20 Billiarden US-Dollar umfassten, liegt der Euro mit über

40 Prozent an der Spitze, gefolgt vom US-Dollar mit rund 35 Prozent. Auch hier spielen die anderen Währungen eine insgesamt geringe Rolle. Ähnlich ist das Bild bei den quantitativ relativ geringeren kurzfristigen verzinslichen Wertpapieren.

Über 90 Prozent der grenzüberschreitenden Kreditvergabe findet in US-Dollar, Euro, Pfund Sterling, Yen und Schweizer Franken statt. Dieser Umstand erklärt sich daraus, dass Gläubiger bei internationalen Kreditverhältnissen offensichtlich nur in diese Währungen ausreichend Vertrauen haben. So wird ein Gläubiger insbesondere nicht bereit sein, Entwicklungsländern ausländische Kredite in ihren inländischen Währungen zu geben. Es bleibt das Privileg der führenden Währungen der Welt, sich in eigener Währung im Ausland verschulden zu können. Das Paradebeispiel sind die USA, die als größtes Nettoschuldnerland der Welt ihre gesamte Auslandsschuld in US-Dollar aufnehmen konnten.

Geld als internationaler Wertstandard spielt eine Rolle bei der Preisbestimmung und der Bezahlung von Exporten und Importen von Gütern und Dienstleistungen. Bei großen und wichtigen Währungsräumen werden deren Importen üblicherweise in inländischer Währung ausgepreist und bezahlt. Dies bedeutet beispielsweise, dass ein ukrainischer Exporteur seine Güter in der EWU in Euro anbietet und bezahlen lässt. Er trägt damit das Wechselkursrisiko, falls zwischen Vertragsabschluss und Lieferung und Bezahlung sich der Euro-Hryvnia-Wechselkurs verändert. Anbieter aus weniger wichtigen Währungsräumen sind faktisch gezwungen, ihre Exporte in der Währung der Importländer anzubieten. Würden sie ihre Exporte in inländischer Währung anbieten, dann würde jede Wechselkursschwankung zwischen der Währung des Exporteurs und Importeurs den Preis der gehandelten Güter schwanken lassen. Dies wäre nicht nur mit Kosten bei der Auspreisung der Güter im importierenden Land verbunden (Information von Kunden, Drucken neuer Kataloge etc.), sondern würde für Exporteure aus weniger wichtigen Währungsräumen keine wettbewerbsorientierte Preispolitik erlauben. Bei Exporten der Länder mit wichtigen Währungen besteht dieser Druck dagegen nicht. Länder mit wichtigen Währungen können somit einen größeren Teil ihres Außenhandels in eigener Währung abwickeln als andere Länder und damit Währungsrisiken reduzieren. Dazu kommt, dass international wichtige Waren, insbesondere wenn sie homogen sind, in Währungen an der Spitze der Währungshierarchie gehandelt werden. So werden Angebot und Nachfrage sowie die Preise von Erdöl, Erdgas oder edlen

Metallen aller Art bisher nahezu ausschließlich in US-Dollar ausgedrückt. Dies erklärt sich daraus, dass eine Übertragung dieser Funktion auf mehrere Währungen die Transparenz dieser Märkte reduzieren würde und mit höheren Transaktionskosten verbunden wäre.

Die Wahl der Währung auf den internationalen Rohstoffmärkten hat jedoch auch eine politische Dimension. Am deutlichsten wird dies beim Erdöl. Länder wie Venezuela oder Iran (vor dem Irak-Krieg im Jahre 2003 auch der Irak) plädieren für eine Preisbildung in Euro oder einem Währungskorb. Insbesondere in Phasen eines schwachen US-Dollars gibt es immer wieder Diskussionen, die internationalen Rohstoffmärkte vom US-Dollar zu lösen, was bisher allerdings nicht geschah. Je größer der Anteil des Außenhandels eines Landes in inländischer Währung abgewickelt werden kann, desto günstiger ist dies für das betreffende Land, da Wechselkursveränderungen nicht unmittelbar die inländischen Preise von importierten Gütern ändern und Unsicherheiten beim internationalen Handel geringer werden. Eine Reduzierung der Rolle des US-Dollars auf den internationalen Rohstoffmärkten würde somit nicht nur einen Prestigeverlust für den US-Dollar bedeuten, sondern hätte auch direkte Nachteile für die US-amerikanische Ökonomie.

Nimmt man den Wert aller Exporte der Welt (ohne den Handel innerhalb der EWU, der innerhalb einer Währungsunion stattfindet und damit ökonomisch regionaler Handel ist), so wurden im Jahre 2004 nach Schätzungen etwa 49,1 Prozent alle Exporte in US-Dollar angewickelt, während der Anteil des Euros bei 27,7 Prozent lag. Die Rolle des Euros ist auf den Außenhandel der europäischen Länder konzentriert. Bei diesen wurden im Jahre 2004 etwa 60 Prozent der Exporte sowie 60 Prozent der Importe in Euro abgewickelt, während auf den US-Dollar beim Handel in dieser Weltregion rund 30 Prozent entfielen. Beim Handel der Asien-Pazifik-Länder übernahm der US-Dollar im Jahre 2004 einen Anteil bei den Exporten von über 80 Prozent und den Importen von etwas über 70 Prozent. Der Euro spielt beim Handel dieser Region keine Rolle (vgl. Kamps 2006, S. 19ff., vgl. dazu auch ECB 2007).

Tabelle 5.3: Währungsstruktur aller Devisenmarkttransaktionen

Durchschnittliche tägliche Transaktionen im April 2007 in Prozent aller Transaktionen*	
US-Dollar	86,3
Euro	37
Yen	16,5
Pfund Sterling	15
Schweizer Franken	6,8
Australische Dollar	6,7
Kanadische Dollar	4,2
Schwedische Krone	2,8
Hongkong Dollar	2,8
Alle Transaktionen	200

* Da bei jeder Transaktion zwei Währungen beteiligt sind, beträgt das
Gesamtvolumen aller Transaktionen 200 Prozent.
Quelle: Bank für Internationalen Zahlungsausgleich, Triennial Central
Bank Survey, Dezember 2007, Basel

Zu ähnlichen Ergebnissen kommen die regelmäßigen Untersuchen der
Bank für Internationalen Zahlungsausgleich (BIZ) über die Währungsstruktur aller Devisenmarkttransaktionen der Welt (vgl. Tabelle 5.3). Die
überwältigende Masse dieser Transaktionen besteht aus internationalem
Kapitalverkehr und nur ein geringer Teil von deutlich unter fünf Prozent
aller Transaktionen reflektiert Handelsaktivitäten (vgl. BIZ 2007a). Da
bei Devisenmarkttransaktionen immer zwei Währungen betroffen werden, addiert sich die Summer aller Transaktionen auf einen Wert von 200
Prozent. Davon entfielen auf den US-Dollar im April 2007 über 86,3
Prozent, so dass fasst bei allen Transaktionen der US-Dollar beteiligt
war. Mit 37 Prozent aller Transaktionen liegt der Wert des Euros deutlich

unter dem des US-Dollars. Es folgen Yen und Pfund Sterling mit Werten von etwas über 15 Prozent, die anderen Währungen sind von geringer Bedeutung.

Kommen wir zu einem weiteren Indikator für die internationale Rolle von Währungen. Devisenreserven der Zentralbanken werden in der Regel in der Form ausländischer Staatspapiere und ausländischer Bankeinlagen gehalten. Bei der Wahl der Währungsstruktur dieser Analagen agieren Zentralbanken wie Private, denn sie halten ihre Reserven nur in qualitativ hochwertigen Währungen. Tabelle 5.4 verdeutlicht, dass die Devisen-reserven der Zentralbank zwischen 2001 und 2007 deutlich zugenommen haben, wobei der Zuwachs bei den Entwicklungsländern deutlich stärker ausgefallen ist als bei den Industrieländern. Im Jahre 2007 hielten die Zentralbanken der Entwicklungsländer rund drei Viertel aller offiziellen Währungsreserven der Welt.

Die meisten offiziellen Währungsreserven werden in US-Dollar gehalten. Nimmt man die gesamten Devisenreserven der Welt, dann wurden Ende 2001 davon 71,5 Prozent in US-Dollar gehalten. Der Anteil sank dann bis Ende 2006 auf etwas unter 65 Prozent. Der Euro erhöhte im gleichen Zeitraum seinen Anteil von 18,2 Prozent auf fast 26 Prozent. Auffallend ist, dass Entwicklungsländer einen geringeren Anteil ihrer Devisenreserven in US-Dollar halten als Industrieländer. Betrug der Dollaranteil bei den Devisenreserven der Industrieländer Ende 2006 fast 72 Prozent, so lag der Anteil der Entwicklungsländer bei knapp 60 Pro-zent. Spiegelbildlich ist der Anteil der Eurohaltung bei den Entwick-lungsländern höher als bei den Industrieländern. Ende 2006 wurden in Pfund Sterling 4,4 Prozent der Devisenreserven gehalten, beim Yen lag der Anteil bei 3,2 Prozent und beim Schweizer Franken bei 0,2 Prozent.

Tabelle 5.4: Volumen und Struktur der offiziellen Währungsreserven *

		Alle Länder	Industrie- länder	Entwicklungs länder
Volumen der Reservenhaltung in Mrd. Sonderziehungs- rechte	2001	1707,7	691,2	1016,5
	März 2007	3542,7	964,7	2578
		Währungsstruktur in Prozent		
US-Dollar	2001	71,5	72,7	70,2
	2006	64,7	71,9	59,7
Euro	2001	19,2	17,9	20,5
	2006	25,8	20,4	29,6
Yen	2001	5,1	5,5	4,6
	2006	3,2	3,5	2,9
Pfund Sterling	2001	2,7	1,9	3,5
	2006	4,4	2,5	5,8
Schweizer Franken	2001	0,3	0,3	0,2
	2006	0,2	0,2	0,1
Rest	2001	1,3	1,6	1,0
	2006	1,7	1,4	1,9

* Währungsreserven sind ohne Goldbestände berechnet; Bestände sind am Ende der jeweiligen Periode berechnet; Prozentsätze beziehen sich auf die Gesamtgröße der jeweiligen Ländergruppe.
Quelle: IMF, Annual Report 2007, Washington DC.

Geld als internationaler Wertstandard dient auch als Rechengeld. Internationale Organisationen wie der IWF, die Weltbank oder die Vereinten Nationen präsentieren ihre Statistiken nahezu ausschließlich in US-Dollar.

Nimmt man alle Dimensionen zusammen, so steht der US-Dollar zweifelsfrei an der Spitze der Währungshierarchie. Jedoch folgt mit vergleichsweise geringem Abstand der Euro. Deutlich abgeschlagen kommt das Pfund Sterling. Yen und der Schweizer Franken sind bei der Übernahme internationaler Geldfunktionen bedeutungslos. Beim gegenwärtigen Weltwährungssystem ist somit nicht von einem hegemonialen System mit einer unangefochtenen Währung an der Spitze der Währungshierarchie auszugehen. Nahm der US-Dollar nach dem Zweiten Weltkrieg eine unangefochtene Spitzenstellung ein, so wird er heute vom Euro stark bedrängt.

Der Goldstandard vor dem Ersten Weltkrieg und das System von Bretton Woods waren hegemoniale Währungssysteme mit eindeutig dominierenden Leitwährungen. Derzeit gibt es, wie oben dargestellt, keine Hegemonialmacht mehr, die auf Grund ihrer Dominanz die Leitwährungsfunktion eindeutig beanspruchen könnte. Durch die Einführung des Euro sind die Herausforderungen für den US-Dollar noch gewachsen.

Solange die zentralen Währungen der Welt durch flexible Wechselkurse und deregulierten Kapitalverkehr verbunden sind und zugleich die Bereitschaft zu kooperativer Geldpolitik fehlt, werden kumulative Portfolioumschichtungen und starke Währungskursschwankungen zwischen den Weltreservewährungen nicht zu unterbinden sein. Dies zeigt sich exemplarisch an den Wechselkursschwankungen zwischen dem Euro und dem US-Dollar, die nicht durch Fundamentalfaktoren erklärt werden können. Instabile internationale Kapitalströme und damit einhergehende heftige Wechselkursschwankungen reflektieren Erwartungsänderungen von Vermögensbesitzern. Sie führen zu monetären Schocks und Unsicherheiten. Unsicherheiten ihrerseits verkürzen den Zeithorizont von Anlegern und fördern die Bereitschaft eines Vermögensbesitzers, im Zweifel schon bei vergleichsweise unwichtigen Ereignissen sein Vermögen in eine andere, als sicherer eingeschätzte Anlagewährung zu verlagern. Aus der Sicht der involvierten Zentralbanken sind solche Rahmenbedingungen nicht günstig, da die Geldpolitik beständig auf die sich ändernden außenwirtschaftlichen Gegebenheiten diskretionär reagieren muss.

Damit stellt sich die Frage, wie die Geldpolitik der EZB angesichts dieser internationalen Konstellation aussehen sollte. Sie könnte erstens versuchen, der Logik eines Leitwährungslandes zu folgen, das grundsätzlich nur in außerordentlichen Situationen auf den Wechselkurs achten muss und in der Regel einer binnenwirtschaftlich orientierten Geldpolitik folgen kann. Es wäre jedoch vermessen, den Euro in der Rolle einer neuen dominanten Leitwährung zu sehen. Aus diesem Grunde ist es zumindest derzeit und wohl auch in absehbarer Zukunft für die EZB nicht möglich, die Politik eines Leitwährungslandes zu verfolgen. Missachtet die EZB die Stabilität des Wechselkurses, wird sie unter Umständen von den internationalen Vermögensmärkten abgestraft – mit hohen Kosten für die ökonomische Entwicklung in Europa. Die Schwächephase nach der Einführung des Euro zeigt exemplarisch, dass auch die EZB in spezifischen Situationen dem Primat der externen Stabilisierung unterliegt.

Die EZB könnte sich – ähnlich der strategischen Orientierung vieler Zentralbanken mit Währungen ohne internationale Bedeutung – dem US-Dollar unterordnen und in die Rolle eines Landes schlüpfen, das mit seiner Währung keine zentralen internationalen Funktionen übernehmen möchte. In diesem Falle würde sie sich offen und einseitig zu einem Wechselkursziel gegenüber dem US-Dollar bekennen müssen. Ein solches Szenario würde nicht zwingend eine feste Ankopplung an den US-Dollar bedeuten, wie dies etwa die Niederlande und Österreich nach 1973 höchst erfolgreich gegenüber der D-Mark praktiziert haben, jedoch ein klares Versprechen und eine entsprechende Geldpolitik, die den Wechselkurs des Euro innerhalb einer bestimmten Bandbreite gegenüber dem US-Dollar zu halten versucht.

Eine wechselkursorientierte Geldpolitik gegenüber dem US-Dollar ist allerdings nur in bestimmten Situationen funktional. Denn es dürfte den USA nicht gelingen, mittelfristig eine zunehmende internationale Bedeutung des Euro zu verhindern. Dies zeigt sich an der langen Aufwertungsphase des Euro gegenüber dem US-Dollar nach 2002. Offensichtlich sind die USA nicht bereit und vielleicht auch nicht in der Lage, langfristig einen stabilen US-Dollar zu garantieren. Nach dem Zusammenbruch des Systems von Bretton Woods gab es verschiedene deutliche Dollarabwertungen, und die Marktkonstellation der USA ist derzeit nicht dazu angetan, Befürchtungen über zukünftige auch kumulative Dollarschwächen zu zerstreuen (vgl. Evans u. a. 2001; Herr/Hübner 2005). Hinzu kommt, dass die USA ohne interne Liquiditätsprobleme abwerten können, da sie, im Unterschied zu anderen hoch verschuldeten Ländern der Peripherie, in eigener Währung verschuldet sind. Dieser Umstand dürfte die Bereitschaft der USA senken, im Zweifel hart gegen eine Dollarabwertung vorzugehen. Es muss offen bleiben, wie groß die Spielräume der USA für eine solche Strategie sind. Ende der 1970er Jahre ist die Abwertung des US-Dollar misslungen, nach 1985 ist sie geglückt, und auch die Abwertungsphase des US-Dollar nach 2003 verlief für die USA bisher ohne binnenwirtschaftliche Verwerfungen.

In der gegebenen weltwirtschaftlichen Konstellation macht eine wechselkursorientierte Geldpolitik der EZB gegenüber dem US-Dollar keinen Sinn. Dazu ist die Entwicklung des US-Dollar zu instabil. Es ist für die EZB in starken Abwertungsphasen des Euro notwendig, den Wechselkurs gegenüber dem US-Dollar zu verteidigen. Es ist für die EZB jedoch auch funktional, unter bestimmten Bedingungen geldpolitisch die Rolle eines Leitwährungslandes zu akzeptieren und die Geldpolitik eindeutig auf die binnenwirtschaftlichen Ziele auszurichten. Denn in Phasen einer Dollarschwäche kann die EZB faktisch die Leitwährungsrolle des US-Dollar übernehmen und zu eine national orientierten Geldpolitik übergehen. In dieser „Doppelstrategie" spiegelt sich die Widersprüchlichkeit der gegenwärtigen Währungsarchitektur, die den Euro zur zweitwichtigsten Währung und zum Hauptkonkurrenten des US-Dollar macht, wider.

Wäre die EZB der vorgeschlagenen Orientierung gefolgt, dann hätte sie ab 2002 eine engagiertere Konjunkturpolitik betreiben können. Denn die EWU zeichnete sich nach 2002 durch eine Entwicklung des Preisniveaus und der Konjunktur aus, die durch keine Gefahr eines kumulativen Inflationsprozess gekennzeichnet war. Es gab keine Gefahr einer Lohn-Preis-Spirale in der EWU. Der schwache US-Dollar und die zeitweise deutlich niedrigeren Zinssätze in den USA, verglichen mit dem Eurowährungsraum, hätten eine expansive binnenwirtschaftliche Geldpolitik der EZB erlaubt. Eine solche Geldpolitik hätte zusätzlich dazu beigetragen, den Wechselkurs des Euro zum US-Dollar zu stabilisieren. Eine expansive Geldpolitik hätte der EWU ohne Zweifel gut getan, da sie nach wie vor unter hoher Arbeitslosigkeit leidet. Leider hat die EZB diese beschäftigungspolitischen Chancen bislang unzureichend genutzt.

Eine derzeit eher unrealistische, aber gleichwohl wünschenswerte Konstellation ergäbe sich, wenn die großen Zentralbanken miteinander kooperieren würden, um Wechselkursschwankungen in festgelegten Bandbreiten zu halten. Beispielsweise schlägt der Nobelpreisträger Robert Mundell ein Stabilisierungsabkommen vor, um Wechselkursschwankungen zu reduzieren. „Auf lange Sicht brauchen wir Stabilisierungsabkommen zwischen den drei großen Währungsräumen Dollar, Euro und Yen. Wir müssen etwas gegen unser irrsinniges Währungssystem tun. Es ist doch absurd, dass die zwei wichtigsten Währungen der Welt Schwankungen von bis zu 40 Prozent aufweisen." (Mundell 2004, S. 2) Denkbar wäre zudem, dass sich die Zentralbanken zuerst auf einen ähnlichen Standard für Preisniveaustabilität einigen, welchen sie mittelfristig anstreben.

„Dann käme die Fixierung der Zinssätze durch einen gemeinsamen geldpolitischen Rat. Die Wechselkursstabilitäten würde durch Interventionen
gesichert." (Mundell 2004, S. 4) Wir folgen auch seiner Idee, dass
Interventionen der Zentralbanken ab sofort die weltwirtschaftlich destabilisierenden Schwankungen zwischen den Währungen an der Spitze der
Währungshierarchie begrenzen könnten (vgl. Mundell 2004, S. 2). Stabi-
lere Wechselkurse zwischen Euro, US-Dollar und gegebenenfalls anderen wichtigen Währungen der Welt würden einen Beitrag zu Stabilität
der EWU und der Weltwirtschaft insgesamt liefern (vgl. zu den Re-
formoptionen auch Herr/Hübner 2005).

6 Kapitel
Die ungenügende ökonomische Kohärenz der Europäischen Währungsunion

In den bisherigen Kapiteln standen die Geldpolitik, die Institution der EZB und insbesondere deren geldpolitische Strategie im Zentrum der Analyse. Geldpolitik agiert jedoch nicht in einem luftleeren Raum. Sie ist ein Teil eines umfassenden makroökonomischen Regimes, das die Lohnentwicklung, die Fiskalpolitik und die außenwirtschaftliche Einbettung eines Währungsraumes einschließt. Die Interaktion dieser Bereiche kann gute und schlechte Voraussetzungen für die ökonomische Entwicklung schaffen (vgl. Heine/ Herr/ Kaiser 2006). Es stellt sich die Frage, ob es der EWU gelungen ist, ein positives ökonomisches Regime zu schaffen. Bei der Analyse der Geldpolitik im letzten Kapitel ergab sich das Resultat, dass die EZB ihr striktes Preisniveauziel ins Zentrum ihrer Politik stellt und eine wenig wachstumsfreundliche Politik verfolgt. Bei der außenwirtschaftlichen Einbettung der EWU wurde deutlich, dass die Geldpolitik der EZB in den Jahren 1999 bis 2002 aufgrund der Euroschwäche Einschränkungen hinnehmen musste, ab 2003 gab es für die EZB jedoch keine außenwirtschaftlichen Beschränkungen mehr. Was bisher nicht hinreichend diskutiert wurde, ist die Lohnentwicklung und Fiskalpolitik in der EWU. Bei der Analyse dieser beiden Bereiche ist man auf die interne Verfasstheit der EWU verwiesen. Es stellt sich somit die Frage, ob mit der Schaffung der EWU kohärente Binnenstrukturen geschaffen wurden, die für die ökonomische Entwicklung ebenso wichtig sind wie die Geldpolitik und die außenwirtschaftliche Einbettung eines Landes. Denn ohne funktionierende Binnenstrukturen sind in einem Währungsraum regionale Verwerfungen zu erwarten, die ab einem gewissen Punkt die Gesamtentwicklung des Währungsraumes negativ belasten. Bei der Analyse der Binnenstrukturen der EWU steht auch die Frage der Entwicklung von EU-Institutionen im Zentrum und damit der politische Integrationsprozess in der Europäischen Union (vgl. Herr 2007).

Mitte der 1980er Jahre begann eine neue Welle der europäischen Integration, die dann später durch den Prozess der deutschen Vereinigung politisch verstärkt wurde. Denn das vergrößerte Deutschland sollte fest in europäische Institutionen eingefügt werden. Im Jahre 1985 wurde vom damaligen Präsidenten der Europäischen Kommission, Jacques Delors, das Binnenmarktprojekt auf den Weg gebracht. Das Ziel dieses Projektes war es, die noch existierenden nationalen Märkte zu einem tatsächlichen Binnenmarkt zu verschmelzen. Die Vereinbarungen des Binnenmarktes, die den freien Verkehr von Personen, Gütern, Dienstleistungen und Kapital innerhalb der Europäischen Gemeinschaft sicherstellen, traten am 1. Januar 1993 in Kraft.

Vom Binnenmarkt wurden kräftige Wachstums- und Wohlfahrtseffekte in Europa erwartet. In dem zu dieser Zeit im Zentrum stehenden Cecchini-Bericht (vgl. Cecchini 1988), der von der EU Kommission in Auftrag gegeben wurde, wurden diese aufgrund von Allokationsvorteilen des Binnenmarktes abgeleitet. Beispielsweise sollte der vergrößerte Binnenmarkt gleichzeitig die Möglichkeiten der Massenproduktion von Waren und eine intensivere Konkurrenz zwischen Produzenten ermöglichen. Ein zweiter wichtiger Bericht der damaligen Zeit (vgl. Padoa-Schioppa 1988) ging über den Binnenmarkt hinaus und forderte eine vertiefende monetäre Integration in Europa. Massive Einsparungen aufgrund der Existenz nur einer Währung wurden abgeleitet. Auch hier dominierten die ökonomischen Argumente der Vorteile einer vertiefenden Integration in Europa.

Die politische Integration wurde ebenfalls intensiviert. Im Vertrag von Amsterdam vom 2.10.1997 wurden die damaligen Verträge der Europäischen Gemeinschaft grundlegend revidiert, die dann am 1.5. 1999 in Kraft traten. Für die EWU ist der Vertrag von Maastricht von besonderer Bedeutung. Am 7.2. 1992 wurde der Vertrag in Maastricht unterzeichnet und trat dann am 1.11. 1993 in Kraft. Zielsetzungen waren die Vertiefung der Gemeinschaft der Unterzeichnerstaaten, die Schaffung der Grundlagen für die Vollendung der Wirtschafts- und Währungsunion, also die Schaffung einer gemeinsamen europäischen Währung, sowie weitere politische Integrationsschritte zur Gemeinsamen Außen- und Sicherheitspolitik. Auch in den Bereichen Inneres und Justiz sollte die Integration vertieft werden. Die Maastricht-Verträge sahen somit ein politisches Projekt vor mit der Wirtschafts- und Währungsunion und insbesondere mit dem Euro als Teilprojekt. Jedoch stellte sich im weiteren Verlauf der

1990er Jahre heraus, dass im Kern nur der ökonomische Teil der Maastricht-Verträge Gestalt annahm, während die politischen Dimensionen des Vertrages in den Hintergrund gedrängt wurden. Dies entsprach durchaus der Logik der europäischen Integration nach dem Zweiten Weltkrieg, die in der ökonomischen Integration immer ihren Vorläufer fand. Offensichtlich glaubten die europäischen Eliten, dass der Druck der ökonomischen Integrationsprozesse dann die politische Integration befördert oder gar erzwingt. Es ist jedoch Skepsis angesagt: Die ökonomischen Probleme, die mit der Einführung des Euro verbunden sind, haben seither nicht zu weiteren Integrationsschritten geführt. Vielmehr hat sich in vielen Ländern eine Europaverdrossenheit festgesetzt. Bei der Debatte um die EWU fällt auf, dass das Projekt in erster Linie als ein ökonomisches diskutiert wurde. Uns scheint diese Sichtweise falsch. Über die ökonomischen Vor- und Nachteile der EWU und über die Frage, ob die Länder der EWU einen optimalen Währungsraum bilden, lässt sich lange streiten und die Antworten sind keinesfalls eindeutig. Die EWU ist letztlich ein politisches Projekt. Bisher ist es den EWU-Ländern nicht gelungen, außer im Bereich des Geldes, eine Staatlichkeit zu erlangen, die für einen stabilen Währungsraum notwendig ist.

Wir beginnen mit einem Überblick über die Wachstumsentwicklung in den Mitgliedsstaaten der EWU. Danach gehen wir näher auf die Lohnentwicklung und regionalen Differenzen in der EWU ein. Es folgt die Fiskalpolitik in der EWU. Schließlich werden Schlussfolgerungen gezogen. Ein statistischer Überblick über die ökonomische Entwicklung der EWU befindet sich im Anhang.

6.1 Das Wachstum in der EWU

Seit dem Beginn der Währungsunion ist die Entwicklung des BIP in der EWU schwächer als in den USA, jedoch besser als in Japan, das nach dem Platzen der Aktien- und Immobilienblase ab Anfang der 1990er Jahre in anhaltende Krisenphase kam. Auffällig in der EWU sind die großen Unterschiede des Wachstums zwischen den Teilnehmerstaaten (vgl. Abbildung 6.1). Deutschland und Italien zeigen eine insgesamt schlechte Entwicklung beim BIP-Wachstum, Spanien zeigt eine gute Entwicklung und Frankreich liegt nahe am EWU-Durchschnitt. In den letzten Jahren hat sich die Entwicklung in Deutschland gebessert, die ab

2006 nahe beim EWU-Durchschnitt liegt. Die höchsten Wachstumsraten in der EWU zeigt Irland, jedoch auch Finnland und Griechenland wuchsen weit über dem EWU-Durchschnitt, während beispielsweise Portugal zur Gruppe der schlecht wachsenden Ökonomien zählt (vgl. Tabelle 6.1 im Anhang dieses Kapitels).[88]

Abbildung 6.1: Wachstum der vier großen EWU-Länder von 1999-2007, Index 1999=100

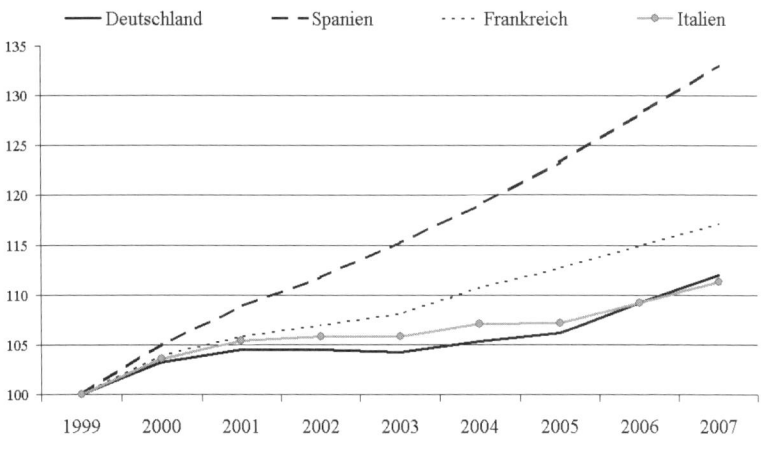

Quelle: Ameco Datenbank der EU-Kommission 2008

Sucht man nach den Gründen für die unterschiedlichen Wachstumsentwicklungen, so werden üblicherweise zwei konkurrierende Erklärungsmuster angeboten. Neoklassisch orientierte Ökonomen sehen vor allem in den (zu) hohen Löhnen die Ursache für die ökonomischen Misserfolge vor allem in Deutschland, wobei die bessere deutsche Entwicklung während der letzten Jahre auf das Wirken der Hartz-Reformen und der Agenda 2010 zurückgeführt wird. Sinken die Reallöhne oder bleiben sie zumindest hinter der Produktivitätsentwicklung zurück, so erhöht sich

---

[88] Slowenien trat 2007 der EWU bei und Malta sowie Zypern 2008. Diese Länder werden bei der Analyse der EWU nicht berücksichtigt, da sie der Währungsunion erst sehr kurz angehören.

nach neoklassischer Sichtweise die Beschäftigung. Der ökonomische Prozess, der hinter dieser Entwicklung vermutet wird, ist der Übergang zu arbeitsintensiverer Produktion. Dachziegel werden, um ein Beispiel zu nennen, dann nicht mehr mit dem Kran aufs Dach befördert, sondern von den billigen Arbeitskräften über die Treppe nach oben getragen. Gleichzeitig werden Haushalte weniger Arbeit anbieten, da mit dem gesunkenen Lohnsatz der Anreiz zur Arbeit abnimmt.

Die Schlussfolgerung dieses theoretischen Ansatzes ist, dass bei flexiblen Reallöhnen der Arbeitsmarkt immer zu Vollbeschäftigung führt. Arbeitslosigkeit ist somit ausschließlich ein Problem des Arbeitsmarktes und muss über Reformen auf dem Arbeitsmarkt gelöst werden. Auf der wirtschaftspolitischen Tagesordnung zur Bekämpfung der Arbeitslosigkeit stehen dann allgemeine Lohnzurückhaltung, eine stärkere Spreizung der Lohnstruktur und generell eine Deregulierung des Arbeitsmarktes. Letztere senkt Arbeitskosten – beispielsweise in der Form des Abbaus des Kündigungsschutzes oder der Zunahme von Leih- und Zeitarbeit – und ist notwendig, damit der Marktmechanismus Lohnzurückhaltung und stärkere Lohnspreizung gegen Gewerkschaftsinteressen und andere „Störfaktoren" auf dem Arbeitsmarkt durchsetzt.

Das Verständnis über die Funktionsweise von Arbeitsmärkten verbindet sich mit dem Argument, dass die Globalisierung Lohnzurückhaltung und den Abbau sozialer Standards ohne Alternative erzwingt. In der politischen Debatte wird dann abwechselnd das Argument der Funktionsweise der Arbeitsmärkte und das der Globalisierung in den Vordergrund gerückt. Von diesen Vorstellungen wurden beispielsweise bundesdeutsche Regierungen verschiedener Couleur geleitet. Aber auch in einer Reihe anderer europäischer Länder folgen Regierungen einer Politik der Arbeitsmarktderegulierung und Kostensenkung. Unterstützt wird eine solche Wirtschaftspolitik von großen Teilen der internationalen Organisationen, nicht zuletzt vom Internationalen Währungsfonds und der OECD. Auch die EZB erklärt seit Jahren die Arbeitslosigkeit in Europa mit Strukturproblemen auf dem Arbeitsmarkt. Wir halten eine solche Argumentation für nicht stichhaltig (vgl. dazu auch Hein/Truger 2007). In den folgenden Ausführungen wird das Argument verdeutlicht.

6.2 Löhne, Inflation und Regionalprobleme in der EWU

Würden Arbeitsmärkte wie normale Märkte funktionieren, dann würden sich bei Arbeitskräfteknappheit steigende und bei eskalierender Arbeitslosigkeit fallende Nominallöhne ergeben. Eine solche Flexibilität der Nominallöhne würde zu inflationären und deflationären Wellen führen, die für die ökonomische Entwicklung verheerende Wirkungen hätten (vgl. Kapitel 3.2). Nicht zuletzt aus diesem Grunde sind die Arbeitsmärkte überall in der Welt durch Institutionen charakterisiert, die eine Rigidität der Nominallöhne erzeugen, die – so unser Argument – für die Stabilität einer Ökonomie funktional ist. Bei entsprechenden Arbeitsmarktinstitutionen mit starken Gewerkschaften und Arbeitgeberverbänden haben die Tarifparteien unmittelbar Einfluss auf die Lohnentwicklung und können die Lohnentwicklung auch bei schwankenden Arbeitslosenquoten stabilisieren. Jedoch kann die Arbeitslosenquote auch so hoch sein, dass der Lohnanker zerbricht und die Ökonomie in den Strudel sinkender Löhne und Deflation gerät. Auch kann nicht unterstellt werden, dass Gewerkschaften und Arbeitgeberverbände automatisch einer makroökonomisch sinnvollen Lohnstrategie folgen.

Funktional für die Lohnpolitik ist ein Anstieg der Nominallöhne, der sich an der trendmäßigen Produktivität und der Zielinflationsrate der Zentralbank orientiert. Denn in einem solchen Fall führt die Lohnentwicklung mittelfristig zu der Inflationsrate, welche die Zentralbank anstrebt. Letztere ist dann nicht gezwungen, auf inflationäre Abweichungen der Inflationsrate vom Inflationsziel restriktiv zu agieren. Gibt es in einem Währungsraum große regionale Unterschiede in der Produktivitätsentwicklung, dann macht eine Lohnentwicklung, die sich an der durchschnittlichen Produktivitätsentwicklung des Währungsraumes orientiert, keinen Sinn. Denn dadurch käme es in den verschiedenen Regionen zu unterschiedlichen Entwicklungen der Lohnstückkosten, welche die preisliche Wettbewerbsfähigkeit in einer Region erhöhen und in einer anderen senken.

Funktional für einen Währungsraum wie der EWU, der durch unterschiedliche Produktivitätsentwicklungen gekennzeichnet ist, ist eine Lohnentwicklung, die sich an den regionalen trendmäßigen Produktivitätsentwicklungen sowie der Zielinflationsrate des gesamten Währungsraumes orientiert (vgl. Kromphardt 2004). Jedes Land würde somit die

Nominallöhne entsprechend der spezifischen Produktivitätsentwicklung plus der Zielinflationsrate der EZB erhöhen.

Die Unterschiede in der Produktivitätsentwicklung in der EWU sind groß. Abbildung 6.2 gibt die durchschnittliche Entwicklung der Arbeitsproduktivität der EWU Länder von 1999 bis 2006 wider.

Abbildung 6.2: Durchschnittliche jährliche Änderungsrate (1999-2006) der Arbeitsproduktivität der vier großen EWU-Länder in Prozent

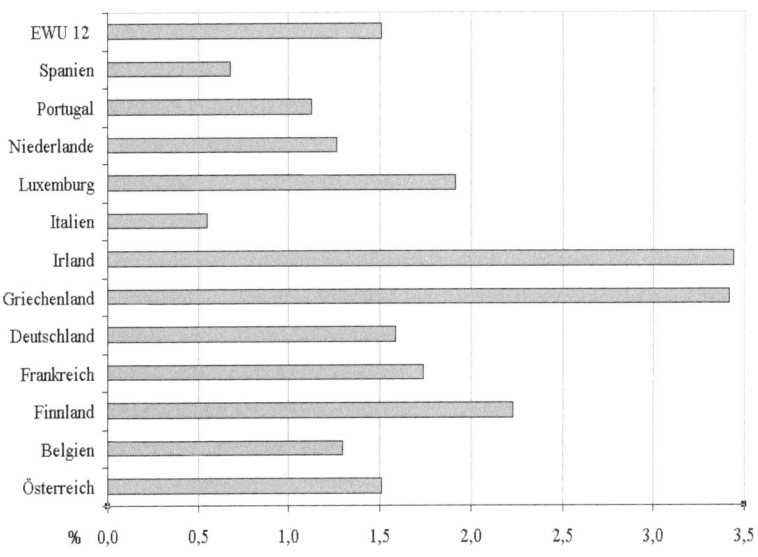

Quelle: OECD. Stat 2008

Die durchschnittliche prozentuale Erhöhung in der EWU beträgt etwa 1,5 Prozent. Deutschland liegt bei diesem Indikator beim Durchschnitt, während Irland, Griechenland und Finnland deutlich über dem Durchschnitt liegen. Erschreckend schlecht ist die Entwicklung der Produktivität in Italien und Spanien. Auch Portugal hat eine vergleichsweise niedrige Erhöhung der Arbeitsproduktivität. Entsprechend der wünschenswerten regionalen Lohnnorm sollten die Nominallöhne beispielsweise in Italien um etwa 2,5 Prozent (0,55 Prozent Produktivität plus 2 Prozent Zielinflationsrate), in Deutschland um 3,6 Prozent (1,6 Prozent Produktivität plus 2 Prozent Zielinflationsrate) und in Finnland 4,2 Prozent (2,2 Prozent Produktivität plus 2 Prozent Zielinflationsrate) steigen. Unter dieser Bedingung würden die Lohnstückkosten unverändert bleiben und die Länder hätte alle eine Inflationsrate um 2 Prozent.

Betrachten wir die Entwicklung der Inflationsraten in der EWU etwas genauer. Die Abbildung 6.3 verdeutlicht, dass die Inflationsraten sehr unterschiedlich sind und dies nicht nur über einen kurzfristigen Zeitraum. Deutschland hat eine äußerst niedrige Inflationsrate, die deutlich unter dem EWU-Durchschnitt liegt. Die Inflationsrate in Spanien ist dagegen sehr hoch. Bis auf die letzten Jahre gilt dies auch für Italien. Frankreich liegt im Mittelfeld. Portugal, Griechenland und Irland gehören zur Gruppe der Länder mit relativ hohen Inflationsraten, Finnland und Österreich zur Gruppe mit niedrigen Inflationsraten (vgl. Tabelle 6.2). Die Entwicklung der Inflationsraten korreliert wenig überraschend mit der Entwicklung der nominellen Lohnstückkosten. Abbildung 6.4 zeigt, dass die Lohnstückkosten in Deutschland über den gesamten Zeitraum gesehen faktisch nicht ansteigen. In den Jahren 2004 bis 2006 kam es in Deutschland sogar zu Senkungen der Lohnstückkosten. Dagegen explodieren die Lohnstückkosten in Italien und Spanien; Frankreich liegt bei diesem Indikator leicht über dem Durchschnitt der EWU. Die Unterschiede bei der Entwicklung der Lohnstückkosten sind gewaltig. So steigen die Lohnstückkosten in Spanien und Italien während des Bestehens der EWU um über 20 Prozent mehr als in Deutschland. Auch in Frankreich steigen die Lohnstückkosten um rund 15 Prozent stärker als in Deutschland. Zu den Ländern mit hohen Lohnstückkostenerhöhungen gehören beispielsweise auch Portugal und Griechenland, während Österreich und Finnland zur Gruppe der Länder mit geringen Erhöhungen der Lohnstückkosten zählen (vgl. Tabelle 6.3 im Anhang).

*Abbildung 6.3: Inflationsraten der vier großen EWU-Länder von
1999-2007 (jährliche Änderungsraten in Prozent)*

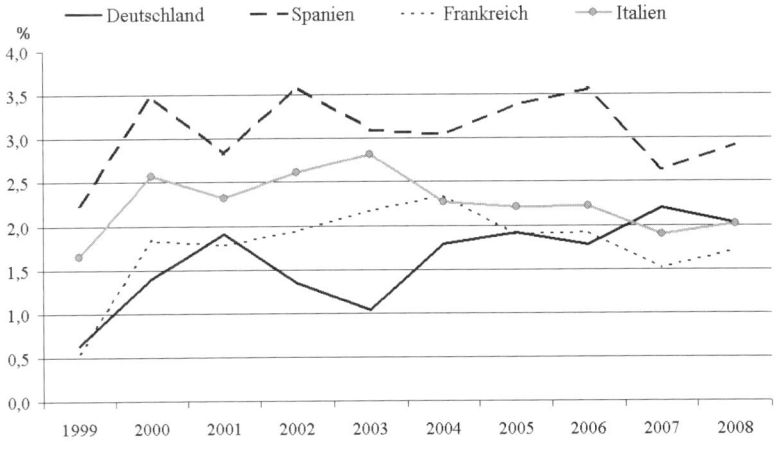

Quelle: Ameco, Datenbank der EU-Kommission 2008; HVPI 100=2005

*Abbildung 6.4: Lohnstückkostenentwicklung in den vier großen EWU-
Ländern von 1999-2007 (Index 1999=100)*

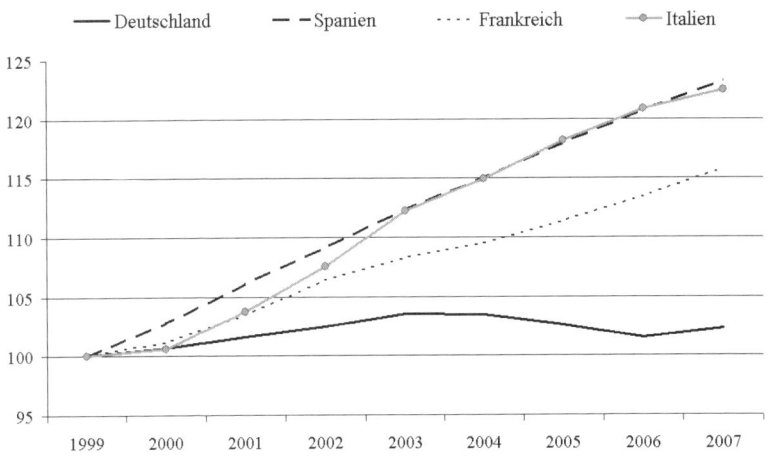

Quelle: Ameco, Datenbank der EU-Kommission 2008

Die Entwicklung der Lohnstückkosten und des Preisniveaus zeigt, dass sich in der EWU die Nominallöhne nicht nach der regionalen trendmäßigen Produktivitätsentwicklungen sowie der Zielinflationsrate des gesamten Währungsraumes orientiert haben. Die Gruppe der Hochlohnländer verzeichnet deutlich zu hohe Nominallohnentwicklungen und die Gruppe der Niedriglohnländer deutlich zu niedrige Lohnerhöhungen. Die Differenzen in den regionalen Inflationsraten sind in der EWU ungewöhnlich hoch und weitaus länger anhaltend als beispielsweise in den USA (vgl. Horn/Mülhaupt/Rietzler 2005; Dullien/Fritsche 2007).

Die Einführung der EWU hatte zwei makroökonomische Konsequenzen, die nicht überschätzt werden können: a) Die Länder in der EWU können untereinander keine Wechselkursanpassungen mehr vornehmen. Zwar gibt es einen Wechselkurs des Euro gegenüber dem US-Dollar oder dem Yen, aber zwischen den Ländern der EWU gibt es ihn nicht mehr. b) Die EZB kann keine regional abgestimmte Geldpolitik betreiben. Denn Geldpolitik kann immer nur für den gesamten Euroraum betrieben werden. So sind die nominellen Zinssätze im Euroraum seit dem Beginn der Währungsunion faktisch identisch.

Damit deutet sich ein zentraler Effekt und auch ein zentrales Problem für die EWU an: Entwickelt sich eine Region innerhalb der Währungsunion aus irgendwelchen Gründen anders als die anderen Regionen, kann die Geldpolitik nicht mehr auf die spezifischen Bedingungen der Region reagieren. Leidet eine Region beispielsweise an mangelnder regionaler Wettbewerbsfähigkeit, dann fällt die Anpassung des Wechselkurses zur Wiederherstellung der Wettbewerbsfähigkeit aus. Die Geldpolitik kann keine spezifische Politik für inflationäre oder deflationäre Entwicklungen in einzelnen Regionen betreiben. Sie ist hilflos, wenn in einem Teil der Währungsunion Inflationsgefahren, in einem anderen Deflationsgefahren existieren. Tatsächlich hätten Irland, Spanien und andere Inflationsländer in der EWU deutlich höhere und deflationsgefährdete Länder wie vor allem Deutschland niedrigere Zinssätze in der Vergangenheit benötigt. Die Theorie über optimale Währungsräume hat dann auch betont, dass nur die Länder eine Währungsunion eingehen sollten, die von gleichen Schocks betroffen sind bzw. sich ähnlich entwickeln, während Länder mit asymmetrischen Schocks und ungleicher Entwicklung bei einer Währungsunion Probleme bekommen (vgl. Mundel 1961; McKinnon 1963).

Eine der größten Herausforderungen für die EWU besteht unseres Erachtens nach in den sich aufbauenden regionalen Unterschieden innerhalb der Währungsunion. Solche Unterschiede führen perspektivisch zu einer geringen Wachstumsdynamik in der EWU und können sich zukünftig verheerend auf die ökonomische und politische Entwicklung in Europa auswirken. Eine wesentliche Ursache für diese regionalen Probleme sehen wir in den unausgebauten oder nicht existierenden europäischen Institutionen und in den ungenügenden Integrationsschritten im ökonomischen und politischen Bereich. Die EWU ist eine ökonomische Einheit mit einem gefährlichen Regulationsvakuum. Dies zeigt sich besonderes deutlich an dem Fehlen eines funktionierenden Lohnbildungsmechanismus in der EWU.

Ganz offenkundig gibt es keine Übereinkunft zwischen den Ländern beziehungsweise Tarifparteien, die eine funktionale Lohnentwicklung für die Regionen der EWU garantieren könnte. Bevor der Entstehung der EWU hatten alle europäischen Länder einen eingespielten Lohnbildungsmechanismus. Einige Länder wie Deutschland hatten traditionell niedrige Lohnerhöhungen, wobei die Deutsche Bundesbank bei zu hohen Lohnstückkostenerhöhungen unmittelbar mit Zinssatzerhöhungen reagierte. Nahezu alle späteren EWU-Länder koppelten ihren Wechselkurs an die D-Mark, welche die Rolle der regionalen Leitwährung übernahm. Zu hohe Lohnerhöhungen in Spanien oder Italien, auch damals die Länder mit höheren Inflationsraten, führten zu Abwertungstendenzen, die von den jeweiligen Zentralbanken mit Zinserhöhungen bekämpft wurden. Die zuvor existierende wechselkursseitige Restriktion für Lohnerhöhungen ist für viele Länder in der EWU weggefallen. Insgesamt bewirkte die EWU für die betroffenen Arbeitsmärkte die Zerstörung existierender Institutionen, ohne dass neue Institutionen geschaffen wurden (vgl. Franzese/ Hall 2000). Es konkurrieren in der EWU derzeit:

– Zentral ausgerichtete Lohnbildungssysteme. Diese Systeme sind grundsätzlich in der Lage, makroökonomische Rahmenbedingungen bei Tarifverhandlungen zu berücksichtigen.

– Betrieblich ausgerichtete Systeme mit schwachen Tarifparteien. Diese Systeme bieten geringe Anreize, makroökonomische Erwägungen bei der Lohnentwicklung zu internalisieren.

– Systeme mit starken und konfliktbereiten Gewerkschaften.

– Systeme mit Gewerkschaften, die sich stark sozialpartnerschaftlich verhalten.

EWU-weite Gewerkschaften und Arbeitgeberverbände, die eine koordinierte Lohnentwicklung anstreben könnten gibt es nicht. Auch andere Institutionen auf Arbeitsmärkten, die eine relativ kohärente Entwicklung der Lohnstückkosten fördern können, sind in der EWU nicht ausgebaut (vgl. Schulten 2005). So gibt es nicht in allen EWU-Ländern Minimumlöhne und schon gar nicht eine abgestimmte Politik in diesem Bereich. In den USA, die auch keine makroökonomische abgestimmte Lohnkoordination kennen, fördern Minimumlöhne und eine Reihe anderer Institutionalisierungen eine kohärente Lohnentwicklung (vgl. Zenglein 2007). In der EWU ist der Lohnbildungsmechanismus ein Chaos.

Unterschiedliche Lohnstückkostenentwicklungen und damit Inflationsraten in einem Währungsraum erzeugen zwei widerstreitende Tendenzen. Nehmen wir zu Analyse eine Region mit einer überdurchschnittlich hohen Inflationsrate, also beispielsweise Spanien, Portugal oder Italien.

a) Der expansive Effekt
Zunächst führen höhere Inflationsraten in einer Region zu vergleichsweise niedrigen Realzinssätzen.[89] Dies bewirkt die Stimulierung der aggregierten Nachfrage auf den Gütermärkten in der entsprechenden Region, da sie die Schuldenlast der Schuldner reduzieren und zusätzlich die Investitionsnachfrage und zinsabhängige Konsumnachfrage anregen. Für Länder mit höheren Inflationsraten in einer Währungsunion und damit relativ niedrigen Realzinssätzen kann somit aufgrund des *Realzinssatzeffektes* ein relativ hohes Wachstum erwartet werden. Es lässt sich sogar ein kumulativer Prozess abbilden: Das höhere Wachstum in der Region erhöht die Inflationsrate aufgrund geringer Arbeitslosigkeit und Überschussnachfrage auf den Gütermärkten weiter, senkt dadurch erneut die Realzinssätze und regt folglich das Wachstum zusätzlich an.

b) Der kontraktive Effekt
Länder mit relativ niedrigen Realzinssätzen in einer Währungsunion haben definitionsgemäß eine relativ hohe Inflationsrate und zerstören

---

[89] Der reale Zinssatz ist als nominaler Zinssatz minus Inflationsrate definiert. Er drückt die tatsächliche Zinsbelastung eines Schuldners aus. Der reale Zinssatz kann auch negativ sein, nämlich dann, wenn die Inflationsrate den nominalen Zinssatz übersteigt.

damit ihre preisliche regionale Wettbewerbsfähigkeit. Dies führt in
diesen Ländern zum Aufbau von Leistungsbilanzdefiziten (bzw. zum
Abbau von Leistungsbilanzüberschüssen). Dieser *Leistungsbilanzeffekt* wirkt dämpfend auf die Ökonomie, da er die gesamtwirtschaftliche Nachfrage reduziert. Den Defiziten in den Ländern mit relativ
hoher Inflation stehen die Leistungsbilanzüberschüsse der Länder mit
den relativ niedrigen Inflationsraten gegenüber. Zudem läuft der
Leistungsbilanzeffekt nicht nur über die preisliche Ebene. Solange
die Länder mit den niedrigeren Realzinssätzen ein höheres Wachstum
haben, wird der Importsog aufgrund des höheren Wachstums die Defizite in den Leistungsbilanzen dieser Länder weiter erhöhen.

Bei ungleichen Entwicklungen der Lohnstückkosten bzw. Inflationsraten
zwischen Regionen gibt es somit zwei Konstellationen: Erstens, Länder
mit niedrigen Inflationsraten werden durch den Realzinseffekt im
Wachstum gebremst, während sie über den Aufbau von Leistungsbilanzüberschüssen ihr Wachstum anregen. Zweitens erfahren Länder mit relativ hohen Inflationsraten einen Wachstumsschub über niedrige Realzinssätze, müssen jedoch steigende Leistungsbilanzdefizite und so Wachstumseinbußen hinnehmen.

Welcher der beiden Effekte für spezifische Länder in spezifischen
Jahren kurzfristig stärker ist, lässt sich nicht allgemein sagen. Allerdings
muss beachtet werden, dass ein gegebenes Inflationsratendifferential
zwischen zwei Ländern die Differenz bei den Realzinssätzen unverändert
lässt, während gleichzeitig die preisliche Wettbewerbsfähigkeit des Landes mit der höheren Inflationsrate beständig abnimmt. Gehen wir beim
Überschuss- und Defizitland von zwei etwa gleich großen Ländern aus,
muss in der beschriebenen Konstellation früher oder später der Leistungsbilanzeffekt dominieren und das höhere Wachstum im Land mit der
höheren Inflationsrate und den niedrigeren Realzinssätzen abwürgen.
Letztlich wird das Land mit der geringeren Wachstumsrate somit die
Entwicklung im gesamten Währungsraum dominieren.

Regionen mit hohen Leistungsbilanzdefiziten werden in einer Währungsunion mit großer Wahrscheinlichkeit zu langfristig stagnierenden
Regionen aufgrund geringer preislicher Wettbewerbsfähigkeit. Denn
letztlich kann eine solche Region nur durch eine unter Umständen drastische Senkung der Lohnstückkosten ihre regionale Wettbewerbsfähigkeit
wieder erlangen. Da Nominallohnsenkungen in der Regel aufgrund des

Widerstandes der Arbeitnehmer nicht möglich sind und eine stagnierende Region auch keine dynamische Produktivitätsentwicklung erwarten kann, ist eine langfristige Stagnation vorprogrammiert. Dies sind auch die Erfahrungen der USA, obwohl dort aufgrund eines ausgebauten Zentralstaates und andere Institutionalisierungen ein weitaus kohärenterer Wirtschaftsraum existiert als in der EWU (vgl. Eichengreen 1990, S. 163f.).

Befindet sich in einer Währungsunion eine große Region in einer deflationären Konstellation mit geringem Wachstum, dann ist die Wahrscheinlichkeit groß, dass der deflationäre Prozess letztlich auf die gesamte Währungsunion übertragen wird. Denn die Länder ohne deflationäre Tendenzen werden ihre Wettbewerbsfähigkeit verlieren, wenn sie nicht selbst einen Deflationsprozess einleitet oder durch Marktkräfte dazu getrieben werden. Die EZB geht davon aus, dass deflationäre Effekte in einer Region in einer Währungsunion nicht zu einer allgemeinen deflationären Entwicklung führen können, da der positive Leistungsbilanzeffekt das Land mit der Deflation aus der Krise führt (vgl. EZB Monatsbericht, Juni 2003, S. 95). Die EZB ist an diesem Punkt ungerechtfertigt optimistisch und unterstellt, dass nur ein ökonomisch kleines Land in eine Deflation geraten kann. Wird jedoch ein großes Land in einem Währungsraum von einer deflationären Entwicklung erfasst, dann ist es wahrscheinlich, dass dieses Land die gesamte Währungsunion in einen deflationären Strudel reißt. Solche Gefahren sind nicht rein akademischer Natur. Im Jahre 2003 wurde beim Internationalen Währungsfonds eine Projektgruppe gebildet, um die Gefahren einer deflationären Entwicklung in der Weltwirtschaft zu untersuchen (vgl. IMF 2003). Dabei wurde Deutschland neben Japan, Hongkong und Taiwan als hochgradig deflationsgefährdet angesehen. Die Entwicklung der Lohnstückkosten in Deutschland in dieser Phase belegen, dass diese Gefahr nicht aus der Luft gegriffen war.

Unterschiedliche Entwicklungen der Lohnstückkosten schlagen sich also in Währungsunionen in Wettbewerbsverschiebungen nieder, die ihrerseits zu Ungleichgewichten bei den Leistungsbilanzsalden führen. Es ist somit zu erwarten, dass Länder mit unterdurchschnittlichen Erhöhungen der Lohnstückkosten Leistungsbilanzüberschüsse aufbauen, während Länder mit überdurchschnittlichen Erhöhungen der Lohnstückkosten Leistungsbilanzdefizite realisieren. Da ein großer Anteil des Handels der EWU-Länder innerhalb der EWU abgewickelt wird, werden diese Erwartungen in geradezu idealer Weise bestätigt.

*Abbildung 6.5: Leistungsbilanzsalden in Prozent am BIP
der vier großen EWU-Länder*

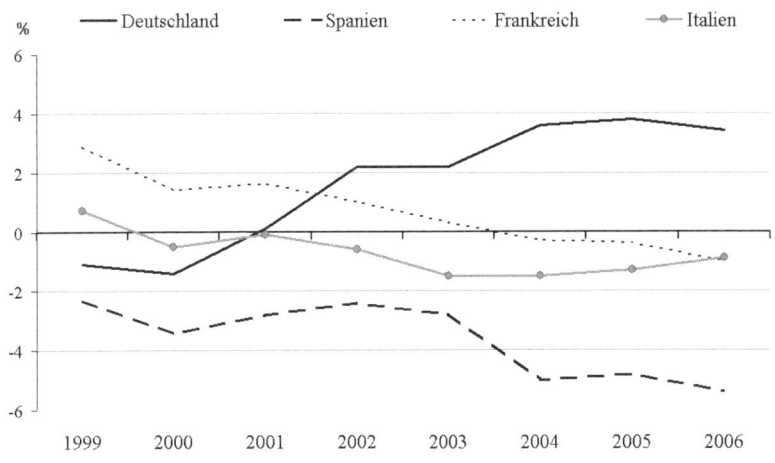

Quelle: IMF, World Economic Outlook, 2008

Die Abbildung 6.5 zeigt, dass Deutschland als Land mit niedrigen Lohnstückkostenerhöhungen sehr schnell von einer Defizitposition in der Leistungsbilanz in den Jahren 1999 und 2000 in eine Konstellation mit hohen Überschüssen wechselte.[90] Hohe Überschüsse realisiert auch Finnland, das niedrige Erhöhungen der Lohnstückkosten aufweist. Auch Österreich ist in einer ähnlichen Konstellation und konnte dadurch Defizite in der Leistungsbilanz abbauen (vgl. Tabelle 6.4 im Anhang). Spanien ist in Abbildung 6.4 das deutlichste Beispiel für eine Region, die durch schnell steigende Lohnstückkosten in hohe Leistungsbilanzdefizite kam. Portugal ist in einer vergleichbaren Konstellation. Aber auch Frankreich und Italien haben sich im Verlaufe der Existenz der EWU von einer Überschussposition in eine Negativposition bewegt.

Die EWU zerfällt in eine Gruppe von Ländern mit Leistungsbilanzüberschüssen, der neben Deutschland noch eine Reihe kleinerer Länder

[90] Deutschland hatte nach dem Zweiten Weltkrieg nahezu immer Leistungsbilanzüberschüsse. Jedoch führt der ökonomische Schock der deutschen Vereinigung in den 1990er Jahren zu einer längeren Phase von Leistungsbilanzdefiziten.

wie Belgien, Luxemburg, Finnland und die Niederlande angehören. Die anderen Länder realisieren Defizite in ihren Leistungsbilanzen. Betrachtet man die bilateralen Handelsbilanzsalden Deutschlands im Jahre 2007 (vgl. Abbildung 6.6), dann zeigt sich die gesamte Dramatik der Entwicklung.

Abbildung 6.6: Bilaterale Handelsbilanzsalden Deutschlands im Jahre 2007 in Mrd. Euro

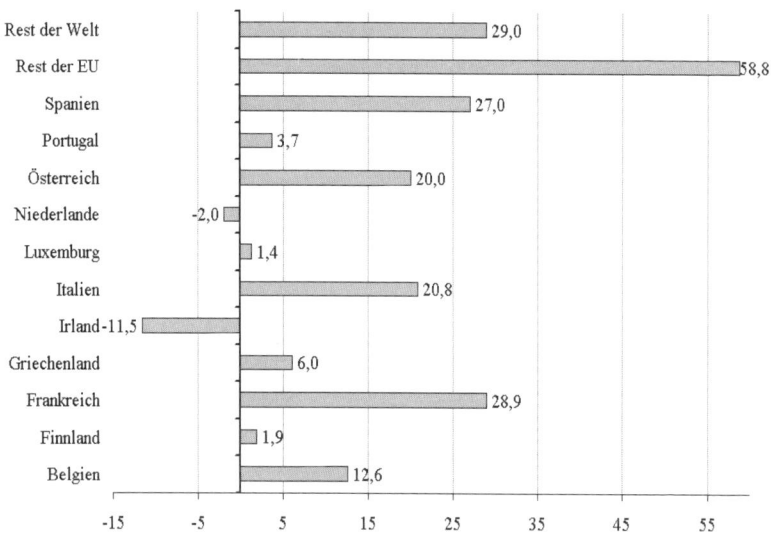

Quelle: Statistisches Bundesamt, 2008, vorläufiges Ergebnis

Von den gesamten Handelsbilanzüberschüssen im Jahre 2007 realisierte Deutschland gegenüber den restlichen EWU-Ländern über 55 Prozent der Überschüsse und gegenüber den EU-Ländern über 85 Prozent der Überschüsse. Die Strategie niedriger Kosten hat Deutschland innerhalb der EWU in eine deutliche Überschussposition gebracht, die aufgrund der Währungsunion durch Wechselkursveränderungen nicht mehr zu beseitigen ist. Es ist geradezu grotesk, angesichts der Rolle Deutschlands in der EWU von einer fehlenden Wettbewerbsfähigkeit Deutschlands zu schwadronieren, die durch weitere Lohnzurückhaltung, Kostensenkungen und weiterer Flexibilisierung bekämpft werden müsse. Deutschland gehört neben Japan, China und Russland zu den weltgrößten Überschussländern bei der Handels- und Leistungsbilanz.

Es benötigt wenig analytische Kraft, um zu prognostizieren, dass bei einer unveränderten wirtschaftspolitischen Ausrichtung der Überschussländer und der Defizitländer in der EWU der negative Leistungsbilanzeffekt der Defizitländer zu einem Einbruch des Wachstums in diesen Ländern führen wird. Die Entwicklung in den bisher relativ dynamisch wachsenden Regionen der EWU wird dann aufgrund der geringeren Exportchancen auf die Überschussländer negativ zurückwirken und in allen Regionen der EWU das Wachstum absenken. Je stärker die Überschussländer und dann vermutlich auch die Defizitländer in der EWU versuchen, ihre Situation über Kostensenkungen und Flexibilisierungen der Arbeitsmärkte zu verbessern, desto größer wird die Gefahr weiterer Wachstumseinbußen und selbst eines deflationären Absturzes der EWU. Dass deflationäre Entwicklungen bei einer verfehlten Wirtschaftspolitik möglich sind, hat in jüngster Zeit Japan eindrucksvoll gezeigt (vgl. Heine/Herr/Kaiser 2006). Fatal ist, dass der Wachstumseinbruch der Regionen in der EWU, die ihre Wettbewerbsfähigkeit eingebüßt haben, nicht nur kurzfristig konjktureller Natur sein wird, sondern mittel- bis langfristig. Denn es ist empirisch gut belegt, dass Regionen mit Wachstumsschwächen und hoher Arbeitslosigkeit sich nur sehr schwer aus einer solchen Konstellation befreien können.

Es haben sich verschiedene sich gegenseitig destabilisierende Konstellationen herausgebildet, welche für die weitere Entwicklung der EWU äußerst belastend werden können (vgl. Herr/Kazandziska 2007). Folgend sollen die wichtigsten davon kurz skizziert werden.

a) Merkantilistische Orientierung mit niedrigen Lohnerhöhungen und geringer Wachstumsdynamik

Die Durchsetzung einer merkantilistischen Orientierung in einer Währungsunion, ob nun von einer Region bewusst verfolgt oder Resultat von Markprozessen, kann durch eine unterdurchschnittliche Erhöhung der Lohnstückkosten erreicht werden, welche die regionale Wettbewerbsfähigkeit erhöht und zu steigenden Leistungsbilanzüberschüssen führt. Der Nachteil ist, dass eine solche Politik zu vergleichsweise hohen Realzinssätzen führt, welche die inländische Wachstumsdynamik bremsen.

Deutschland passt genau in dieses Szenario, denn bis 2006 boomte der Exportsektor bei sich gleichzeitig schwach entwickelnder Binnenökonomie. Erst ab 2006 wurde das exportgetriebene Wachstum von einer steigenden Binnennachfrage unterstützt. Gleichwohl hängt das deutsche Wachstum wesentlich an den Exporten. Es scheint, dass Deutschland auch in Zukunft nicht zu einem Wachstumsmotor in der EWU wird. Vielmehr schränkt es den Wachstumsspielraum anderer EWU-Länder massiv ein und ist dadurch zu einem Problem für die Entwicklung der EWU geworden. In einer ähnlichen Konstellation wie Deutschland befindet sich Österreich. Zu Zeiten der D-Mark nahm der beschriebene Prozess einen anderen Verlauf. Eine Phase von hohen Leistungsbilanzüberschüssen führte zu Aufwertungstendenzen der D-Mark. Die Deutsche Bundesbank reagierte darauf mit sinkenden Zinssätzen, um den Aufwertungsdruck zu mildern. Dadurch waren die Zinssätze in der Bundesrepublik Deutschland die niedrigsten Europas und erhöhten die Wahrscheinlichkeit, dass der Exportboom zu einem inländischen Investitions- und Konsumboom führte. Dieser Prozess ist in der EWU zerbrochen, da eine merkantilistische Orientierung nun zu hohen und nicht zu niedrigen Realzinssätzen führt.

b)   *Stagnierende Region mit hohen Lohnerhöhungen und zerstörter regionaler Wettbewerbsfähigkeit*

Bei dieser Konstellation verbindet sich die zerstörte Wettbewerbsfähigkeit mit einer geringen Wachstumsdynamik. Es ist somit schon eine Problemregion entstanden, die hohe Leistungsbilanzdefizite aufweist und sich aufgrund einer geringen aggregierten Güternachfrage schlecht entwickelt. In diesem Fall führen vergleichsweise niedrige Realzinssätze nicht mehr zu einer befriedigenden inländischen Dynamik. In der EWU sind Portugal und Italien deutlich in einer solchen Konstellation; Frankreich zeigt Anzeichen, dass es in eine solche Konstellation geraten könnte. Das Problem ist, dass selbst eine Lohnzurückhaltung eine solche Region nicht aus der Krise bringen kann. Im Falle der EWU wären drastische Senkungen der Lohnstückkosten im zweistelligen Bereich notwendig, um die Situation grundlegend zu verändern. Über Produktivitätserhöhungen ist dies schwerlich zu erreichen, so dass nur Nominallohnsenkungen bleiben, die politisch äußerst schwierig durchzusetzen sind. Selbst wenn Lohnstückkosten gesenkt werden könnten, wäre dies mit negativen deflationären Tendenzen verbunden.

c) *Boomende Region mit hohen Lohnerhöhungen und permanenter Reduzierung der Wettbewerbsfähigkeit*

Bei dieser Konstellation verbindet sich die zerstörte Wettbewerbsfähigkeit mit einer hohen Wachstumsdynamik. In diesem Fall unterstützen niedrige Zinssätze den inländischen Wachstumsprozess. Spanien ist das Paradebeispiel für diesen Fall. Aufgrund der hohen Inflationsraten realisierte Spanien in etlichen Jahren nach dem Beginn der EWU negative Realzinssätze. Die Folge war nicht nur ein kräftiges Wachstums des BIP, sondern eine ausgeprägte Immobilienblase, die das Wachstum weiter vorantrieb. Die beschriebene Konstellation ist nicht langfristig aufrechtzuerhalten. Früher oder später kippt die Konstellation c) in die Konstellation b). Es spricht somit vieles dafür, dass Spanien bald Italien und Portugal folgen wird. Eine ähnliche Konstellation wie Spanien ist in Griechenland zu finden.

Zum Schluss dieses Abschnitts wollen wir noch auf die Entwicklung der Reallöhne eingehen. Veränderungen der Reallöhne spielen für die preisliche Wettbewerbsfähigkeit eines Landes keine Rolle, allerdings sind sie für die Entwicklung des Lebensstandards der Arbeitnehmer von zentraler Bedeutung. Der wichtigste Faktor zu Bestimmung der Reallöhne ist die Produktivität, da letztlich der Wohlstand eines Landes nur durch Produktivitätsänderungen zu erhöhen ist. Neben der Produktivitätsentwicklung spielen die Verteilung zwischen Lohneinkommen und Nicht-Lohneinkommen sowie der Außenwert der Währung eine Rolle für die Reallöhne. Irland und Griechenland sind Paradebeispiele dafür, dass der Anstieg der Produktivität die Reallöhne massiv ansteigen lässt. In einigen Ländern haben die Arbeitnehmer nicht von der ökonomischen Dynamik profitiert. Beispielsweise sind die Reallöhne in Spanien nicht gestiegen. Teilweise liegt dies an der geringen Produktivitätsentwicklung in Spanien, teilweise kam es im Verlauf des Booms in Spanien offensichtlich zu einer Umverteilung zum Nachteil der Lohnempfänger. Auch in Italien sind die Reallöhne nur gering gestiegen, was zum geringen Anstieg in der Produktivität passt. Erstaunlich ist der geringe Anstieg der Reallöhne in Österreich und Belgien. Auch in diesen Ländern muss es zu deutlichen Umverteilungen zum Nachteil der Lohnempfänger gekommen sein. (vgl. Tabelle 6.5 im Anhang)

6.3 Die Fiskalpolitik in der EWU

Eine funktionale Lohnentwicklung, die der oben vorgeschlagenen Lohnnorm entspricht, wird zwar zu einem stabilisierenden Faktor der ökonomischen Entwicklung, sie kann jedoch konjunkturelle Schwankungen
nicht verhindern. Schwankungen der ökonomischen Aktivität sind ein
Element kapitalistischer Ökonomien seit ihrem Bestehen. Geldpolitik
kann konjunkturellen Prozessen in einem Währungsraum entgegenwirken, jedoch bedarf es zusätzlich einer antizyklischen Fiskalpolitik, da
insbesondere in konjunkturellen Schwächephasen die Geldpolitik von der
Fiskalpolitik Unterstützung bedarf. Dies gilt nicht zuletzt für eine Währungsunion wie der EWU, die sich regional unterschiedlich entwickelt.
Denn Geldpolitik kann, wie gesagt, nicht spezifisch auf regionale Entwicklungen eingehen.

Fiskalpolitik ist funktional, wenn sie antizyklisch ausgerichtet ist. Das
bedeutet, dass in konjunkturellen Schwächephasen Budgetdefizite (eine
Nettoneuverschuldung der öffentlichen Haushalte) hingenommen und in
konjunkturellen Aufschwungphasen Budgetüberschüsse (Abbau der Verschuldung der öffentlichen Haushalte) realisiert werden. Eine solche
Entwicklung ergibt sich bei passivem Verhalten der öffentlichen Haushalte marktmäßig, da in Abschwungphasen die Steuereinnahmen sinken
und die staatlichen Ausgaben steigen. Im Aufschwung steigen dagegen
die Steuereinnahmen und sinken die Ausgaben. Die öffentlichen Haushalte sollten somit bei funktionaler Fiskalpolitik diese so genannten au-
tomatischen Stabilisatoren wirken lassen. Budgetdefizite in Abschwungphasen sind somit ein endogenes Resultat von Marktprozessen und man
sollte nicht versuchen, sie durch Ausgabenkürzungen zu begrenzen. Geschieht dies doch, dann wird der Wirtschaft zusätzliche Nachfrage entzo-
gen und die Krise verschärft. Das Ziel der Budgetkonsolidierung wird
letztlich verfehlt und eine Sparrunde jagt die andere. Die relative Stabilität der Ausgaben ergibt sich daraus, dass zahlreiche Ausgaben gesetzlich
oder tariflich fixiert sind und daher nicht ohne weiteres kurzfristig ge-
kürzt werden können. Im Gegenteil: Aufgrund steigender Arbeitslosen-
zahlen während der Krise erhöhen sich Sozialtransfers. Ein kurzfristig
mögliches Einsparpotential bilden im Grunde nur die öffentlichen Investitionen. Aber gerade diese sollten sich über den Konjunkturzyklus hinweg stabil entwickeln, da anderenfalls konjunkturelle Schwanken verschärft werden. Antizyklische Fiskalpolitik kann mit einem langfristig

ausgeglichenen öffentlichen Budget für konsumtive Ausgaben einhergehen, denn mittelfristig notwendige öffentliche Ausgaben sollten über öffentliche Einnahmen finanziert werden. Bei staatlichen Investitionen, die
relativ sichere Rückflüsse für den Staat erzeugen, ist eine Verschuldung
dagegen unproblematisch.

Im Maastricht-Vertrag wurde als Bedingung für den Eintritt in die
EWU eine öffentliche Neuverschuldung von nicht mehr als drei Prozent
am BIP vereinbart. Da es nach dem Beginn der EWU keinen Mechanismus gab, die Einhaltung der Konvergenzkriterien zu erzwingen, einigte
man sich 1996 auf den Stabilitäts- und Wachstumspakt, der das 3-Prozent
Kriterium der öffentlichen Neuverschuldung für immer festschrieb und
für die Fiskalpolitik in der EWU von zentraler Bedeutung wurde. Nur
bei strengen Ausnahmen wie sehr scharfen konjunkturellen Einbrüchen
darf das 3-Prozent Kriterium verletzt werden. Falls, abgesehen von den
Ausnahmen, die Neuverschuldung die 3-Prozent Marke zu überschreiten
droht, kann die EU-Kommission einen „Blauen Brief" an das betreffende
Land schreiben. Kommt es trotzdem zur Überschreitung, startet die EU-
Kommission ein „Verfahren wegen übermäßigen Defizits". In einer ersten Stufe müssen die betroffenen Länder einen Plan vorlegen, wie sie das
Defizit abzubauen gedenken. Halten sie diesen Plan nicht ein, kann ein
Strafverfahren eingeleitet werden. Es können unter anderem Geldstrafen
von 0,2 bis zu 0,7 Prozent des BIP des betroffenen Landes verhängt werden (0,2 Prozent Sockelbetrag und bis zu 0,5 Prozent je nach Schwere
des Vergehens zusätzlich).

Die Sanktionen können allerdings nicht von der Europäischen Kommission direkt durchgesetzt werden. Die Entscheidung muss letztlich
vom Ministerrat mit 2/3-Mehrheit gebilligt werden, wobei das betroffene
Land kein Stimmrecht hat. Dieses „weiche" und diskretionäre Verfahren
hat dazu geführt, dass es bei einer Verletzung des Paktes sehr schwierig
ist, Sanktionen durchzusetzen.

Die Abbildung 6.7 und Tabelle 6.6 im Anhang zeigt, dass eine Reihe
von Ländern anhaltend gegen die Regeln des Paktes verstoßen hat. Insbesondere die großen Länder der EWU wie Deutschland, Frankreich und
Italien haben den Stabilitätspakt in der Phase schwachen Wachstums
zwischen 2002 und 2005 verletzt. Italien konnte auch die Jahre nach
2005 nicht für eine Rückführung der öffentlichen Neuverschuldung
nutzen. Spanien erzielte aufgrund seines anhaltenden Booms Überschüsse der öffentlichen Haushalte. Die kleineren EWU-Länder erfüllen, abge-

sehen von Griechenland, die Regeln des Pakts. Die EWU als Aggregat hat seit ihrem Bestehen die Regeln des Paktes nicht verletzt.

Abbildung 6.7: Nettoneuverschuldung in Prozent am BIP in den vier großen EWU-Ländern

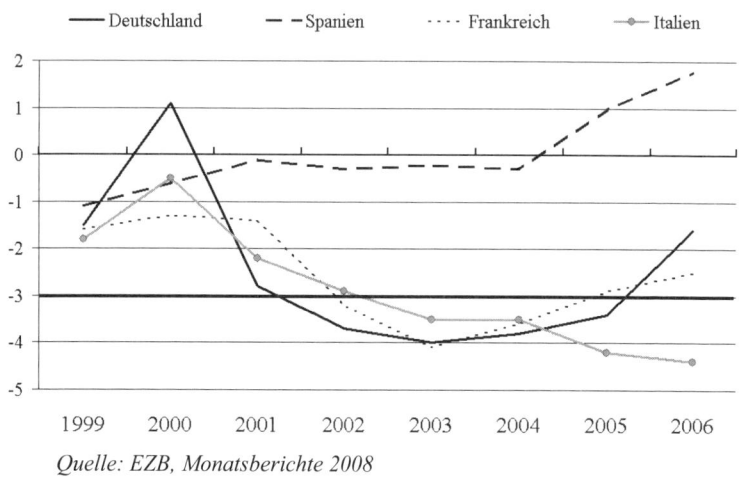

Quelle: EZB, Monatsberichte 2008

Eine Verstetigung der öffentlichen Investitionen und damit eine antizyklische Fiskalpolitik ist, ebenso wie die skizzierte Verstetigung der Lohnpolitik, ein Funktionalitätsgebot in geldgesteuerten Ökonomien. Dem wird die Ausgestaltung des Stabilitäts- und Wachstumspaktes nicht gerecht. Eine Nettonerverschuldung in Höhe von maximal drei Prozent am BIP kann während einer Krise deutlich zu niedrig sein. Der Pakt legt den Ländern Fesseln an, die eine Krise verschärfen können. Das ist unnötig, sofern die Länder willens und in der Lage sind, ihren öffentlichen Budgetsaldo überzyklisch auszugleichen. Andererseits ist ein Budgetdefizit von drei Prozent im Aufschwung zu hoch. Hier sollten Überschüsse erzielt werden, um überzyklisch zu einer in etwa ausgeglichenen Bilanz bei den laufenden öffentlichen Ausgaben zu kommen. Der Pakt kennt keinen Mechanismus, der die Länder zu Sparmaßnahmen in Aufschwungsphasen zwingen kann.

Mittlerweile wurde deutlich, dass der Stabilitäts- und Wachstumspakts in der EWU nicht aufrecht zuhalten ist. Er ist gescheitert, da der Sanktionsmechanismus des Pakts nicht gegriffen hat. Der politische Einfluss großer EWU-Staaten im Ministerrat war offensichtlich zu groß, um Sanktionen durchzusetzen. Inzwischen kam es zu zaghaften Reformen am Stabilitäts- und Wachstumspakt, die darauf hinauslaufen, dass der Konjunkturzyklus stärker bei der Beurteilung der Budgetdefizite berücksichtigt wird und eine Reihe von Sonderfällen die Verletzung des 3-Prozent Kriteriums erlauben (vgl. Buti 2006). Die Reformbemühungen gehen zwar in die richtige Richtung, erfolgen allerdings viel zu vorsichtig.[91]

Die Probleme der Fiskalpolitik in Europa liegen tiefer und sind nicht mit der Reform des Stabilitäts- und Wachstumspaktes lösbar. Insgesamt muss die Fiskalpolitik in der EWU künftig einen anderen Stellenwert genießen. Die EWU nimmt diesbezüglich eine eigentümliche Position ein. Während in vielen Bereichen akribisch versucht wird, jede Kleinigkeit zu regeln und zu normieren, scheinen Übereinkünfte über eine gemeinsam zu verfolgende Fiskalpolitik unnötig zu sein. Zwar wurde 1999 in Köln ein „makroökonomischer Dialog" vereinbart (vgl. Koll 2005), aber er hat bis heute keine faktische Relevanz erlangt. Eine in irgendeiner Form abgestimmte europäische Fiskalpolitik ist bislang aus den Dialogen nicht entsprungen, und es ist bislang nicht erkennbar, dass sich hieran etwas ändern könnte. Dies ist auch deshalb verwunderlich, weil die EWU mit der Einführung einer gemeinsamen Währung ökonomisch eine Binnenökonomie darstellt. Daher sollte es selbstverständlich sein, dass die fiskalpolitischen Entscheidungsträger an einem Strang ziehen.

Eine verbindliche Koordination ist auch deshalb bedeutsam, weil so „Trittbrettfahrerei" ausgeschlossen werden kann. Bislang können einige Staaten darauf hoffen, dass andere die Funktion der Konjunkturlokomotive übernehmen und sie selber, gleichsam ohne Kosten, davon profitieren. Ein solches Verhalten ist insbesondere für kleinere Ökonomien plausibel, weil ihr eigener Beitrag zur Konjunkturstabilisierung eher bedeutungslos erscheint. Betrachtet man die Budgetsalden der EWU-Länder, dann wird dieses Argument empirisch bestätigt.

Perspektivisch muss die Politik anerkennen, dass man mit der Euroeinführung ökonomisch in der EWU eine Binnenökonomie etabliert

---

[91] Zur Diskussion der Rolle der Fiskalpolitik und insbesondere des Stabilitäts- und Wachstumspaktes vgl. Hein/Heise/Truger (2004).

hat. Für Binnenökonomien ist es an sich selbstverständlich, dass eine Zentrale die Macht und damit die finanziellen Möglichkeiten hat, (nicht nur) fiskalpolitische Weichen zu stellen. Es ist kein Zufall, dass sich entsprechende Strukturen faktisch in allen funktionierenden Währungsräumen der Welt herausgebildet haben, auch wenn die Dominanz der Zentralmacht von Währungsraum zu Währungsraum unterschiedlich stark ausgeprägt ist. Denn eine erfolgversprechende fiskalische Stabilisierungspolitik setzt voraus, dass ein Akteur hinreichend stark ist, um die Nachfrage auch auf der gesamtwirtschaftlichen Ebene zu beeinflussen. Viele dezentrale Einheiten, die zudem nicht koordiniert agieren, sind hierzu keinesfalls in der Lage. Eine solche Entwicklungsperspektive setzt voraus, dass die EWU-Zentrale über eigene Einnahmen verfügt, also ein Teil des Steueraufkommens zentralisiert wird und auch eine eigenständige Verschuldungspolitik bei Bedarf betreiben kann. In einem solchen Rahmen macht dann die Begrenzung der Verschuldung von untergeordneten öffentlichen Haushalten Sinn.

Im Bereich der Steuer- und Sozialpolitik gelten ähnliche Mechanismen wie bei der Lohnpolitik. Denn auch in diesen Bereichen stehen Kostensenkungs-, Privatisierungs- und Flexibilisierungsstrategien auf der Tagesordnung, die Lohndumping ersetzen oder verstärken können. In diesen Bereichen besteht die Gefahr, dass es zu einem Wettlauf des Sozialabbaus kommt, der nicht nur unnötig und unsozial ist, sondern deflationäre Gefahren in der EWU noch verstärkt.

Theoretisch könnte die Fiskalpolitik zur Lösung regionaler Probleme eingesetzt werden. Insbesondere öffentliche Investitionen und die staatliche Förderung der privaten Investitionstätigkeit könnten als Instrumente dienen. Es wurde jedoch schon ausgeführt, dass Fiskalpolitik in einer Region überfordert ist, wollte sie alleine die Lasten der Stabilisierung schultern. Notwendig zur Lösung von Regionalproblemen sind ein finanzkräftiges Zentrum und das Instrument des Finanzausgleichs. Das Finanzvolumen, das über die EWU umverteilt werden kann ist jedoch verglichen mit einem üblichen Nationalstaat minimal. Für die EU gilt derzeit eine Obergrenze für das EU-Budget am BIP von rund 1,3 Prozent.[92] So ist das EU-Budget, verglichen mit Staaten wie etwa den USA, äußerst gering (vgl. Eichengreen 1990). Hinderlich ist zudem die Konzentration der Umverteilungsmittel in der EWU auf den Agrarsektor. Insgesamt ist die EWU somit schlecht auf die drohenden tiefen Regionalprobleme vorbereitet.

6.4 Reformoptionen

Neoklassisch geprägte Analysen begründen die unbefriedigende ökonomische Entwicklung in Europa und dabei insbesondere in einzelnen Ländern wie Deutschland mit einer mangelnden Effizienz bei der Allokation der Ressourcen, rigiden und verkrusteten Arbeitsmärkten oder einem ausufernden Sozialstaat. Zur Bekämpfung der Arbeitslosigkeit wird die Entfesselung der Marktkräfte insbesondere auf dem Arbeitsmarkt, ein weiteres Zurückschneiden sozialer Sicherungssysteme, weitere Privatisierung und Intensivierung des Wettbewerbs in allen Bereichen der Ökonomie gefordert.

Einer solchen Analyse und den daraus folgenden wirtschaftspolitischen Schlussfolgerungen ist nicht zuzustimmen. Die EU und insbesondere die EWU leiden an einer ungenügenden institutionellen Einbettung der Märkte und einer zu geringen Einflussnahme des Staates auf ökonomische Prozesse. Dies hat in der EWU zu einem denkbar schlechten Zusammenspiel zwischen Geld- und Fiskalpolitik geführt, denn faktisch gibt es keine Fiskalpolitik in der EWU. Es gibt kein starkes europäisches Zentrum, das auch nur ansatzweise eine Koordination der Fiskalpolitik mit der Geldpolitik herstellen könnte. Verstärkt wird dieses Problem durch regional unterschiedliche Dynamiken in den Regionen der EWU, die zu einem gefährlichen ökonomischen und politischen Sprengstoff werden können. Insbesondere die EWU leidet an fehlenden oder mangelhaft funktionierenden europäischen Institutionen sowie an ungenügenden Integrationsschritten im ökonomischen und politischen Bereich. Politisch existiert keine Kraft, die eine funktionale Politik für die EWU insgesamt durchsetzen könnte. Im Vergleich zu Nationalstaaten gibt es in der EWU

---

[92] Dies entspricht in etwa einem Haushalt eines großen deutschen Bundeslandes. Diese Budgetgröße reicht in keiner Weise aus, eine stabile Entwicklung der EU auch nur ansatzweise zu garantieren.

keinen funktionierenden Mechanismus der Lohnbildung, keine überge-
ordnete Fiskalpolitik und die finanzielle Kraft des Zentrums der EWU ist
schwach. Lediglich auf dem Gebiet der Geldpolitik existiert eine Institution, die grundsätzlich effektiv auf die ökonomische Entwicklung einwirken kann. Allerdings deutet alles darauf hin, dass die EZB eine der am
restriktivsten agierenden Zentralbanken der Welt ist und bei ihrer Geldpolitik die Erreichung ihres strikten Inflationsziels ins Zentrum rückt.
Aber auch eine andere geldpolitische Orientierung der EZB würde nicht
verhindern können, dass die Geldpolitik regionalpolitisch stumpf ist.

Bezogen auf makroökonomische Dimensionen wäre es funktional, wenn

– die Lohnentwicklung in der EWU – unabhängig von konjunkturellen
   Entwicklungen – die regionalen Produktivitätsfortschritte plus die
   Zielinflationsrate der EZB als Richtschnur nehmen würde. So könnte
   für die EWU ein stabiler Anker für die Preisniveauentwicklung geschaffen werden, der die Geldpolitik entlastet und verhindert, dass deflationäre und inflationäre Gefahren die ökonomische Entwicklung in
   der EWU belasten. Gleichzeitig verhindert die vorgeschlagene lohnpolitische Orientierung, dass Regionen ihre preisliche Wettbewerbsfähigkeit verlieren oder ungebührlich aufbauen. Länder wie Spanien,
   Portugal oder Griechenland, die in der EWU eine nachholende Entwicklung vollziehen wollen, können ihre Nominal- und Reallöhne
   stärker als im Durchschnitt der EWU erhöhen, wenn sie in der Lage
   sind, ihre Produktivität überdurchschnittlich zu erhöhen. Hier können
   staatliche Maßnahmen in der Form von Fördermaßnahmen insbesondere der Zentralebene unterstützend eingreifen. Zur Förderung einer
   kohärenten europäischen Lohnentwicklung sind Institutionen zu fördern, die eine abgestimmte Lohnpolitik ermöglichen, also insbesondere europäische Gewerkschaften und Arbeitgeberverbände. Europa-
   weit abgestimmte Mindestlöhne und Sondersteuern auf zu hohe Lohnerhöhungen können die Kohärenz der Lohnentwicklung ebenfalls fördern.

– die Fiskalpolitik in der gesamten EWU und in den einzelnen Ländern
   (Regionen) konjunkturbedingte Defizite akzeptieren und die öffentlichen Investitionen über den Konjunkturzyklus hinweg stabilisieren
   würde. Dazu muss der Stabilitäts- und Wachstumspakt abgeschafft oder
   völlig reformiert werden. In schweren Krisen sollten zudem

Konjunktur- und Beschäftigungsprogramme implementiert werden. Mittelfristig sollte das öffentliche Budget für laufende Ausgaben im Wesentlichen ausgeglichen sein. Dazu ist eine ausreichende Steuerbasis durchzusetzen, die auch sozial- und umweltpolitische Aufgabenstellungen ins Kalkül einbezieht. Mit Steuersenkungen oder gar Steuersenkungswettläufen lassen sich solche Zielstellungen nicht realisieren.

– die Geldpolitik der EZB an der expansiven Grenze betrieben wird. Das setzt voraus, dass die EZB erst dann zum Mittel der Zinssatzerhöhung greift, wenn sich Inflationsprozesse abzeichnen. In Abschwungphasen sollten die Zinssätze dagegen schnell und deutlich gesenkt werden. Eine solche Ausrichtung der Geldpolitik würde erleichtert, wenn die Zielinflationsrate der EZB weniger strikt gefasst würde. Trotz dieser Empfehlungen sollte nicht übersehen werden, dass eine Zentralbank im Falle tatsächlicher inflationärer Probleme Preisniveaustabilität hart verteidigen muss.

– die drei Makrobereiche, Geldpolitik, Fiskalpolitik und Lohnpolitik, in der EWU eng zusammenarbeiten. Dies bedeutet, dass Institutionen geschaffen werden, die eine Koordinierung der Bereiche erleichtern und erst ermöglichen.

– das europäische Zentrum an ökonomischer und politischer Macht gewinnen würde. Es bedarf europäischer Steuern und eines weitaus größeren Budgets der Zentralebene, um die regionalen Probleme in Europa zu begrenzen und einen Lebensraum mit geringen Unterschieden im Lebensstandard zu schaffen. Europäische Infrastrukturprojekte, ein europäischer Finanzausgleich und ähnliche Funktionen eines Zentralstaates müssen in Europa gestärkt werden.

– die politische Integration vorangetrieben würde. Denn eine substantielle Stärkung eines europäischen Zentrums bis hin zur Schaffung einer europäischen Regierung ist nur möglich, wenn das Europäische Parlament an Macht gewinnt und eine europäische Regierung wählen und kontrollieren kann.

Letztlich muss das politische Zentrum in der EU längerfristig institutionell und finanziell so gestärkt werden, dass es eine funktionale Konjunktur- und Regionalpolitik betreiben kann. Institutionelle Weiterentwicklungen und kooperatives Handeln auf allen Feldern der Wirtschaftspolitik (Lohn-, Steuer-, Umwelt-, Sozial- oder z. B. auch Ordnungspolitik) sind unabdingbar, wenn dysfunktionale Kostensenkungswettläufe beispielsweise durch Lohnzurückhaltung oder Steuersenkungen vermieden werden sollen. Es sind in Europa Wege zu schaffen, die eine sinnvolle Interaktion zwischen einer sich politisch und institutionell schnell vertiefenden EWU, den restlichen EU-Ländern und den Ländern mit engen Bindungen an die EU ermöglichen. Eine solche Entwicklung mag utopisch erscheinen, jedoch ist die EWU in ihrer jetzigen Form ein ökonomisch und politisch unvollendetes und gefährliches Gebilde, das nicht ohne negative Konsequenzen für Europa so bleiben kann wie es jetzt ist.

Viele der vorgeschlagenen Reformschritte sind für die gesamte EU unrealistisch und, soweit ein Land nicht Mitlied der EWU ist, auch teilweise nicht notwendig. Die EWU bedarf aufgrund ihres Charakters als Währungsunion schnellere und weiterreichende Integrationsschritte als die EU insgesamt. Einige Länder der EU und auch potentielle Beitrittskandidaten verweigern sich sowieso einer stärkeren Staatenbildung in Europa. Aus diesem Grunde ist ein Europa der verschiedenen Geschwindigkeiten keine Katastrophe, sondern es ermöglicht einen Weg, die EWU auch längerfristig zum Erfolg zu führen.

6.5 Statistischer Anhang für die Entwicklung in der EWU

Tabelle 6.1: Reales BIP in den 12 EWU-Ländern, Index 100=1999

	1999	2000	2001	2002	2003	2004	2005	2006	2007	2008*
Belgien	100	103,7	104,6	106,2	107,2	110,4	112,3	115,5	118,6	121,1
Deutschland	100	103,2	104,5	104,5	104,3	105,4	106,2	109,2	112,0	114,3
Österreich	100	103,4	104,2	105,1	106,4	108,8	111,1	114,7	118,5	121,7
Finnland	100	105,0	107,8	109,5	111,5	115,6	119,0	125,0	130,4	134,9
Frankreich	100	103,9	105,8	106,9	108,1	110,8	112,7	114,9	117,1	119,5
Griechenland	100	104,5	111,0	114,3	120,0	125,5	129,7	135,2	140,8	146,1
Irland	100	109,0	115,4	122,8	128,1	133,6	141,5	149,6	157,0	162,5
Italien	100	103,6	105,4	105,8	105,8	107,1	107,2	109,2	111,3	112,9
Luxemburg	100	108,4	111,2	115,7	118,2	123,9	130,1	138,1	145,3	152,1
Niederlande	100	103,9	105,9	106,0	106,4	108,8	110,4	113,7	116,8	119,9
Portugal	100	103,9	106,0	106,8	106,0	107,7	108,2	109,6	111,5	113,7
Spanien	100	105,0	108,9	111,8	115,3	119,1	123,4	128,1	133,1	137,0

Quelle: Ameco Datenbank der EU-Kommission 2008; * Prognose

Tabelle 6.2: Inflationsraten in den 12 EWU-Ländern,
jährliche Veränderungsraten in Prozent

	1999	2000	2001	2002	2003	2004	2005	2006	2007
Belgien	2,7	2,4	1,6	1,5	1,9	2,5	2,3	1,7	2,1
Deutschland	1,4	1,9	1,4	1,0	1,8	1,9	1,8	2,2	2,0
Irland	5,3	4,0	4,7	4,0	2,3	2,2	2,7	2,8	2,2
Griechenland	2,9	3,7	3,9	3,4	3,0	3,5	3,3	2,8	3,1
Spanien	3,5	2,8	3,6	3,1	3,1	3,4	3,6	2,6	2,9
Frankreich	1,8	1,8	1,9	2,2	2,3	1,9	1,9	1,5	1,7
Italien	2,6	2,3	2,6	2,8	2,3	2,2	2,2	1,9	2,0
Luxemburg	3,8	2,4	2,1	2,5	3,2	3,8	3,0	2,5	2,8
Niederlande	2,3	5,1	3,9	2,2	1,4	1,5	1,7	1,6	2,3
Österreich	2,0	2,3	1,7	1,3	2,0	2,1	1,7	1,9	1,9
Portugal	2,8	4,4	3,7	3,3	2,5	2,1	3,0	2,4	2,4
Finnland	2,9	2,7	2,0	1,3	0,1	0,8	1,3	1,5	2,4

Quelle: Ameco, Datenbank der EU-Kommission 2008; HVPI

Tabelle 6.3: Nominelle Lohnstückkosten in den 12 EWU-Ländern

	1999	2000	2001	2002	2003	2004	2005	2006	2007
Österreich	100,0	104,1	106,2	109,1	111,9	116,2	119,4	123,7	128,8
Belgien	100,0	103,6	105,1	108,8	111,6	116,9	120,3	124,6	129,0
Finnland	100,0	105,4	109,9	112,0	113,4	117,9	120,0	125,3	130,9
Frankreich	100,0	102,6	104,7	107,6	110,7	115,1	118,6	122,8	126,2
Deutschland	100,0	100,6	102,6	104,7	106,7	108,6	110,3	113,5	116,5
Griechenland	100,0	107,0	114,8	122,5	131,4	138,1	146,1	154,9	163,9
Irland	100,0	110,3	119,7	130,9	137,4	142,0	147,5	153,0	158,5
Italien	100,0	103,7	106,5	108,6	110,4	114,4	116,7	119,0	123,3
Luxemburg	100,0	104,8	101,9	104,9	110,5	115,3	122,6	133,3	139,7
Niederlande	100,0	105,8	111,1	114,9	118,3	122,9	127,1	131,0	133,8
Portugal	100,0	104,7	108,8	113,4	116,4	121,0	124,9	129,3	135,0
Spanien	100,0	103,4	108,3	113,3	117,9	122,4	127,0	132,2	137,1

Quelle: Ameco, Datenbank der EU-Kommission 2008

*Tabelle 6.4: Leistungsbilanzsaldo in Prozent am BIP
in den 12 EWU-Ländern*

	1999	2000	2001	2002	2003	2004	2005	2006	2007
Österreich	-3,2	-2,5	-1,9	0,3	-0,2	1,7	2,1	3,2	3,7
Belgien	7,9	4,0	3,4	4,6	4,1	3,5	2,6	2,0	2,5
Finnland	5,9	8,7	9,6	10,1	6,4	7,7	4,9	5,2	5,0
Frankreich	3,1	1,6	1,9	1,4	0,8	0,1	-1,1	-1,2	-1,6
Deutschland	-1,3	-1,7	0,0	2,0	1,9	4,3	4,6	5,0	5,4
Griechenland	-5,4	-6,8	-6,3	-5,6	-5,6	-5,0	-6,4	-9,6	-9,7
Irland	0,2	-0,4	-0,6	-1,0	0,0	-0,6	-3,5	-4,2	-4,4
Italien	0,7	-0,5	-0,1	-0,8	-1,3	-0,9	-1,5	-2,4	-2,3
Luxemburg	10,7	13,2	8,8	11,6	8,0	11,8	11,1	10,6	10,5
Niederlande	3,8	1,9	2,4	2,5	5,5	8,5	7,7	8,6	7,4
Portugal	-8,5	-10,2	-9,9	-8,1	-6,1	-7,7	-9,7	-9,4	-9,2
Spanien	-2,9	-4,0	-3,9	-3,3	-3,5	-5,3	-7,4	-8,6	-9,8

Quelle: IMF, World Economic Outlook, Oct. 2007

*Tabelle 6.5: Reallohnentwicklung in den 12 EWU-Ländern;
Index 100=1999*

	1999	2000	2001	2002	2003	2004	2005	2006	2007	2008*
Belgien	100	100,2	101,8	103,7	103,8	103,3	102,7	104,0	104,3	104,7
Deutschland	100	103,7	104,8	105,3	106,7	107,1	106,9	107,9	108,0	109,4
Irland	100	102,0	103,9	104,7	108,6	113,1	115,7	118,2	121,8	124,0
Griechenland	100	100,3	104,1	110,3	111,5	114,0	117,1	120,1	122,7	124,8
Spanien	100	99,4	98,9	97,9	97,4	96,5	95,2	94,3	94,1	94,0
Frankreich	100	100,7	100,8	101,4	102,4	104,3	105,7	106,6	107,8	108,7
Italien	100	100,3	100,5	99,8	100,5	100,8	101,7	102,4	102,2	103,5
Luxemburg	100	103,3	106,8	107,8	104,9	107,2	106,8	105,1	106,1	105,6
Niederlande	100	100,9	101,2	102,5	104,5	107,4	106,9	107,4	108,7	110,0
Österreich	100	100,3	99,9	100,6	101,2	100,7	101,5	102,2	102,3	103,0
Portugal	100	103,5	105,2	105,3	105,0	105,2	105,3	104,8	104,6	105,0
Finnland	100	101,1	102,7	103,3	106,6	109,7	113,6	115,3	116,8	120,0

*Quelle: Ameco, Datenbank der EU-Kommission; *Prognose*

Tabelle 6.6: Staatliche Nettoneuverschuldung in Prozent am BIP in den 12 EWU Ländern, in Japan und in den USA

	1999	2000	2001	2002	2003	2004	2005	2006
Österreich	-2,3	-1,5	0,2	-0,5	-1,6	-1,2	-1,6	-1,4
Belgien	-0,5	0,1	0,4	0,0	0,0	0,0	-2,3	0,4
Finnland	1,9	7,0	4,9	4,1	2,5	2,3	2,7	3,8
Frankreich	-1,6	-1,3	-1,4	-3,2	-4,1	-3,6	-2,9	-2,5
Deutschland	-1,5	1,1	-2,8	-3,7	-4,0	-3,8	-3,4	-1,6
Griechenland	-1,9	-1,8	-1,2	-4,9	-5,6	-7,3	-5,1	-2,5
Irland	2,2	4,4	1,5	-0,4	0,4	1,3	1,2	2,9
Italien	-3,4	-3,4	-4,1	-2,9	-3,5	-3,5	-4,2	-4,4
Luxemburg	3,6	5,6	6,1	2,0	0,5	-1,2	-0,1	0,7
Niederlande	0,7	2,2	0,1	-2,0	-3,1	-1,7	-0,3	0,6
Portugal	-2,9	-3,2	-6,0	-2,9	-2,9	-3,4	-6,1	-3,9
Spanien	0,0	-0,1	1,1	-0,3	-0,2	-0,3	1,0	1,8
Japan	1,1	1,9	0,4	-2,6	-3,8	-3,7	-2,9	-2,5
USA	-8,2	-6,7	-6,1	-6,7	6,8	-5,8	-5,4	-5,2

Quelle: EZB, Monatsberichte 2007; IMF, World Economic Outlook 2007

Literaturverzeichnis

Arrow, K. J. (1984): Reale und nominale Größen in der Wirtschaftstheorie. In: Bell, D., Kristol, I. (Hrsg.), Die Krise der Wirtschaftstheorie, Berlin u. a.

Bagehot, W. (1873): Lombardstreet, London.

Baker, D., u. a. (2002): Labor Market Institutions and Unemployment: A Critikal Assessment of the Case for Deregulation. In: Center für European Studies, Working Paper Series 98.

Balassa, B. (1964): The Purchasing Power Parity Doctrine. A Reappraisal. In: Journal of Political Economy, Vol. 72.

Barro, R.J. (1989): Makroökonomie, (2. Auflage), Regensburg.

Bernanke, B. S., Mishkin, S. (1997): Inflation Targeting. A New Framework for Monetary Policy?, National Bureau of Economic Research, 5893.

Betz, K. (1993): Ein makroökonomisches Gleichgewicht, Marburg.

Betz, K. (2001): Jenseits der Konjunkturpolitik. Überlegungen zur langfristigen Wirtschaftspolitik in einer Geldwirtschaft, Marburg.

Bilson, J.F.D. (1979): The ‚Vicious Circle‘ Hypothesis. In: IMF Staff Papers, Vol. 26.

BIZ (Bank für Internationalen Zahlungsausgleich) (2007): Quarterly Review, Dezember, Basel.

BIZ (Bank für Internationalen Zahlungsausgleich) (2007a): Triennial Central Bank Survey, Dezember, Basel.

Blackburn, K., Christensen, M. (1989): Monetary Policy and Policy Credibility: Theory and Evidence. In: Journal of Economic Literature, Vol. 27.

Blenck, D., Hasko, H., Hilton, S., Masaki, K. (2001): The Main Features of the Monetary Policy Frameworks oft the Bank of Japan. The Federal Reserve and the Eurosystem. In: Bank for International Settlement, BIS Papers, No. 9.

Blinder, A.S., Yellen J. L. (2001): The Fabulous Decade. Macroeconomic Lessons from the 1990s, New York.

Board of Governors of the Federal Reserve System; http://www.federalreserve.gov/econresdata/default.htm (20.11.2008)

Bofinger, P. (2001): Monetary Policy. Goals, Institutions, Strategies, and Instruments, Oxford.

Bofinger, P., Reischle, J., Schächter, A. (1996): Geldpolitik. Ziele, Institutionen, Strategien und Instrumente, München.

Borchardt, K. (1976): Währung und Wirtschaft. In: Deutsche Bundesbank (Hrsg.), Währung und Wirtschaft in Deutschland. 1876–1975, Frankfurt/ Main.

Borio, C. (2001): A Hundred Ways to Skin a Cat: Comparing Monetary Policy Operation Procedures in the United States, Japan and the Euro Area. In: Bank for International Settlement, BIS Papers, No. 9.

Brunner, K. (1973): Die „Monetaristische Revolution" der Geldtheorie. In: Kalmbach, P. (Hrsg.), Der neue Monetarismus, München.

Bryant, R.C. (1983): Controlling Money: The Federal Reserve and it Critics, The Brookings Institution, Washington, DC.

Bubula, A., Ötker-Robe, I. (2002): The Evolution of Exchange Rate Regimes Since 1990: Evidence form De Facto Policies. IMF Working Paper 02/155.

Buiter W.H., Corsetti G., Roubini, N. (1992): Excessive Deficits: Sense and Nonsense in the Treaty of Maastricht. Centre for Economic Policy Research, Discussion Paper No. 750, London.

Buiter, W. H. (1992): Should We Worry About the Fiscal Numerology of Maastricht? Centre for Economic Policy Research, Discussion Paper No. 668, London.

Buiter, W.H. (1999): Alice in Euroland, March 17, Revision of a Journal of Common Market Studies Annual Lecture, given on the 15th December 1998 at the South Bank University.

Buti, M. (2006): Will the New Stability and Growth Pact Succeed? An Economic and Political Perspective. European Economy Economic Papers, Number 241, European Commission, Brüssel.

Carare, A., Stone M.R. (2003): Inflation Targeting Regimes. IMF Working Paper, WP/03/9, Washington. DC.

Checchini, P. (1988): Europa '92. Der Vorteil des Binnenmarktes, Baden-Baden.

Chick, V. (2001): Über Geld und Geldtheorien. In: Prokla, Vol. 30, Nr.2.

Clower, R.W. (1965): The Keynesian Counter-Revolution: A Theoretical Appraisal. In: Hahn, F.H., Brechling F.P.R. (eds.), The Theory of Interest Rates, London.

Cohen, B.J. (1998): The Geography of Money, Ithaca and London.

Davidson, P. (1991): Is Probability Theory Relevant for Uncertainty? A Post Keynesian Perspective. In: Journal of Economic Perspectives, Vol. 5.

Debelle, G., Fischer, S. (1995): How Independent Should a Central Bank Be?. In: J-C. Fuhrer (ed.), Goals, Guidlines, and Constraints facing Monetary Policymakers, Federal Reserve Bank of Boston Conference Volume, Boston.

Debreu, G. (1959): The Theory of Value, New York.

Deutsche Bundesbank, Zeitreihendatenbank, http://www.bundesbank.de/statistik/statistik_zeitreihen.php (02.03.2008)

Deutsche Bundesbank: Verschiedene Jahres- und Monatsberichte.

DIW (Deutsches Institut für Wirtschaftsforschung) (1997): Wochenbericht 17/97.

DIW (Deutsches Institut für Wirtschaftsforschung) (2001): Wochenbericht 7/2001.

Dobb, M. (1977): Wert- und Verteilungstheorien seit Adam Smith. Eine nationalökonomische Dogmengeschichte, Frankfurt a. M.

Dornbusch, R. (1976): Exchange Rate Expectations and Monetary Policy. In: Journal of International Economics, Vol. 6.

Dornbusch, R., Fischer, S., Startz, R. (2003): Makroökonomik, München, Wien.

Dornbusch, R., Frankel, J. (1988): The Flexible Exchange Rate System. Experience and Alternatives. In: Borner, S. (ed.), International Finance and Trade in a Polycentric World, London.

Dullien, S., Fritsche, U. (2007): Does the Dispersion of Unit Labour Cost Dynamics in the EMU Imply Long-run Divergence? Results from a Comparison with the United States of America and Germany, DEP Discussion Papers, Universität Hamburg, 2/ 2007.

ECB (European Central Bank) (2007): Review of the International Role of the Euro, June, Frankfurt a. M.

ECB, Statistical Data Warehouse, http://sdw.ecb.europa.eu/ (20.02.2008)

Eichengreen, B. (1990): One Money for Europe? Lessons from the US Currency Union. In: Economic Policy, April.

Eichengreen, B. (1999): Toward a New International Financial Architecture. A Practical Post-Asia Agenda, Institute for International Economics, Washington, DC.

Eichengreen, B., Hausmann, R., Panizza, U. (2002): „Original Sin: The Pain, the Mystery, and the Road to Redemption". Paper prepared for the conference „Currency and Maturity Matchmaking: Redeeming Debt form Original Sin", Inter-American Development Bank, Washington, DC., 21-22 November 2002".

Emminger, O. (1986): D-Mark, Dollar, Währungskrisen. Erinnerungen eines ehemaligen Bundesbankpräsidenten, Stuttgart.

EU-Kommission, Ameco Datenbank der EU-Kommission, http://ec.europa.eu/economy_finance/indicators/annual_macro_economic _database/ameco_contents.htm (18.03.2008)

Evans, T., Heine, M., Herr, H. (2001): Weiche Kurse – Harter Fall? Die außenwirtschaftlichen Perspektiven der US-Ökonomie. In: Heise, A. (Hrsg.), USA – Modellfall der New Economy?, Marburg.

EZB (Europäische Zentralbank) (2000): Monatsbericht November

EZB (Europäische Zentralbank) (2001): Die Geldpolitik der EZB, Frankfurt/Main.

EZB (Europäische Zentralbank): Verschiedene Jahres- und Monatsberichte.

Felderer, B., Homburg, S. (2003): Makroökonomik und neue Makroökonomik, (8. Auflage), Berlin u. a.

Feldstein, M., Stock, J.H. (1994): The Use of a Monetary Aggregate to Target Nominal GDP. In: Mankiw, G.M. (ed.), Monetary Policy, Chicago.

Fisher, I. (1922): Die Kaufkraft des Geldes, Berlin u. a.

Fisher, I. (1933): The Debt Deflation Theory of Great Depressions. In: Econometrica, Vol. 1.

Franz, W. (1996): Theoretische Ansätze zur Erklärung von Arbeitslosigkeit: Wo stehen wir 1995? In: Gahlen, B., Hesse, H., Ramser, H.J. (Hrsg.), Arbeitslosigkeit und Möglichkeiten ihrer Überwindung, Tübingen.

Franzese, R. J., Hall, P. (2000): Institutional Dimensions of Coordinating Wage Bargaining and Monetary Policy. In: T. Iversen, J. Pontusson, D. Soskice (eds.), Unions, Employers, and Central Banks, Cambridge.

Franzmeier, F. (1970): Stufenpläne zur Verwirklichung der Wirtschafts- und Währungsunion in der EWG. In: DIW-Wochenbericht 16.

Friedman, M. (1970): A Theoretical Framework for Monetary Analysis. In: Journal of Political Economy, Vol. 78.

Friedman, M. (1976): Die Rolle der Geldpolitik. In: Friedman, M., Die optimale Geldmenge und andere Essays, Frankfurt am Main.

Friedman, M. (1976a): Die optimale Geldmenge. In: Friedman, M., Die optimale Geldmenge und andere Essays, Frankfurt am Main.

Friedman, M. (1976b): Die Quantitätstheorie des Geldes, eine Neuformulierung. In: Friedman, M., Die optimale Geldmenge und andere Essays, Frankfurt am Main.

Fritsche, U. (2004): Ergebnisse vorwärtsgerichteter Taylor-Regeln Schätzungen, Manuskript am DIW (Deutsches Institut für Wirtschaftsforschung), Berlin.

Fromm, E. (1956), reprinted (2000): The Art of Loving, New York.

Gordon, R.J. (1990): What is New Keynesian Economics? In: Journal of Economic Literature, Vol. 28.

Görgens, E., Ruckriegel, K., Seitz, F. (1999): Europäische Geldpolitik, Düsseldorf.

Grass, R.-D., Stützel, W. (1988): Volkswirtschaftlehre, (2. Auflage), München.

Hahn, F. (1984): Die allgemeine Gleichgewichtstheorie. In: Bell, D., Kristol, I. (Hrsg.), Die Krise der Wirtschaftstheorie, Berlin u. a.

Haiduk, K. u. a. (2004): The Belarusian Economy at a Crossroads, Minsk.

Hansen, A.H. (1953): A Guide to Keynes, New York.

Hanson, J.A., Honohan, P., Majnoni, G. (2003): Globalization and National Financial Systems, Oxford.

Harcourt, G.C. (1972): Some Controvercies in the Theory of Capital, Cambridge.

Hayek, (1977): Entnationalisierung des Geldes, Tübingen.

Heilbronner, R., William, M. (1995): The Crisis of Visioin in Modern Economic Thought, Cambridge.

Hein, E. (2002): Geldpolitik und Lohnverhandlungssysteme in der EWU. In: Heise, A. (Hrsg.), Neues Geld – alte Geldpolitik. Die EZB im makroökonomischen Interaktionsraum, Marburg.

Hein, E., Heise, A., Truger, A. (Hrsg.) (2004): Finanzpolitik in der Kontroverse, Marburg.

Hein, E., Truger, A. (2007): Die deutsche Wachstums- und Beschäftigungsschwäche im europäischen Kontext – ein Lehrstück makroökonomischen Missmanagements, in: Chaloupek, G., Hein, E., Truger, A. (Hg.), Ende der Stagnation? Wirtschaftspolitische Perspektiven für mehr Wachstum und Beschäftigung in Europa, Wien.

Heine, M., Herr, H. (2001): Geld, Finanzierung und Einkommensbildung. In: Reich, U.-P. Stahmer, C. Voy. K. (Hrsg.), Kategorien der Volkswirtschaftlichen Gesamtrechnung, Band 2, Marburg.

Heine, M., Herr, H. (2002): Zwickmühlen der europäischen Geldpolitik: Muddling Through mit John Maynard Friedman? In: A. Heise (Hrsg.), Neues Geld – alte Geldpolitik? Die EZB im makroökonomischen Interaktionsspielraum, Marburg.

Heine, M., Herr, H. (2003): Volkswirtschaftslehre. Paradigmenorientierte Einführung in die Mikro- und Makroökonomie, (3. Auflage), München, Wien.

Heine, M., Herr, H. (2003a): Der Neu-Keynesianismus als neues makroökonomisches Konsensmodell: Eine kritische Würdigung. In: Hein, E., Heise, A., Truger, A: (Hrsg.); Neu-Keynesianismus. Der neue wirtschaftspolitische Mainstream?, Marburg.

Heine, M., Herr, H., Kaiser, C. (2006): Wirtschaftspolitische Regime westlicher Industrieländer – theoretische Analyse und Fallstudien über Japan, Großbritannien, die USA und Deutschland, Baden-Baden.

Herr H. (2007): Ungelöste Probleme des Euro. In: Wagenknecht, S. (Hrsg.), Armut und Reichtum heute. Eine Gegenwartsanalyse, Berlin.

Herr, H. (1988): Der Goldstandard und die währungspolitische Diskussion der Klassiker. In: Konjunkturpolitik, Vol. 34.

Herr, H. (1992): Geld, Währungswettbewerb und Währungssysteme. Theoretische und historische Analyse der internationalen Geldwirtschaft, Frankfurt/Main, New York.

Herr, H. (1997): The International Monetary System and Domestic Policy. In: Forsyth, D.J., Notermans, T. (eds.): Regime Changes. Macroeconomic Policy and Financial Regulations in Europe from the 1930s to the 1990s, Cambridge/USA.

Herr, H. (2001): Keynes und seine Interpreten. In: Prokla, Vol. 31, Nr. 2.

Herr, H., Hübner, K. (2005): Währung und Unsicherheit in der globalen Ökonomie. Eine geldwirtschaftliche Theorie der Globalisierung, Berlin.

Herr, H., Kazandziska, M. (2007): Wages and Regional Coherence in the European Monetary Union. In: E. Hein, J. Priewe, A. Truger (eds.), European Integration in Crisis, Marburg.

Herr, H., Spahn, H.-P. (1989): Staatsverschuldung, Zahlungsbilanz und Wechselkurse. Außenwirtschaftliche Spielräume und Grenzen der Fiskalpolitik, Regensburg.

Herr, H., Stachuletz, R. (2007): „New Fashion in Finance" und Finanzmarktstabilität. In: WSI Mitteilungen, Vol. 60

Hetzel, R. (2000): The Taylor Rule: Is It a Useful Guide to Understanding Monetary Policy? In: Federal Reserve Bank of Richmond, Economic Quarterly, Vol. 86/2, Spring.

Hicks, J.R. (1937): Mr. Keynes and the ‚Classics': A Suggested Interpretation. In: Econometrica, Vol. 5.

Horn, G., Mülhaupt, B., Rietzler, K. (2005): Quo vadis Euroraum?, Institut für Makroökonomie und Konjunkturforschung (IMK), Report Nr. 1, August.

IMF (International Monetary Fund) (1998): Statistical Appendix, World Economic Outlook, October 1998, Washington, D.C.

IMF (International Monetary Fund) (1998a): World Economic Outlook, October 1998, Washington, D.C.

IMF (International Monetary Fund) (2003): Deflation: Determinants, Risks, and Policy Options. Findings of International Task Force. Washington D.C.

IMF (International Monetary Fund) (2007): Annual Report, Washington D.C.

IMF (International Monetary Fund): Statistical Appendix, World Economic Outlook, World Economic and Financial Surveys, several date of issue, Washington, D.C.

Isard, P. (1995): Exchange Rate Economics, Cambridge.

Issing, O. (1996): Is Monetary Targeting in Germany Still Adequate? In: Siebert, H. (ed.), Monetary Policy in an Integrated World Economy, Tübingen.

Issing, O. (1999): The Euro – Four Weeks After the Start. Speech delivered to the European-Atlantic Group, House of Commons, London, 28 January.

Iversen, T. (1999): Contestet Economic Institutions. The Politics of Macroeconomics and Wage Bargaining in Advanced Democracies, Cambridge.

Jäger, K. (1981): Gleichgewicht, ökonomisches. In: Handwörterbuch der Wirtschaftswissenschaften, Band IX.

James, H. (1998): Die Reichsbank 1876 bis 1945. In: Deutsche Bundesbank (Hrsg.), Fünfzig Jahre Deutsche Mark. Notenbank und Währung in Deutschland seit 1948, München.

Kaldor, N. (1976): Alternative Verteilungstheorien. In: Schlicht, E. (Hrsg.), Einführung in die Verteilungstheorie, Reinbek.

Kaldor, N. (1985): The Scourge of Monetarism, 2. ed., Oxford.

Kaminsky, G.L., Reinhart, C. (1999): The Twin Crises: The Causes of Banking and Balance-of-Payments Problems. In: The American Economic Review, Vol. 89.

Kamps, A. (2006): The Euro as Invoicing Currency in International Trade. European Central Bank Working Paper Series, No. 66, August

Keynes, J.M. (1930): Vom Gelde, Berlin.

Keynes, J.M. (1936): Allgemeine Theorie der Beschäftigung, des Zinses und des Geldes, Berlin.

Keynes, J.M. (1937): The General Theory of Employment. In: Quarterly Journal of Economics, Vol. 47.

Keynes, J.M. (1979): Towards the General Theory. In: The Collected Writings of John Maynard Keynes, Vol. 29, London.

Kindleberger, C.P. (1978): Manias, Panics, and Crashes. A History of Financial Crises, New York.

King, R.G. (2000): The New IS-LM Model: Language, Logic, and Limits. In: Federal Reserve Bank of Richmond Economic Quarterly, Vol. 86.

Klein, L.R. (1947): The Keynesian Revolution, New York.

Knight, F.H. (1921): Risk, Uncertainty and Profit, New York.

Koll, W. (2005): Macroeconomic Dialogue – Development and Intentions. In: Hein, E. a. o. (eds.), Macroeconomic Policy Coordination in Europe and the Role of the Trade Unions, Brüssel.

Kornai, J. (1980): The Economics of Shortage, Amsterdam.

Kromphardt, J. (2004): Grundzüge einer europäisch orientierten Lohnpolitik. In: W. Altzinger u. a. (Hrsg.), Öffentliche Wirtschaft, Geld- und Finanzpolitik: Herausforderungen für eine gesellschaftlich relevante Ökonomie, Wien.

Krugman, P.R., Obstfeld, M. (2000): International Economics, 5th ed., Reading.

Kuhn, T. (1967): Die Struktur wissenschaftlicher Revolutionen, Frankfurt/Main.

Kydland, F. E., Prescott, E.C. (1977): Rules Rather Than Discretion: The Inconsistency of Optimal Plans. In: Journal of Political Economy, Vol. 85.

Lawson, T. (1988): Probability and Uncertainty in Economic Analysis. In: Journal of Post Keynesian Economics, Vol. 11.

Leijonhufvud, A. (1969): Keynes and the Classics, London.

Leijonhufvud, A. (1973): Über Keynes und den Keynesianismus, Köln.

Lucas, R.E.Jr. (1973): Some International Evidence on Output-Inflation Trade-Offs. In: American Economic Review, Vol. 63.

Lucas, R.E.Jr. (1975): An Equilibrium Model of Business Cycle. In: Journal of Political Economy, Vol. 83.

Lucas, R.E.Jr. (1976): Econometric Policy Evaluation: A Critique. In: Supplement 1 to the Journal of Monetary Economics.

Lucas, R.E.Jr. (1981): Studies in Business-Cycle Theory, Cambridge (Mass.).

Malinvaud, E. (1977): The Theory of Unemployment Reconsidered, Oxford.

Mankiw, G.N. (1990): A Quick Refresher Course in Macroeconomics. In: Journal of Economic Literature, Vol. 28.

Mankiw, G.N. (1995): Interview mit Gregory Mankiw. In: Snowdon, B., Vane, H., Wynarczyk, P.A., A Modern Guide to Macroeconomics, Cheltenham.

Mankiw, G.N. (2001): U.S. Monetary Policy During the 1990s. National Bureau of Economic Research, Working Paper 8471.

Mankiw, G.N. (ed.) (1994): Monetary Policy, Chicago.

Marx, K. (1890): Das Kapital, Band 1, Marx-Engels-Werke, Bd. 23, Berlin o. J.

Marx, K. (1894): Das Kapital, Band 3, Marx-Engels-Werke, Bd. 25, Berlin o. J.

McKinnon, R., (1963): Optimal Currency Areas. In: American Economic Review, Vol. 53, S. 717- 725.

Minsky, H.P. (1990): John Maynard Keynes. Finanzierungsprozesse, Investition und Instabilität des Kapitalismus, Marburg (englische Erstausgabe 1976).

Modigliani, F. (1944): Liquidity Preference and the Theory of Interest and Money. In: Econometrica, Vol. 12.

Moor, B. (1983): Unpacking the Post-Keynesian Black Box: Bank Lending and the Money Supply. In: Journal of Post-Keynesian Economics, Vol. 8.

Mundel, R.A. (1961): A Theory of Optimal Currency Area. In: The American Economic Review, Vol. 51, S. 657 – 665.

Mundell, R. (2004): Interview mit Robert Mundell im Handelsblatt vom 19. Januar 2004.

Muth, J.F. (1961): Rational Expectations and the Theory of Price Movements. In: Econometrica, Vol. 29.

Neyer, M. (2002): Veränderung des geldpolitischen Instrumentariums der EZB. In: Wirtschaftsdienst, Nr. 12.

OECD.Stat Extracts, complete databases available via source OECD, http://stats.oecd.org

Padoa-Schioppa, T. (1988): Effizienz, Stabilität und Verteilungsgerechtigkeit, Wiesbaden.

Palley, T.I. (1996): Post Keynesian Economics. Debt, Distribution and the Macro Economy, Basingstoke, London.

Patinkin, D. (1956): Money, Interest and Prices: An Integration of Monetary and Value Theory, Evanston.

Plewka, H. (1999): Rechtliche Grundlagen und organisatorischer Aufbau der Europäischen Zentralbank. In: Simmert, D.B., Welteke, E. (Hrsg.), Die Europäische Zentralbank. Europäische Geldpolitik im Spannungsfeld zwischen Wirtschaft und Politik, Stuttgart.

Polanyi, K. (1978) (englische Erstausgabe 1944): The Great Transformation. Politische und ökonomische Ursprünge von Gesellschaften und Wirtschaftssystemen, Frankfurt/Main.

Riese, H. (1986), Theorie der Inflation, Tübingen.

Riese, H. (2001): Grundlegungen eines monetären Keynesianismus – ausgewählte Schriften 1964–1999, Band 1: Das Projekt eines monetären Keynesianismus, Band 2: Angewandte Theorie der Geldwirtschaft, Marburg, (herausgegeben von Betz, K. u. a.).

Riese, H. (2001a): Geld, Kredit und Vermögen. In: H. Riese, Grundlegungen eines monetären Keynesianismus – ausgewählte Schriften 1964 – 1999, Band 1: Das Projekt eines monetären Keynesianismus, Marburg, (herausgegeben von Betz, K. u. a.).

Robinsion, J. (1974): Ökonomische Theorie als Ideologie, Frankfurt/Main.

Robinson, J. (1938): The Economics of Hyperinflation. Besprechung des gleichnamigen Buches von Bresciani-Turroni, C. In: The Econimic Journal, Vol. 48.

Robinson, J. (1968): Die fatale politische Ökonomie, Frankfurt/Main.

Romer, C, Romer, D. (1989): Does Monetary Policy Matter? A New Test in the Spirit of Friedman and Schwartz. National Bureau of Economic Research Working Paper, No. 2966.

Romer, D. (1998): Advanced Macroeconomics, Mc Graw Hill City.

Sachverständigenrat (1996): Jahresgutachten 1996/97, Bonn.

Samuelson, P.A. (1947): Foundations of Economic Analysis, Cambridge, Mass.

Samuelson, P.A. (1964): Theoretical Notes on Trade Problems. In: Review of Economics and Statistics, Vol. 46.

Samuleson, P. A. (1948), Economics, New York.

Sargent, T.J. (1979): Macroeconomic Theory, New York.

Sargent, T.J., Wallace, N. (1976): Rational Expectations and the Theory of Economic Policy. In: Journal of Monetary Economics, Vol. 2.

Scarlata, J. (2002): Inflation Targeting. In: Khan, M.S., Nsouli, S.M. Wong, C.-H. (eds.), Macroeconomic Management. Programs and Policies, IMF, Washington D.D.

Schulten, T. (2005): Foundation and Perspectives of Trade Union Wage Policy in Europe. In: E. Hein, T. Niechoj, T. Schulten, A. Truger (eds.), Macroeconomic Policy Coordination in Europe and the Role of Trade Unions, Brussels.

Schumpeter, J.A. (1926): Theorie der wirtschaftlichen Entwicklung, (2. Auflage), München und Leipzig.

Schumpeter, J.A. (1965): Geschichte der ökonomischen Analyse, 2 Bände, Göttingen.

Shiller, R.J. (1978): Rational Expectations and the Dynamic Structure of Macroeconomic Models. In: Journal of Monetary Economics, Vol. 4.

Spahn, H.-P. (1988): Bundesbank und Wirtschaftskrise. Geldpolitik, gesamtwirtschaftliche Finanzierung und Vermögensakkumulation der Unternehmen 1970–1987, Regensburg.

Spahn, H.-P. (1997): Schulden, Defizite und die Maastricht-Kriterien: Eine theoretisch-empirische Bestandsaufnahme. In: Konjunkturpolitik, Vol. 43.

Spahn, H.-P. (2001): From Gold to Euro. On Monetary Theory and the History of Currency Systems, Berlin u. a.

Sraffa, P. (1960): Warenproduktion mittels Waren, Frankfurt/Main (in der Ausgabe 1976).

Statistisches Bundesamt, Wiesbaden.
http://ims.destatis.de/aussenhandel/Default.aspx (01.03.2008)

Stiglitz, J.E. (1992): Capital Markets and Economic Fluctuations in Capitalist Economies. In: European Economic Review, Vol. 36.

Stiglitz, J.E. (2003): Im Schatten der Globalisierung, München.

Stiglitz, J.E., Greenwald, B. (2003): Towards a New Paradigm in Monetary Economics, Cambridge.

Stützel, W. (1978): Volkswirtschaftliche Saldenmechanik, (2. Auflage), Tübingen.

Summers, L. (1991): How Should Monetary Policy be determined?. In: Journal of Money Credit and Banking, Vol. 23.

Taylor, J. (1993): Discretion versus Policy Rules in Practice, Carnegie-Rochester Conference Series on Public Policy, Vol. 39.

Taylor, J. (1998): The ECB and the Taylor rule. How monetary policy could unfold at Europe's new central bank. In: The International Economy, 12/5.

Taylor, J. (1999): A Historical Analysis of Monetary Policy Rules. In: J. Taylor (ed.), Monetary Policy Rules, Chicago.

Thomasberger, C., Voy, K. (1996): Geldwirtschaft und Währungsgrenze. Zu Geschichte und Theorie der Außenwirtschaft. In: Reich, U.-P., Stahmer, C., Voy, K. (Hrsg.), Kategorien der Volkswirtschaftlichen Gesamtrechnungen, Bd. 1, Raum und Grenzen, Marburg.

Tobin, J. (1974): Geschäftsbanken als Geldschöpfer. In: Brunner, K., Monissen, H.G., Neumann, M. (Hrsg.), Geldtheorie, Köln.

Tobin, J. (1981): Vermögensakkumulation und wirtschaftliche Aktivität, München.

Ullrich, K. (2003): Taylor-Rules für die USA und Europa. Centre for European Economic Research (ZEW).

Walras, L. (1926) (1874 erste Auflage in französisch): Elements of Pure Economics. Or the Theory of Social Wealth, Evanstone.

Weizsäcker, C.C. (1988): Plankoordination mittels eines BIP-Zieles. In: Neue Züricher Zeitung vom 28.8.1988.

Wicksell, K. (1898): Geldzins und Güterpreise, Jena.

Zenglein, M. (2007): US Wage Determination System. Working Paper of the Institut of Management Berlin, No. 32, http://www.fhw-berlin.de /index.php?id=619.

Abbildungen

Tabellen

Index